중국역사 오류사전

중국역사 오류사전

양훼이(楊飛)·
왕샤오메이(王小梅) 편저
임지영 옮김

중국역사 오류사전

ⓒ 양훼이 · 왕샤오메이, 2005

초판 1쇄 인쇄일 | 2005년 7월 8일
초판 1쇄 발행일 | 2005년 7월 11일

편저자 | 양훼이 · 왕샤오메이
옮긴이 | 임지영
펴낸이 | 김현주
펴낸곳 | 이룸

편 집 | 서동환
디자인 | 김연정

출판등록 | 1997년 10월 30일 제10−1502호
주소 | 121−210 서울시 마포구 서교동 395−172 상록빌딩 2층
전화 | 편집부 (02)324−2347, 영업부 (02)2648−7224
팩스 | 편집부 (02)324−2348, 영업부 (02)2654−7696
e−mail | erum9@hanmail.net
Home page | http://www.erumbooks.com

ISBN 89−5707-164-4 (03910)

값 17,900원

중국 역사는 영웅들의 역사라고 해도 과언이 아니다. 영웅들은 매 역사의 변환기마다 혜성처럼 등장했으며, 그들은 저마다 위대한 업적을 이룩하고 역사의 뒤안길로 사라졌다. 영웅이 사라진 뒤에도 그들의 행적은 아름답고 신비한 전설로 남아 사람들의 마음에 깊은 감동을 주었으며, 현대를 살아가는 우리들에게도 귀감이 되고 있다.

영웅들이 엮어내는 장엄한 서사는 중국의 역사와 문화를 세계 어느 민족에도 뒤지지 않는 위대한 문화유산으로 끌어올렸다. 이 책은 바로 그런 위인들의 이야기이다. 공자, 굴원, 진시황, 왕희지, 측천무후, 서태후, 양귀비, 서시, 정화 등 중국 역사의 한 페이지를 장식한 50여 명이 넘는 위인들의 탄생과 최후를 둘러싼 천고의 수수께끼들을 추적하는 가운데 독자들은 영웅의 탄생과 몰락의 과정을 생생히 지켜볼 수 있으며, 그동안 베일에 가려 있던 중국 역사의 숨겨진 비밀들을 낱낱이 발견할 수 있을 것이다.

또한 이 책은 우리에게 중국 역사를 바로 보는 시각을 키워줄 것이다. 중국 역사는 오랜 세월을 거치며 심한 굴곡을 겪은 게 사실이다. 역사적 사실을 구체적으로 입증할 만한 기록의 상당수가 유실되었으며 누군가의 손에 의해 불태워졌다. 게다가 일부 역사적 사실은 인구에 회자되어 후대로 전해지는 과정에서 호사가들의 터무니없는 유언비어와 억측이 더해지기도 하고 그저 단순한 흥밋거리로 변모하기에 이르렀다.

동서고금을 막론하고 영웅호걸에 대하여 세인의 이목이 집중되는 것은 극히 자연스러운 현상이다. 현대인들에게는 위인들의 화려함 뒤에 숨겨진 일화들을 통해 오늘을 살고 있는 자신을 비추어 보고자 하는 욕구가 있다. 이 책은 화려하고 비범한 위인들의 뒤안길을 재조명해보고자 하는 시대의 강렬한 욕구에 의해 기획되었다. 따라서 《중국역사 오류사전》은 중국 역사상 영향력이 큰 위인을 중심으로 다시 한 번 되짚어 봐야 할 가치가 있거나 의혹과 파장이 컸던 현안들을 대거 수록하였다. 이를 통해 위인들의 대범한 생존 전략과 흥망성쇠의 관건이 되는 값진 교훈을 재발견하는 계기가 되었으면 한다.

한 사람 한 사람의 위인을 재조명하기 위해서 이제껏 수집된 기존 자료를 새로운 각도에서 낱낱이 분석하고 고증하는 한편, 가장 최근에 발표된 최신 자료도 관심 있게 다루었다. 위인들의 선정 과정 또한 편파적인 기호나 한정된 영역에 치우치지 않기 위해 종교, 철학, 정치, 군사, 문화, 예술 등의 각 분야에 걸친 다양한 인물을 총망라하였다. 따라서 이 책의 독자들은 이들 영웅들의 삶을 통해 더욱 폭넓은 인생의 가치와 다양한 인생관을 간접 체험하게 될 것이다.

독자들의 이해를 돕고 역사에 대한 선입견을 덜 수 있도록 인물 묘사에 있어서도 가능한 생동감 있으며 평이한 서술을 지향하였다. 다만 역사적 현안을 다루는 만큼 객관성과 전문성에 신중을 기하였다. 그 밖의 부족한 부분은 여러 학계의 전문가들과 독자들의 따끔한 지적을 바란다.

▪목차

3. 장수 열전 _ 역사를 위해 죽어간 사내들

4. 문인 열전 _ 문인들의 출생과 죽음에 관한 이야기

1장 미인 열전

―아름다운 여인을 둘러싼 이야기

- 서시의 혼은 어느 하늘을 떠돌고 있을까
- 왕소군은 왜 조국을 등져야 했는가
- 마외파에서 목매어 죽은 여인은 과연 양귀비였을까
- 비운의 여인, 이사사
- 자식을 위해 하가를 택한 효장
- 향으로 황제를 사로잡은 여인, 향비

서시의 혼은 어느 하늘을 떠돌고 있을까

서시는 중국 역사상 최초의 미녀 간첩이었다. 동시에 역사상 최초로 미인계를 실현한 인물이었다. 그러나 서시는 미인계의 가장 불행한 희생자였다. 지금으로부터 약 2천5백 년 전, 서시에겐 무슨 일이 있었을까?

서시(西施)는 춘추시대 월(越)나라의 여인으로 한나라의 왕소군, 삼국시대의 초선, 당나라의 양귀비와 더불어 중국 역사상 4대 미녀의 한 명으로 손꼽히는 인물이다. 강물에 비친 그녀의 아름다운 모습을 보고 수중의 물고기가 헤엄치는 것을 잊고 천천히 강바닥으로 가라앉았다는 '침어(浸魚)'의 고사는 그녀의 미모가 어떠했는지 짐작하고도 남음이 있다.

서시에 관한 전설 대부분은 그녀의 빼어난 미모를 바탕으로 하고 있다. 하지만 그녀는 권력 다툼의 희생자였다. 그녀가 살았을 당시, 오(吳)나라와 월나라 양국은 피를 말리는 패권 다툼을 벌였으며 역사는 월나라를 싸움의 승자로 기록하고 있다. 오나라가 멸망하게 된 간접적인 원인은 서시 때문이었다. 어떻게 서시는 가녀린 여자의 몸으로 오나라를 패망의 길로 인도했을까?

오와 월의 전쟁이 시작되기 전, 서시는 지극히 평범한 여자였다. 서시는 우연히 마을을 방문했던 범려(范蠡)라는 청년과 첫눈에 반해 사랑을 나누었으며 두 사람의 아름다운 사랑은 후대의 수많은 예술가들에게 영감을 주었다. 가장 대표적인 작품으로는 명대의 희곡가 양진어(梁辰魚)가 남긴《완사기(浣紗記)》가 있다.

이들의 사랑을 시기라도 하듯 머지않아 전쟁이 터졌다. 오나라의 왕 부차(夫差)는 오월전쟁 중에 숨진 부친의 원수를 갚기 위해 군사를 이끌고 월나라로 쳐들어왔다. 싸움에 크게 패한 월나라 왕 구천(勾踐)은 일부 대신들과 함께 인질이 되어 오나라로 끌려간다. 서시와 사랑에 빠졌던 범려 역시 구천을 따라 오나라 왕 부차의 노예로 전락하였다. 구천과 범려는 온갖 수모를 당한 끝에 3년 후 월나라로 돌아왔다. 월나라에 돌아온 구천은 부차에 대한 복수를 다짐하면서 호시탐탐 기회를 노렸다. 그러나 월나라는 모든 면에서 오나라에 열세였다. 구천은 한 가지 꾀를 내어 미인계를 이용하기로 했다. 오나라 왕이 여자를 매우 좋아했기 때문이다. 그렇게 해서 선택된 인물이 서시였다.

예상대로 오왕 부차는 서시에게 홀딱 반하고 말았다. 부차는 국사를 돌보지 않고 매일같이 서시와 시간을 보냈다. 급기야 월나라에 대한 경계심도 까맣게 잊어버리게 되었다. 여러 충신들이 간언했지만 누구의 말도 듣지 않았다. 오자서(吳

서시완사도(西施浣紗圖), 청, 임이(任頤)

子胥) 같은 충신도 사약을 내려 죽였다. 부차 주위에는 점차 간신배들만 들끓게 되었다.

부차가 서시와 유희를 즐기는 사이 오나라의 국력은 날로 쇠약해졌다. 민심은 흉흉해지고 서서히 전쟁의 소용돌이가 오나라를 감싸기 시작했다. 월왕 구천은 기회를 놓치지 않고 군사를 일으켜 오나라를 공격했다. 그는 여러 차례의 공격 끝에 마침내 오나라를 멸망시킬 수 있었다. 오왕 부차는 뒤늦게 자신의 잘못을 뉘우치고 왕조의 위패가 모셔진 사당 앞에서 스스로 목숨

범려 상
자는 소백(少伯)이며 춘추시대 말기 초나라 사람이다. 그는 월나라 왕 구천이 오나라를 멸망시키는 것을 도운 뒤에, 이름을 도주공(陶朱公)으로 바꾸고 거부가 되었다고 전한다.

을 끊었다. 그렇다면 오나라가 멸망한 후에 서시의 운명은 어떻게 되었을까?

인구에 회자되고 있는 결말은 다음과 같다.

오나라의 멸망이 눈앞에 다가오자 범려는 문득 회한에 젖었다. 자신이 구천에게 정치적으로 이용당했음을 뒤늦게 깨달은 것이다. 범려는 구천을 위하여 3년이라는 세월을 치욕스럽게 보냈고 월나라에 돌아온 뒤에도 사랑하는 여인을 희생시켜야 했다. 범려는 자신의 어리석은 행동을 후회하며 스스로 정계를 떠나 서시를 찾아갔다. 부차가 죽은 후에 강호를 정처 없이 떠돌던 서시는 우여곡절 끝에 범려를 다시 만나 도지(陶地)에 정착하였다. 범려는 도주공(陶朱公)이라고 개명한 뒤에, 무역상에 뛰어들어 큰 재산을 모아 거부가 되었다고 전한다.

사마천은 《사기(史記) 화식열전(貨殖列傳)》 및 《월세가(越世家)》에서 이와 같은 범려의 처세를 높이 치하한 바 있다. 서시 또한 과거의 아픔을 잊고 범려와 함께 남은 세월을 소박하게 보냈다고 전한다. 이러한 고사는 위정자 간의 비정한 패권 다툼에서 희생된 서시를 동정하는 대중의 심리에 기인한 결말로, 양진어의 《완

사기》또한 이와 같은 작품 구조를 지니고 있다.

서시와 범려의 비극적인 죽음을 기록한 내용도 있다. 오나라가 멸망한 이후 주인을 잃은 서시가 스스로 강물에 빠져 죽었다는 설화가 그것이다.《묵자(墨子) 친사(親士)》편 역시 서시가 강물에 몸을 던져 목숨을 끊었다는 결말에 동의하고 있다. 오나라가 망하자 월나라의 왕이 서시를 잡아다가 보자기에 싸서 깊은 강물에 던져버렸다는 것이다. 묵자의 기록은 사건의 발생 시기와 시간상으로 가장 근접한 문헌이라는 점에서 신빙성 있는 기록이라는 평가를 받고 있다. 다만 아쉬운 것은 서시에 관한 기록이 극히 간략하다는 점이다.

당시(唐詩)와 송사(宋詞) 중에도 '오왕은 궁 밖의 강물에 서시를 던졌고, 붉은 진흙만이 서시를 삼켰다' 라든지 '아름다운 미인은 결국 강물에 휘감기고 꽃다운 육체는 깊은 진흙 속으로 사라졌다' 와 같은 표현이 있다. 이런 내용들은 오로지 문학적 표현에 불과해 객관적인 고증이라고 보기는 어렵다.

〈소주성도(蘇州城圖)〉, 명
소주는 춘추시대 오나라의 도성이다.

오월(吳越) 전쟁도

월(越)왕 구천 3년(기원전 494), 부초(夫椒)에서 오나라에게 패한 월나라 왕 구천은 회계(會稽)에서 다시 포로로 잡혀 3년 간 오나라에 인질로 가 있었다. 월나라로 돌아온 후에 구천은 와신상담하며 복수를 다짐하였고, 15년 오왕 부차가 진(晉)과 노(魯)나라를 진격하였을 때 다시 대면하게 되었다. 구천이 오의 수도를 공격하자 오는 월나라와 화친하였다.

그렇다고는 해도 의문은 남는다. 어떤 연유로 전쟁에 승리한 월왕 구천은 승리의 최대 기여자인 서시를 수장했을까? 그 이유는 아마도 세인의 비난을 두려워했기 때문일 것이다. 미인계는 함부로 발설할 수 없는 일급비밀에 해당하였다. 이와 같은 사실이 만천하에 알려진다면 비록 오나라와의 싸움에서 승리를 거두었다 해도 비겁하다는 비난을 면하기 어려웠을 것이다. 따라서 구천은 묘계의 당사자인 서시를 제거하여 자신의 약점을 은폐하고자 했을지도 모른다.

일각에서는 서시가 스스로 목숨을 끊었다고 보는 이들도 적지 않다. 본래 순박한 한사(浣沙)의 여인이었던 서시는 매우 고운 성품을 지녔다고 한다. 그런 서시가 사랑하는 사람을 가슴에 품고 적국인 오나라 왕의 노리개가 되어야 했으니, 그 마음이 오죽했을까. 부차의 애정이 극진하면 할수록 서시의 죄책감은 커져갔을 것이다. 그리하여 전쟁이 끝난 뒤에도 서시는 고향으로 돌아가 범려를 마주할 자신이 없었으며, 결국 죽음이라는 극단의 선택을 하기에 이르렀다는 것이다.

상식적으로도 적국에 잠입했던 서시가 전쟁의 틈바구니에서 살아났을 가능성은 희박하다. 때문에 그녀의 비극적인 죽음은 더욱 설득력을 얻는다. 가엾은 서시의 넋은 지금 어느 하늘을 떠돌고 있을까?

왕소군은 왜 조국을 등져야 했는가

왕소군은 한나라 원제 시기의 후궁으로 서시, 양귀비, 초선 등과 더불어 역사상 중국의 4대 미녀로 손꼽히는 인물이다. 왕소군의 이야기가 세간에 회자되어온 이유는 그녀가 나라를 등지고 오랑캐인 흉노족의 아내가 되었기 때문이다. 무슨 연유로 왕소군은 멀리 변방으로 떠나야 했을까?

왕소군 상
자는 소군(昭君)이다. 한 원제 경녕 원년, 흉노의 아내가 되기를 자청하여 호한야 선우를 따라 변방으로 떠났다.

첩첩산중 골짜기마다 모두 형문(荊門)으로 달리니

소군이 나고 자란 마을이 아직 있구나

자줏빛 누대를 한번 떠나니 북쪽 사막이라

푸른 무덤만이 홀로 남아 황혼을 바라보네

이 시는 왕소군의 고향을 찾은 두보가 그 감회를 읊은, 매우 유명한 작품의 일부이다. 중국 4대 미녀 중의 하나인 왕소군(王昭君)은 서한 시기 조국을 떠나 변방의 흉노족에게 시집간 비운의 여인이었다. 왕소군에 관한 기록은 《한서(漢書) 흉노전(匈奴傳)》과

《후한서 남흉노전》 등의 정사에 그 흔적이 남아 있다. 그러나 변방으로 떠나야만 했던 근본적인 이유에 관해서는 후세의 의혹만 분분할 뿐이다.

《한서 흉노전》에는 왕소군과 관련하여 '경녕(竟寧) 원년, 선우(單于)가 다시 한나라 조정에 당도하였다. ……그는 한나라의 여인과 혼인하고 싶다는 의사를 밝혔다. 원제(元帝)는 궁 안에 있는 여인 중에서 왕소군을 선우에게 보내기로 하였다. 선우는 좋아서 왕소군을 영호알씨(寧胡閼氏)라 칭하였고, 한 명의 아들과 두 명의 딸을 낳았다'는 기록이 남아 전한다.

왕소군이 선우와 혼례를 올리고 변방으로 떠난 뒤 약 460년이 흘러, 범화(范曄)는 《후한서 남흉노전》을 통해 당시 상황을 구체적으로 기록하였다. 궁궐에 들어온 소군은 오랫동안 황제의 부름을 받지 못하자 속으로 남모를 서러움과 절망감에 휩싸이게 되었다. 때마침 한나라의 궁에 머물던 흉노족이 한족 여인과의 혼인을 요청하였고, 이 사실을 알게 된 소군은 차라리 흉노에게 시집가기로 결심하고 원제에게 자원하였다. 선우와의 혼례를 앞둔 소군이 얼굴을 곱게 단장하니 온 궁궐이 밝아졌다. 소군이 궁궐을 배회하니 주위에서 목을 길게 빼고 구경하였다는 것이다. 뒤늦게 소군의 자태에 깜짝 놀란 원제는 미처 그녀의 존재를 몰라본 것이 후회되었지만 흉노와의 신의를 지키기 위하여 소군을 떠나보내고 만다.

범화의 가설은 기본적인 극의 구성을 완벽하게 갖추고 있다. 그는 왕소군이 자청하여 변방으로 떠난 원인을 황제의 부름을 받지 못한 깊은 절망감 때문이라고 주장하였다. 후대의 문인들 역시 범화의 기본적인 구성을 토대로 민간의 전

소군의 묘
소군의 묘는 내몽고 자치구 호화호특시(呼和浩特市)의 경내에 위치하고 있다. 일반적으로 청총(靑冢)이라고 불린다.

설을 가미하여 문학적으로 포장해나갔다. 따라서 소군에 관한 고사들은 판본이 일치하는 경우가 거의 없다.

그렇다면 가장 유력한 정설은 어떤 것일까? 가장 유력한 정설은 왕소군이 화공 모연수(毛延壽)의 모함을 받았다는 설이다. 한나라 원제의 주위에는 아름다운 후궁들로 넘쳐났는데 이로 인해 황제의 관심과 사랑을 받기 위한 후궁들의 암투도 매우 잦았다. 원제 역시 후궁을 고를 때 먼저 초상화를 보고 난 후에 비로소 마음에 드는 후궁을 결정하였다고 한다. 이런 연유로 궁궐의 여인들은 황제에게 잘 보이기 위하여 화공에게 뇌물을 주어 자신의 초상화를 조금이라도 더 아름답게 그려 달라고 요청하였다.

궁궐에 입궁한 지 얼마 안 되어 궁궐 내의 사정에 밝지 못했던 소군은 황제가 자신을 찾지 않아도 전혀 조바심을 내거나 실망하지 않았다. 뿐만 아니라 미모에

왕소군 석상

관한 한 자신이 있었으므로 화공에게 뇌물을 바치기는커녕 오히려 빈정거렸다. 화가 난 화공 모연수는 일부러 소군의 얼굴을 추하게 그려 왕에게 보냈다. 그 후부터 소군은 꽃다운 시절을 마냥 흘려보내며 외롭고 쓸쓸한 나날을 보내야만 했다. 마침 조정에 와 있던 흉노족 선우(單于)는 한족의 여인과 결혼하고자 하였고, 흉노와의 화친을 고심하던 원제는 이를 절호의 기회로 삼고자 하였다. 원제는 즉시 다섯 명의 여인들을 선발하였다. 소군은 아무도 찾아주지 않는 쓸쓸한 후궁에서 허송세월하느니 스스로 흉노의 아내가 되기로 결심하였다. 소군이 흉노족과

의 혼인을 자원하자 원제는 당장 그녀의 요청을 받아들였다.

소군은 흉노와의 혼인을 앞두고 정성스럽게 단장하고 황제 앞에 나섰고, 매혹적인 소군의 자태를 보고 놀란 원제는 아쉬움을 느끼며 변방으로 그녀를 떠나보내야만 했던 것이다. 소군이 떠난 후, 원제는 화공을 붙잡아 그가 뇌물을 바치지 않은 소군에 앙심을 품고 고의적으로 초상화를 추하게 그린 사실을 밝혀내었다. 그제야 모든 사실을 알게 된 원제는 노발대발하여 모연수를 처형했다고 전한다.

그렇다면 흉노족을 따라 변방으로 떠난 왕소군은 어떻게 되었을까? 역사는 소군으로 인해 흉노와 한족이 화친을 맺은 이후, 변방은 안정 국면을 유지하고 백성들은 태평성세를 누렸다고 기록하고 있다. 소군 역시 호한야(呼韓邪) 선우의 극진한 사랑을 받으며 '영호알씨(寧胡閼氏)'라는 칭호까지 얻었다고 한다. 한나라 또한 화친을 통하여 변방의 평화를 약속받을 수 있었기에, 안정을 천명하기 위하여 원제는 경녕(竟寧) 원년으로 개원하였다고 전한다.

그날 이후, 아름다운 외모와 연약한 여인의 신분으로 국가의 대의명분을 위해 희생을 아끼지 않았던 소군의 이야기는 후세에 널리 퍼져나갔다. 하지만 민간에서는 유미주의에 입각하여 마구 미화시킨 이야기들이 일부 문사들에 의하여 우국충정을 외면하는 군주에 대한 불만을 토로하기 위한 고사로 인용되기도 하였다. 하지만 민간에 떠도는 이런 이야기들은 역사적 사실과 너무도 많은 차이점이 있다.

소군촌에 있는 소군의 집
호북성 자귀시(秭歸市)에 소재한 소군촌은 소군이 나고 자란 고향이라고 전한다.

〈명비(明妃, 소군)출새도(出塞圖)〉

한 무제 시기의 흉노족은 정벌과 내부 분쟁을 통하여 몰락의 길을 걷고 있었다. 한 선제(宣帝) 시기에 와서 호한야 선우가 장안을 방문하여 황제와 접견한 일이 두 차례 있긴 했지만, 그것은 한족으로 귀화하고자 하는 의도가 컸으며 한조를 도와 변경의 정벌에 나설 것을 천명하며 상호보호조약을 맺고 돌아간 것에 지나지 않았다. 당시 변경의 형세는 이미 화평의 국면으로 진입하고 있었고, 그러한 상황에서 즉위한 원제는 연호를 '경녕'으로 개원하였다고 기록하고 있다. 따라서 경녕 원년, 한나라를 방문한 호한야 선우가 화친조약을 맺은 것은 사실이지만 단지 왕소군으로 인하여 얻어진 결과는 아니었다.

화공 모연수가 뇌물을 받고 그림을 그렸다거나, 일부러 왕소군의 초상화를 추하게 그렸다는 이야기는 전기체 소설인 《서경잡기(西京雜記)》의 기본 틀을 모방한 것으로 추정된다. 이 소설집은 진대의 이야기를 모아 집대성하였으므로 한나라와는 시간적으로 3백여 년이나 동떨어져 있다. 원제가 화공을 잡아다가 추궁하여 사형에 처했다는 이야기는 본래 소설 속에서 꾸며낸 이야기이며, 《서경잡기》에 등장하는 여섯 명의 화공 중 일인자였던 모연수를 소군의 비극적인 운명을 빚어낸 악역으로 각색하였을 가능성이 크다.

《서경잡기》에 의하면, 재능과 미모를 겸비한 왕소군과 한 원제는 서로 첫눈에 반하여 사랑에 빠지게 되었다. 그러나 아름다운 두 사람의 사랑은 화공 모연수에 의하여 산산조각이 나게 된다. 조정에 큰 죄를 짓고 도망친 모연수는 흉노족에게 가서 왕소군의 초상화를 바쳤고 선우는 화공의 말만 믿고 한나라 조정에 와서 왕소군과의 혼인을 요구하였다. 만약 자신의 요구를 거절하면 전쟁을 일으키겠다고 협박하자 원제는 하는 수 없이 아끼던 소군을 변방으로 보내게 되었다. 소군을 데리고 변방으로 돌아온 선우는 한 왕실과의 화친을 자청하였다. 한나라로 돌아온 화공 모연수는 원제에게 참수형을 당했다. 그 후 원제는 소군을 그리워하다가 마음의 병을 얻어 바로 그해 세상을 떠나게 되었고, 그로부터 2년 후 소군은 스스로 자결하였다고 한다. 사람들은 변방의 안정과 왕실의 평화를 위해 공헌한 소군의 희생을 높이 기렸다고 전하며 이야기는 끝을 맺는다.

왕소군과 관련된 이야기는 이처럼 다양한 판본의 고사가 존재한다. 그러나 살펴본 바와 같이 정사와 후대의 판본들은 많은 차이를 보이고 있다. 당연하게도 후대의 판본들은 각색된 이야기에 불과하며 정사의 기록 역시 온전히 받아들이기엔 미흡한 점이 많다.

〈소군 출새도〉, 명, 구영(仇英)
소군의 출새도는 당송 양대 시가의 주요 소재로 인기를 모았으며, 북송 중기부터 회화의 소재가 되기 시작했는데, 원·명·청 3대에 걸쳐 각종 예술작품의 소재로 빈번하게 사용되었다.

마외파에서 목매어 죽은 여인은 과연 양귀비였을까

중국의 4대 미녀 가운데 한 명으로 통하는 양귀비는 살아생전 화려한 이력에도 불구하고 비참한 최후를 맞은 것으로 알려져 있다. 배나무에 목매 죽었다는 설에서부터 죽지 않고 일본 사절을 따라 부상으로 건너갔다는 설까지 의견이 분분하다. 현재 일본의 여러 지역에서 양귀비의 흔적이 발견되고 있는 점도 역사적 수수께끼로 남아 있다.

양귀비 상

양귀비(楊貴妃)는 중국 고대의 이름난 절세미녀이며, 그녀가 당 현종과 나눈 애틋한 사랑 이야기는 남녀노소를 불문하고 모르는 사람이 없을 만큼 유명하다. 양귀비의 미모와 기이한 삶은 역사상 숱한 시인과 문인 학자들의 호기심을 자극하였고 그로 인해 수많은 문학작품이 탄생하였다. 당 현종과 양귀비의 비극적인 사랑은 끊임없이 인구에 회자되고 있으며, 특히 양귀비의 최후를 둘러싼 각종 의혹은 그녀의 신비함을 더해주고 있다.

역대 문헌들은 공통적으로 양귀비가 마외(馬嵬)에서 목매 죽었다고 전하고 있다. 당대의 학자인 이조(李肇)는 《국사보(國史補)》에

'현종이 촉(蜀)으로 행차하여 마외(馬嵬)에 도착하였다. 환관 고력사(高力士)에게 귀비를 불당의 배나무 아래 목매라고 명하였다. 마외에 있던 노파가 주운 것은 단지 신발 한 켤레뿐이었다. 노파는 이곳을 지나는 과객에게 돈을 받고 구경거리 삼아 신발을 빌려주었는데 곧 부자가 되었'고 적고 있다. 이 기록은 양귀비가 마외의 불당 배나무에 목매 죽었음을 입증하는 근거라고 볼 수 있다. 죽은 양귀비의 시신을 운반하는 과정에서 떨어진 신발 한 짝을 마외에 있던 한 노파가 주워 큰 부자가 되었다는 이야기까지 기록되어 있으므로, 양귀비의 죽음에 대해서는 이견의 여지가 없어 보인다. 이와 같은 기록은 《구당서(舊唐書)》는 물론이고, 《신당서(新唐書)》 및 청대 잠건공(岑建功)이 편찬한 《구당서일문(舊唐書逸文)》에서도 쉽게 찾아볼 수 있다.

《자치통감》에는 양귀비의 최후에 관한 더 상세한 기록을 확인할 수 있다. 삼군(三軍)의 장수들이 마외 역사 앞에서 양국충(楊國忠)을 사살하였으나 여전히 해산할 기미를 보이지 않았다. 그러자 진현례(陳玄礼)는 당 현종에게 '양국충이 모반

화청궁(華淸宮)
협서성(陝西省) 서안시(西安市) 임동현(臨潼縣)에 위치해 있다. 온천에 조성된 별궁으로, 양귀비는 이곳에서 당 현종과 많은 시간을 보냈다.

을 꾀하였으니, 귀비(貴妃) 역시 모실 수가 없다. 폐하께서는 사사로운 정을 물리치고 법도에 따르는 것이 좋겠다'고 말했다. 당시 고력사마저도 삼군 장수의 편에 있었으므로 당 현종은 더 이상 어쩔 도리가 없었다. 현종은 자포자기의 심정으로 불당에 있는 귀비를 잡아서 목매 죽이고 양귀비의 시신은 수레에 실어 진현례를 비롯한 삼군의 장수들에게 보일 것을 명령하였다. 고력사는 당 현종의 말에 따랐고, 삼군은 그제야 비로소 군사를 정돈하여 마외를 떠났다고 한다.

《자치통감》은 군사들이 떠난 후, 인근 사람들이 죽은 양귀비의 시신을 수습하여 마외 역사 내에 묻었다고 전한다. 그러나 당대에 퍼져나가기 시작한 소문은 꼬리에 꼬리를 물고 이어져나갔다. 내용인즉, 1년여 후에 죽은 양귀비의 시신을 이장하기 위해 역사 내 정원을 파 보니 시신은 온데간데없고 단지 신발 한 짝과 향낭만이 들어 있었다는 것이다. 이로 인해 민간을 중심으로 양귀비가 살아 있다는 소문이 떠돌기 시작했다. 세인의 이목을 속이기 위해 현종이 양귀비 대신 시녀에게 양귀비의 옷을 입힌 후 목매 죽였다는 흉흉한 내용이었다. 따라서 비밀리에 탈출한 양귀비가 어딘가에 살아 있다는 소문이 끊이지 않았다.

이를 두고 백거이(白居易)는 《장한가(長恨歌)》에서 다음과 같이 읊었다.

> 마외의 진흙 더미 속에 꽃다운 얼굴 어디로 가고
> 텅 빈 자리만 남아 있네
> 위로는 청천 하늘, 아래로는 황천의 나락까지
> 찾아 헤매었지만 망망할 뿐이네

《장한가》에는 양귀비의 석연치 않은 최후에 대한 시인의 회한이 잘 드러나 있다. 그렇다면 자연스럽게 한 가지 질문이 도출된다. 마외에서 죽은 여인이 양귀비가 아니라면, 그 후 양귀비는 어디로 몸을 숨겼을까? 1984년 판《문화역총(文化譯叢)》은 일본에서 출간된《중국전래고사(中國傳來的故事)》를 인용하여 다음과 같은 가설을 제시하였다. 진현례와 고력사는 삼군 장수의 사태를 수습하기 위한 방법으로 양귀비가 죽은 것으로 위장했다. 극적인 탈출에 성공한 양귀비는 극비리에 동해를 건넜으며 무사히 일본에 도착했다.

귀비출욕도(貴妃出浴圖), 청

역사소설《양귀비》역시 위의 가설을 토대로 양귀비의 파란만장한 인생을 전개하였다. 타고난 미모로 권력을 좌우하던 양귀비는 마외 역사에서 변이 일어나자 죽음을 눈앞에 두게 되었다. 그러나 양귀비의 빼어난 미모를 아깝게 여긴 진현례는 환관 고력사와 비밀리에 계략을 꾸며 양귀비로 위장한 시녀를 대신 목매 죽였다. 당시 양귀비의 시신을 운반한 사람은 고력사였고, 시신의 검사는 진현례가 맡았으니, 두 사람의 각본에 의해서 양귀비는 감쪽같이 마외를 빠져나갈 수 있었던 것이다. 진현례가 준 친필 서한을 가진 양귀비는 신속히 남쪽으로 이

귀비효장도(貴妃曉妝圖), 명, 구영(仇英)

동하였고 상해 부근인 양범(揚帆)에 미리 준비되어 있던 배에 올라 일본으로 향했다고 한다.

《중국전래고사》는 당 현종과 양귀비의 비극적인 이별에 관하여 다음과 같이

전하고 있다. '안록산의 난을 평정한 후, 현종은 장안으로 돌아갔다. 그러나 양귀비에 대한 그리움을 참지 못하고 방사에게 양귀비를 찾아오라는 명령을 내렸다. 가까스로 구진(久津)에 다다른 방사는 귀비에게 현종이 보낸 불상 두 개를 건네 주었고, 귀비 역시 답례로 자신의 옥비녀를 주었다. 그러나 양귀비는 다시는 장안에 돌아오지 못하고 일본에서 눈을 감았다……'

20세기에 들어선 1920년대 말, 유평백(兪平伯)은 《소설월보》의 제20권 2호에 '장한가 및 장한가의 의혹'이란 글을 발표하였다. 그는 마외에서 죽은 여인은 양귀비가 아니라는 점을 강조하였다. 다만 양귀비는 마외에서 탈출한 후에 전국의 여도사원(女道士院)을 떠도는 신세가 되었다고 한다. 유평백은 《장한가》에 나오는 백거이의 시구를 인용하면서 양귀비의 시신은 끝끝내 찾지 못했으며, 양귀비가 도피 생활을 하며 여도사원을 유랑했을 가능성을 제기하였다. 여도사원이

〈명황행촉도(明皇幸蜀圖)〉, 당, 이조도(李昭圖)

란 당시 기원(妓院)을 말하는 것이므로 결국 양귀비는 비천한 기녀로 전락한 셈이다.

《양귀비부활비사(楊貴妃復活秘史)》에는 일본으로 도피한 양귀비의 행적이 상세하게 기록되어 있다. 작가는 양귀비의 일본 도피설에 관하여 강한 확신을 갖고 있는 듯하며 양귀비가 마외를 탈출하게 된 상황을 좀더 구체적으로 밝히고 있다. 우선 마외에서 양귀비의 탈출을 도운 것은 무녀인 사아만(謝阿蠻)과 악사 마산기(馬仙期)였으며, 구사일생으로 마외를 탈출한 양귀비가 무사히 일본에 도착하도록 힘을 쓴 사람은 당나라에 파견된 일본 사신이었다고 지적하였다. 일본에 도착하기 전에 양귀비는 양주(揚州)에서 양국충의 장자인 양훤(楊暄)의 첩 서씨(徐氏)와 아이를 함께 데리고 갔다고 전한다. 양귀비가 일본에 도착한 시기는 기원전 757년으로 당시 일본은 효겸여제(孝謙女帝)의 시대였다. 양귀비가 무사히 일본에 도착한 후에 사아만과 마선기는 이 사실을 곧 현종에게 알렸다. 현종은 일본으로 사람을 보내어 양귀비의 소재를 알아낸 후에 귀국할 것을 종용하였지만, 양귀비는 결국 일본의 부상(扶桑)에서 숨을 거두었다고 비사(秘史)는 적고 있다.

이 밖에도 양귀비의 일본 도피설에는 여러 의견이 존재한다. 일본으로 건너간 양귀비가 우연히 궁정 투쟁에 휘말려 일본의 여황이 되었다는 설에서부터 양귀비가 일본의 고야공주(高野公主)에 올랐다는 《신당서》의 기록까지 참으로 각양각색이다. 일설에는 해상에서 표류하던 양귀비가 중병을 얻어 일본에 도착하자마자 세상을 떠났다는 소문도 있다. 그중에서도 가장 유력한 설은 양귀비가 일본에 도착한 직후, 민간에 은거하면서 양씨의 후손들과 서서히 연계하였다는 설이다. 이를 입증하기라도 하듯 일본에는 자신들이 양귀비의 후손임을 자칭하는 사람들이 대거 분포하고 있다. 심지어 1963년, 일본의 방송에서는 한 여성이 고대 문헌을 들고 나와 자신의 조상은 중국의 당나라 미녀인 양귀비라고 주장하기도 했다.

양귀비관음상, 일본
민간의 전설에 의하면 양귀비는 죽지 않
고 일본 사절을 따라 부상으로 건너갔다
고 한다. 현재 일본의 여러 지역에서 양
귀비의 흔적이 발견되고 있다고 전한다.
이 양귀비 상은 13세기에 만든 것으로 현
재 일본 경도(京都) 천용사(泉涌寺)에 전
시되어 있다.

마외파 양귀비 묘(馬嵬坡楊貴妃墓)
양귀비 묘는 협서(陜西) 흥평현(興平縣)
마외파에 위치하고 있다. 3천 평방미터
에 이르는 면적에 원형 묘이다.

여러 가지 반론에도 불구하고 양귀비가 일본으
로 건너갔다는 설은 이처럼 심도 있게 받아들여지
고 있다. 당시 당나라와 일본과의 대외적인 관계
도 이를 뒷받침한다. 당나라 때는 중일 교역이 매
우 빈번하여 양국이 서로 사신을 파견하는 일이
잦았다. 당시 양귀비와 양씨 일가는 당 황실의 권
력을 마음대로 행사하며 고위관직을 독점하였는
데, 양국충의 아들은 외교부장까지 역임했다. 따
라서 양씨 일가와 일본 사신과의 교분은 자연스러
운 일이었을 것이다. 양귀비는 '안록산의 난' 이후
피의 보복을 당하게 되자 일본 사절에게 망명을
요청하였고, 양국충의 후손과 함께 일본으로 도피
하였을 가능성이 매우 높은 것이다.

이처럼 양귀비의 죽음을 둘러싼 논란은 배나무
에 목매 죽었다는 설에서부터 일본 도피설까지 다
양하다. 중요한 사실은 '안록산의 난' 이후 어떤
이유로든 양귀비가 축출되었다는 사실이다. 마외
에서 사라진 양귀비의 시신과 배나무에 목매 죽은
여인에 관한 진실은 아직까지 정확히 밝혀진 바가
없으며 《장한가》에서 백거이가 탄식했듯 '청천 하
늘 끝에서 황천 나락의 밑바닥까지 찾아 헤맨다
한들' 결코 찾을 수 없는 영원한 수수께끼가 되고
말았다.

비운의 여인, 이사사

기생 이사사는 화려한 미모와 재색을 바탕으로 황제의 총애를 받아 하루아침에 '영국부인'에 책봉된다. 그러나 나라가 풍전등화의 위기에 몰리자 궁궐에서 쫓겨나고 이후 행방이 묘연해진다. 세인들은 이사사가 용감하게 침략군과 맞서다가 죽었다고 하기도 하고 비구니가 되어 은둔했다고 주장하기도 한다. 과연 지금으로부터 약 2천 년 전, 북송에는 무슨 일이 있었나?

북송(北宋) 말년, 고관대작이 운집한 수도를 무대로 기생 한 명이 활동하고 있었는데 그녀의 이름은 이사사(李師師)였다. 전하는 바에 의하면, 그녀는 미모와 재색을 겸비하였을 뿐만 아니라 의협심까지 갖춘 외유내강의 여인이었다.

그녀는 이러한 배경을 바탕으로 많은 인사들과 교류했는데, 그녀와 가까이 지냈던 인물 가운데에는 대송 황제인 휘종(徽宗)도 있었다. 휘종은 정치를 등한시했으나 거문고, 장기, 시, 서화 등에는 뛰어난 재능을 보였다. 그는 역대 황제 중에서도 가장 풍류

이사사 상

백옥용문대환(白玉龍紋帶環), 송

를 즐기고 예술을 사랑할 줄 아는 군주였다. 그런 휘종이 어떤 연유로 일개 기생인 이사사와 친분을 쌓을 수 있었을까?

이사사의 명성은 저잣거리는 물론 궁궐까지 자자했다. 오래전부터 이사사에 대한 소문을 들어온 휘종은 그녀의 명성을 몸소 확인하고자 어느 밤, 은밀히 궁궐을 빠져나갔다. 평범한 백성으로 위장한 채였다. 마침내 목도하게 된 이사사의 미모는 소문 이상이었다. 그날 이후, 휘종은 문턱이 닳도록 이사사의 집을 찾았다. 밤마다 은밀히 행한 일이었지만 소문은 빠르게 온 나라로 퍼져나갔다. 사태는 걷잡을 수 없이 커져서 마침내 남녀노소를 불문하고 이들의 애정행각을 모르는 사람이 없게 되었다.

일이 커지자 휘종은 서둘러 이사사를 궁궐로 불러들였다. 그런 다음 신하들의 반대를 무릅쓰고 '이명비(李明妃)'라는 칭호를 내리고 '영국부인(瀛國夫人)'에 책봉했다. 하루아침에 명실상부한 지위를 얻게 된 이사사는 한동안 꿈같은 시간을 보냈다. 그러나 이사사의 영화는 오래 지속되지 못했다. 휘종이 금(金)나라의 침략을 모면하기 위해 제위를 아들 흠종(欽宗)에게 물려주었기 때문이다.

휘종 선화(宣和) 7년(1125) 겨울, 금나라 군대는 계속 남하하여 송의 수도로 몰려왔다. 풍류 황제인 휘종은 더없이 유약했다. 그는 아들 흠종에게 서신을 보내어 자신이 더 이상 이사사를 돌볼 수 없다는 의사를 전달하였다. 흠종은 즉각 이사사를 폐위시키고 궁궐에서 추방했다. 이사사는 하루아침에 다시 미천한 기녀의 신분으로 전락한 것이다. 그런 상황에서도 휘종은 이사사를 돌보지 않았다. 당시 도교에 흠뻑 빠져 있던 휘종은 태을궁(太乙宮)에서 은둔의 나날을 보내며 스스로를 '도군교주(道君敎主)'라고 불렀다.

이듬해 정월, 금나라 군대는 송의 수도를 완전히 포위하였다. 전하는 바에 의하면 당시 이사사는 자신의 모든 재산을 조정에 반납하고 금나라의 군대에 저항했다고 한다. 그러나 흠종은 금과 화친한다는 명목으로 금나라가 요구하는 막대한 조공을 바치기로 결정했다. 흠종은 관리를 파견하여 백성들의 재산을 마구 갈취하였고 정강(靖康)년에 이사사를 비롯하여 경성에 살고 있는 기생의 재산까지 모두 몰수하였다. 이로 인하여 이사사의 생활은 말할 수 없이 궁핍한 지경에 빠지게 되었다. 《삼조북맹회편(三朝北盟汇編)》에 기록되어 있는 당시의 상황은 이처럼 처참한 것이었다. 한 번 물러갔던 금군은 또다시 공격을 감행하였으며 휘종과 흠종, 두 황제를 사로잡아 북으로 끌고 가기에 이른다.

그렇다면 송나라가 망한 후, 이사사는 어떻게 되었을까?

이사사에 관한 문헌 기록들은 다소 차이를 보이고 있다. 《이사사외전(李師師外傳)》은 이사사의 장렬한 죽음을 상세히 다루고 있다. 외전의 기록에 의하면 이사사는 패망해가는 조국의 운명에도 굴하지 않고 끝까지 자신의 절개를 지켰다고 한다. 금나라의 군대가 경성을 포위하자 주사양(主師揚)은 '금나라의 군주 또한 이사사의 명성을 들어 알고 있을 테니 분명 그녀를 취하고자 할 것이다'라고 말했는데 그의 예상은 적중하였다. 매국노 장방창(張邦昌)이 직접 나서서 이사사의 행방을 찾는 금군을 도왔다. 이사사를 수색하던 장방창은 결국 자신의 손으로 직접 그녀를 잡아 금나라 군영에 끌고 가게 된다.

금군의 연회석상에 끌려간 이사사의 태도는 완강했다. 그녀는 매국노 장방창을 비롯하여 금에 동조하는 대신들에게 "과거에 너희 고관들은 조정의 후한 봉록을 누렸다. 이 나라 조정은 한 번도 너희들을 푸대접한 적이 없는데 지금에 와서 어쩌자고 종묘사직을 망쳐놓느냐!"며 호통을 쳤다. 말이 끝나자마자 이사사

송 휘종 조길(趙佶) 상
송 휘종 조길(1082~1135). 재위 기간은
1100~1126년. 신종(神宗)의 아들이며
철종(哲宗)의 아우이다.

금명지쟁표도(金明池爭標圖), 송
북송 휘종 숭녕(崇寧) 연간, 금명지가 진
행한 용주(龍舟) 경기의 정경을 묘사한
그림이다. 금명지는 변경의 외곽에 위치
하고 있는데, 원래 수군이 훈련을 받던
장소였다. 휘종은 누각을 확장하여 풍경
이 수려한 화원으로 만들었다고 한다.

는 자신의 금비녀를 뽑아서 가슴을 찔렀다. 숨이 끊어지지 않자 다시 혀를 깨물어 스스로 목숨을 끊었다고 전한다.

외전을 접한 청대의 학자 황건감(黃建鑒)은 이사사의 행적을 가리켜 "이사사는 미색과 재주가 뛰어났을 뿐만 아니라, 정의로운 여인이기도 했다. 그녀의 의협심은 장부에 버금가는 것이었다. 그러나 불행히도 천한 출신이었기에 치욕적인 삶을 마감해야 했다. 어찌 그녀의 삶이 회한과 정열의 역사가 아니겠는가?"라고 찬탄하며 그녀의 삶을 높이 평가하였다.

그렇다면 자연스럽게 한 가지 의문과 부딪히게 된다. 외전에 드러난 이사사의 행적은 과연 사실일까? 스스로 가슴을 찌르고 혀를 깨무는 행동은 아무리 절개가 높은 사람이라도 쉽게 행할 수 없기 때문이다. 더구나 이사사가 만찬석상에서 그런 행동을 하도록 아무도 제지하지 않았다는 점도 수수께끼일 수밖에 없다. 따라서 대부분의 학자들은 외전의 기록이 사실과 부합되지 않는다고 평가한다. 대작가 노신(魯迅) 또한《이사사외전》을 문학사상 당송 전기소설류의 계열로 분류하며 남송 사람의 작품일 가능성이 크다고 보았다.

일부에서는 이사사가 비구니가 되었다고 추측하기도 한다. 전하는 바에 의하면 수도를 점령당한 후 이사사는 금군에 사로잡혀 북으로 끌려갔다. 그곳에서 이사사는 늙은 군졸의 아내로 전락했고, 수모를 견디지 못하고 탈출하여 머리를 깎고 은둔했다는 것이다. 하지만 이러한 설은 근거가 없어 동조하는 이가 적다. 왜냐하면 송 휘종이 흠종에게 왕위를 물려준 후 이사사는 궁에서 쫓겨났다. 따라서 금군이 수도를 공격하여 두 명의 황제와 황족들을 북으로 끌고 갔을 당시 그녀는 이미 침략군의 손아귀를 벗어나 은둔했을 가능성이 높다.

남송시대에 이르자 이사사가 죽지 않고 남하하였다는 주장이 새롭게 제기되었다. 《청니연화기(青泥蓮花記)》는 이사사가 정강의 난(靖康之難) 이후에 남쪽 지방을 유랑하였다고 기록하고 있다. 기록은 '호(湖) 상간(湘間)' 지역에서 그녀를 본 사람이 있지만 이미 늙고 초췌하여 예전의 고운 자태를 찾아볼 수 없었다고 전한다. 《묵장만록(墨庄漫錄)》 역시 이와 유사한 기록을 남기고 있다. 절강 유역 일대를 떠돌던 말년의 이사사를 목격하였는데 절세미인이라는 명성이 무색할 만큼 초라하기가 이루 말할 수가 없었다고 한다. 후대 학자들 사이에서 《청니연화기》

가락도(歌樂圖), 송

와 《묵장만록》의 기록은 매우 사실적이라고 평가받고 있다.

　이처럼 논란이 계속되어왔지만 아직 명확히 밝혀진 건 없다. 중요한 사실은 주인에게 버림받은 이사사의 운명 또한 망해가는 나라와 별반 다르지 않았을 것이라는 점이다.

자식을 위해 하가를 택한 효장

몽고족 출신의 효장은 빼어난 미모를 바탕으로 평생 동안 세 명의 황제를 보좌하였다. 남편이었던 황태극이 죽고 황제가 된 어린 아들 순치제를 시동생 다이곤이 위협하자 그와 정략적인 결혼을 택하기도 한다. 역사는 효장의 이와 같은 하가를 두고 여러 가지 설이 분분하다. 과연 효장은 희대의 탕녀였을까, 아니면 자신과 아들의 안위를 지키기 위해 최선의 선택을 한 현모였을까?

몽고족 출신인 효장(孝庄) 황태후는 13세의 나이에 청 태조(太祖) 황태극(皇太極)과 혼례를 올렸으며 후에 장비(庄妃)의 자리에 올랐던 미모의 여인이다. 그녀는 남편인 황태극에 이어 세조(世祖) 순치(順治)와 성조(聖祖) 강희(康熙)에 이르기까지 일생 동안 모두 세 명의 황제를 보좌하였다. 또한 청나라 군대가 중원에 진입하여 수도를 정하고 명나라를 멸망시키는 과정에 깊이 개입하였고 개인적으로는 황위(皇位)가 두 번이나 바뀌는 파란만장한 삶을

효장태후 상

효장태후(1613~1687). 명 천계(天啓) 5년(1625) 청 태종 황태극에게 시집왔으며, 명 숭정 11년(1638) 아홉 번째 황태자 복림(福臨)을 낳았다. 강희 26년(1687)에 향년 75세로 서거하였다.

살았다.

효장은 1642년 처음으로 청나라 역사에 모습을 드러낸다. 당시는 청나라 군과 명나라 군의 첨예한 대립이 극에 달하던 시기였다. 그 무렵, 명나라 군대의 총감독 홍승주(洪承疇)가 송산(松山) 전투에서 패하고 포로가 되어 성경(盛京)으로 압송된 일이 있었다. 청 왕조는 높은 관직과 후한 봉록을 약속하며 전향할 것을 권유하였으나 홍승주의 기세는 전혀 꺾이지 않았다. 온갖 보물과 미인계를 동원하여 그를 유혹했지만 눈 하나 깜짝하지 않고 오히려 단식을 시작했다. 그가 단식을 시작한 지 나흘째 되는 날, 곱게 단장한 묘령의 여인이 홍승주가 기거하는 처소에 들었다. 그 후 얼마 지나지 않아 죽기를 작정했던 홍승주는 스스로 청나라의 군신이 되기를 요청하게 된다. 어떠한 회유와 유혹에도 굴하지 않던 홍승주를 하루아침에 무너뜨린 여인, 그녀가 바로 효장이었다.

효장은 그로부터 2년 뒤 다시 역사에 등장한다. 청 태종 황태극은 숭덕(崇德) 8년(1644), 왕위 계승 문제를 남겨놓은 채 황궁에서 서거하였다. 황태극이 죽자 왕실 내부에서는 왕위를 둘러싸고 심한 각축전이 벌어졌다. 효장도 그들 가운데 하나였다. 효장은 교묘하게 연합과 분열을 반복하며 온갖 권모술수를 다해 마침내 자신의 여섯 살짜리 아들 복림(福臨)을 추대, 황제의 자리에 앉히는 데 성공하였다. 그가 바로 순치황제이며 효장은 자연스럽게 황태후에 책봉되었다.

여섯 살짜리 황제가 등극하자 권력은 어린 황제의 숙부 다이곤(多爾袞)에게 넘어갔다. 다이곤은 순치황제를 대신하여 섭정하면서 권력의 일인자로 군림하였다. 다이곤이 권력을 잡을 수 있었던 것은 복림의 즉위 과정에 깊이 개입하여 일을 성사시키며 그 대가로 효장과 은밀한 관계를 유지했기 때문이다. 안하무인이 된 다이곤은 황궁의 내원을 제멋대로 드나들며 어린 황제를 위협하였다. 상황이 이 지경에 이르자 효장은 아들의 왕위를 보전하기 위하여 우존강귀(紆尊降貴)의

선택을 하게 된다. 즉 순치 5년 2월 8일 다이곤
과 전격적으로 혼례를 치른 것이다. 하지만
'우존강귀'의 기록은 어디까지나 야사일 뿐이
다. 정사에는 이런 기록이 없으며 야사 또한 조
작된 것이라는 주장이 제기되고 있다.

　명대와 청대의 역사를 연구하던 사학자 맹
삼(孟森)은 1930년대 발표한《태후하가사실고
(太后下嫁事實考)》를 통해 효장태후의 하가(下
嫁)설이 낭설임을 강조하였다. 그가 증거로 제
시한 사료는《조선실록(朝鮮實錄)》이며,《조선
실록》에는 효장이 다이곤은 물론이고 그 어떤
누구와도 혼인을 치른 적이 없다고 기록되어
있다.

황태극 상
청 태종(1592~1643). 애신각라(愛新覺羅), 즉
황태극을 말한다. 1626년부터 1643년까지 재
위하였다.

　그러나 반론도 만만찮다. 많은 학자들은 효장이 다이곤에게 하가했다는 기록
을 사실로 인정하고 있다. 청조는 소수민족이 세운 왕조였다. 당시 만주족의 혼
인 풍속에 따르면 동생이 형수를 아내로 맞이하는 일은 결코 윤리에 어긋나는 일
이 아니었다.《청사고(淸史稿)》에는 순치 5년(1648) 다이곤이 황태극이 죽은 후
즉위한 장자 소친왕(蕭親王)의 아내를 빼앗아 자신의 여자로 삼았다는 기록이 남
아 있다. 조카며느리까지 아내로 삼는 만행을 서슴지 않았던 다이곤이 형의 여자
를 취하는 일은 그리 놀라운 일도 아니었을 것이다. 이런 일례로 비추어 볼 때,
황태극이 세상을 떠난 후 다이곤과 효장이 혼례를 올리는 일은 극히 자연스러운
일이었을 것이다.

　그렇다면 이러한 사실이 정사에 기록되지 않은 이유는 무엇일까? 추론의 여지

영복궁(永福宮)

영복궁은 청 태종 황태극의 태후 장비의 침궁이다. 현재는 당시 형태를 보존하였으며 건륭황제 연간에 수리하였다.

소릉융은전(昭陵隆恩殿)

청 태종 황태극의 능묘를 소릉이라고 칭한다. 요녕성(遼寧省) 심양시(沈陽市) 북부 북릉(北陵)이라고도 한다. 효장은 강희 26년에 세상을 떠났는데 격식과 예를 갖추지 않고 소릉에 안장되었다.

는 얼마든지 존재한다. 우선, 다이곤과 효장의 결합은 정통적인 한족의 혼인 풍속과 거리가 먼 것이었다. 때문에 사관들은 그들의 혼례를 인정하지 않았으며 정사의 기록에서 누락시켰을 가능성이 크다. 만주족이 중원에 들어온 직후, 이민족의 낯선 문화에 대한 한족의 충격은 매우 큰 것이었다. 한족의 도덕관념과 생활 풍속에는 일대 혼란이 일어났으며 세월이 흐른 뒤에야 그들은 점차 이민족의 문화를 받아들일 수 있었다.

효장의 하가설을 입증할 수 있는 자료는 그 밖에도 다수 존재한다. 장양기(蔣良騏)의 《동화록(東華錄)》을 보면, 순치(順治) 8년, 만천하에 다이곤의 죄상을 폭로하였다는 기록이 있다. 그중에서도 '스스로 황제를 자칭하며 왕권을 섭정하였다. 또한 황궁의 내원에 드나들었다'는 죄목이 있는 것으로 보아 다이곤이 효장태후의 내실을 함부로 출입했다는 의혹이 사실임을 짐작할 수 있다. 동시대의 장황언(張煌言) 역시 〈건이궁사(建夷宮詞)〉라는 시가를 통하여 다이곤과 효장의 혼인을 비난한 바 있다.

다이곤이 섭정한 사실을 놓고 《청사고(淸史稿)》에는 '숙부가 섭정하여 천하를 다스린 공이 크므로 특별히 예를 갖춰 그 공덕을 숭상해야 한다'는 다이곤을 옹오하는 내용의 기록이 전한다.《조선인조실록(朝鮮仁祖實錄)》의 내용 중에는 '청나라 사신에게 물으니 태상(太上)에게 올리는 하례를 황제와 일체(一體)하는 것으로 간주한다고 대답하였다'는 기록이 있는데, 여기에 적힌 '태상'이란 바로 태후의 남편을 의미하는 말이다. 이는 다이곤이 태후의 남편이라는 사실을 멀리 조선국(朝鮮國) 사람들까지 알고 있었음을 짐작하게 한다.

　다이곤이 세상을 떠난 후, 왕실의 관례를 깨고 다이곤은 '성종의황제(成宗義皇帝)'로 추대되기에 이른다. 이것은 다이곤이 순치황제의 아버지이자, 황태후의 남편이었다는 사실을 결정적으로 뒷받침해주는 사례 가운데 하나이다. 미루어 짐작할 수 있는 또 하나의 사례는 효장의 유언이다. 강희(康熙) 26년(1687) 12월, 이미 태왕태후(太王太后)의 자리에 오른 효장은 병이 위중해져 자리에 눕게 되었다. 그녀는 임종 직전, 강희를 불러 "태종(太宗)의 장례를 치른 지 오래되었고 나 또한 예전 같지 않지만, 너희 부자에 대한 사랑은 변함없다. 효릉(孝陵) 근처에 나를 묻어준다면 여한이 없을 것이다"라는 유언을 남겼다. 이로 미루어 효장이 황태극과

함께 합장되는 것을 극히 꺼려했다는 것을 알 수 있다. 다이곤과 혼례를 올린 사실이 마음에 걸렸기 때문일지도 모르는 일이다.

　임종 이후, 효장은 왕실의 싸늘한 냉대를 받았다. 청 동릉(東陵)은 역대 모든 왕후들의 무덤이 안장되어 있는 곳인데, 유일하게 효장의 무덤만이 풍수(風水) 울타리 밖에 위치하고 있다. 더구나 효장은 죽은 뒤 바로 묻히지 못했다. 효장이 세상을 떠나자 왕실은 관례를 깨고 당시 일어난 반란을 구실 삼아 곡

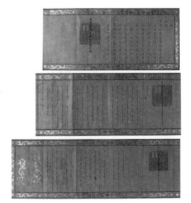

책봉장비책문(册封庄妃册文), 청
명 천계 5년 장비는 청 황태극에게 시집갔다. 명 숭정 9년, 청 태종 황태극은 후궁 책봉 시에 서궁(西宮)에서 책봉하였다고 한다. 이 그림은 영복궁 장비의 책문이다.

하는 것을 금지했다고 한다. 뿐만 아니라 효장의 시신은 '잠안전(暫安殿)'내로 옮겨진 채 거의 40년이나 그대로 방치되었다. 효장의 시신은 옹정 시대에 와서야 비로소 안장되었지만 옹정은 제사에도 참여하지 않았다고 전한다.

효장이 사후에 후손의 차가운 냉대를 받은 이유는 다이곤에게 하가했기 때문일 것이다. 그러나 효장을 옹호하는 이들도 적지 않다. 그들은 사서의 기록 중에 '친히 황궁 내원을 들다'와 같은 문구를 황궁 내의 추잡한 행위로 보는 것은 지나친 해석이라고 지적한다. 나아가 그들은 황궁 내원이 반드시 효장의 침소라는 증거도 없음을 강조한다. 효장과 황태극을 합장하지 않은 이유 또한, 황태극의 옆에 이미 효서(孝瑞) 문황후(文皇后)가 있기 때문이라고 보았다. 일각에서는 실

소서릉(昭西陵)
소서릉은 효장 황태후의 능묘이다. 무덤의 위치가 소릉의 서편에 있기 때문에 예전에는 소서릉이라 불렸다.

제로 다이곤과 혼례를 올린 여인은 황태극의 장자인 호격(豪格)의 아내, 즉 박이제길금(博爾濟吉錦) 씨였다고 주장하기도 한다. 몽고족 이름의 한자 독음이 효장의 성인 박이제길특(博爾濟吉特)과 비슷하므로 이를 착각한 후대 사람들이 오류를 범한 것이라는 주장이다.

이런저런 해석이 난무하지만 효장이 어떤 식으로든 다이곤과 모종의 관계를 맺은 것은 분명해 보인다. 그렇다면 효장이 '하가'라는 불명예를 무릅쓰고 다이곤을 가까이한 이유는 무엇일까? 단순히 나이 어린 황제의 보위를 지키기 위해 정략결혼을 택한 것일까, 아니면 야사의 기록대로 본래 간교하고 방탕한 여인이었기에 그랬을까? 양측의 주장이 팽팽한 가운데 효장을 둘러싼 의혹은 여전히 수수께끼로 남아 있다.

향으로 황제를 사로잡은 여인, 향비

몸에서 꽃보다 향기로운 향을 뿜었던 신비의 여인 향비, 그녀는 건륭황제의 사랑을 한몸에 받으며 궁궐에 머물렀으나 늘 고향을 그리워하다가 죽음을 맞는다. 태생 자체의 신비로움으로 인해 향비에 관한 고사는 세인들의 주목을 받고 있지만 학자들은 이야기의 진위 여부에 고개를 저을 뿐이다. 과연 향비는 실존했던 인물일까, 아니면 그렇고 그런 숱한 전설 가운데 하나일까?

향비 상

청나라 최고의 부흥기를 일구었던 6대 황제 건륭(乾隆), 역대 황제들이 대부분 그렇듯 건륭황제의 주변에도 수많은 후궁들이 있었다. 그중에서도 특별히 건륭의 총애를 한몸에 받았던 여인이 있었으니 그녀의 이름은 바로 향비(香妃)였다. 그렇다면 그녀의 이름은 왜 하필이면 향비일까? 그 비밀은 그녀의 몸에 있다. 그녀에게는 다른 여인들이 갖지 못한 특이한 무기가 있었는데, 그것은 바로 그녀의 몸에서 나는 신비스러운 향기였다.

전하는 바에 의하면 그녀의 향기는 '꽃다운 얼굴을 가까이하지 않아도 그 향기에 먼저 이르게 되었다. 꽃향기도 아니고, 분향도 아닌 것이 그저 신비하고도 그윽할 따름이었다'고 한다. 향비는 본래 신강(新疆) 지역의 왕인 곽집점(霍集占)의 왕비로 타고난 미모와 지혜를 겸비한 여인이었다. 사람들은 그녀의 몸에서 나는 그윽한 향기로 인해 어릴 때부터 그녀를 향비라는 이름으로 불렀고, 이러한 소문은 곧 사방으로 퍼져나갔다.

중원으로 널리 퍼져나간 소문을 듣고 건륭황제는 정벌을 구실 삼아 향비를 인질로 데려왔다. 그러나 옛 군주를 잊지 못한 향비는 냉담한 반응을 보일 뿐이었고, 하는 수 없이 건륭은 그녀의 거처를 서원(西苑)으로 옮겨주었다. 그 후, 향비의 환심을 사기 위해 건륭은 회회영(回回營)을 축조하고 청진사(淸眞寺)를 짓는 등 지극 정성으로 그녀를 돌보았다고 한다. 하지만 건륭의 노력에도 불구하고 향비의 절개는 꺾일 기미가 없었으며 오히려 청 왕실의 음식은 입에도 대지 않고 청나라의 말도 배우지 않았으며, 늘 몸에 칼을 품고 지냈다고 한다. 혹시라도 향비가 자살할까 염려한 건륭은 사람을 시켜 주야로 감시하면서 하루도 거르지 않고 향비를 찾았다고 한다.

그런 건륭을 누구보다 못마땅하게 여긴 사람이 있었으니 그는 황태후였다. 황태후는 향비를 신강으로 돌려보내든지 차라리 죽여버리라는 명령을 내렸다. 건륭은 차마 황태후의 명을 따를 수가 없었다. 그러던 중 건륭은 제를 올리기 위해 잠시 황궁을 떠나 천단(天壇)에 머물게 되었다. 건륭이 없는 틈을 타서 황태후는 급히 사람을 보내어 향비가 머물고 있던 자녕궁(慈寧宮)의 문을 걸어 잠그

향비의 지하궁
향비의 지하궁은 전형적인 청대의 왕비 무덤으로 하북성(河北省) 준화시(遵化市) 마란욕(馬蘭峪) 청동릉(淸東陵)의 유릉(裕陵) 내에 위치하고 있다.

건륭 상, 청

고 아무도 접근하지 못하도록 하였다. 자녕궁을 찾은 태후는 향비에게 황실의 손수건을 건네며 죽음으로 절개를 지킬 것을 종용하였다. 향비는 태후의 강압적인 태도에 아무런 저항도 하지 않고 스스로 목을 매었다.

이 사실을 알게 된 건륭이 황급히 궁에 도착하였을 때 향비는 이미 이 세상 사람이 아니었다. 크게 상심한 건륭은 향비의 유언에 따라 시신을 신강으로 보내어 고향 땅에 그녀의 유골을 묻어주었다고 한다. 이렇듯 건륭황제와 향비의 고사는 마치 한 편의 영화와 같이 비극적인 결말로 끝을 맺고 있다. 향비에 대한 고사는 많은 중국인의 심금을 울렸으며 대대로 호사가들의 입방아에 오르내렸다. 나아가 사람들은 이야기의 신비스러움에 의심을 품게 되었고 과연 향비가 실존했던 인물인지 여부를 가리는 일로까지 관심을 갖게 되었다.

효현순(孝賢純) 황후 상

향비는 과연 실존했던 인물일까? 기록에 의하면 향비는 신강 지역의 소수민족인 위구르 족의 여인이었다고 한다. 또한 실제 건륭의 여러 왕비 중에 위구르 족의 여인이 있었는데 그녀의 이름은 용비(容妃)였다. 그녀에 관한 기록은 《청사고(淸史稿) 후비열전(后妃列傳)》에서 찾아볼 수 있다. '본명은 화탁씨(和卓氏)로 궁궐에 입궁하여 처음에는 귀인(貴人)으로 불렸으며 28년 동안 황제의 사랑을 한몸에 받아 후에 비(妃)에 올랐다' 는 기록이 그것이다. 그러나 유감스럽게도 기록만으로는 용비와 향비의 관련성 여부를 밝혀낼 수는 없다. 더욱이 기록에는 향기를 발산하는 특이한 재주에 관하여 아무런 언급도 남아 있지 않다.

향비가 실존 인물임을 주장하는 사람들은 그녀가 결코 전설상의 인물이 아님을 밝히기 위하여 향비의 무덤을 찾아 입증하고자 했다. 고증한 바에 의하면 신장 위구르의 한 무덤 군락에서 '화탁묘(和卓墓)'라는 무덤총을 발견하였는데, 그중의 하나가 향비의 무덤이라고 한다. 발굴된 화탁묘를 향비의 무덤으로 추정하여 최초로 서면 기록을 남긴 학자가 있는데 그는 바로 광서(光緖) 연간의 사학자 소웅(蕭雄)이었다. 그의 시문집인 《청원서강잡술시(聽圓西疆雜述詩)》의 일문에 의하면 '신강 위구르의 회성(回城)에서 북으로 5리 정도 떨어진 곳에 향비의 묘로 추정되는 무덤이 있다. 이 무덤은 사방형의 녹색 벽돌로 덮여 있는데 중간에 구멍이 있으며 천장은 원형으로 되어 있다'라고 적혀 있다. 이 기록은 상당한 파장을 불러일으켰다. 향비 묘를 관리하는 사람들은 이것이 향비의 무덤이 틀림없다고 믿고 있는데, 그렇게 확신하는 이유는 무덤의 지하 동굴에서 발굴된 낡은 가마 때문이었다. 그들은 연대를 추정하기 어려운 이 가마를 향비가 사용했던 유품이라고 믿는 것이다.

향비의 존재를 인정하는 학자들은 건륭황제를 보좌하였던 수많은 황후와 후궁 명단에서 '향비'의 이름을 발견할 수 없다는 사실만으로 향비의 존재를 부정해서는 안 된다고 주

향비 묘
향비 묘는 신강 위구르 자치구에 위치해 있다.

장한다. 왜냐하면 소수민족 출신이었던 향비가 정식으로 책봉되지 못했을 수도 있기 때문이다. 전해오는 문헌상에서 그녀에 관한 기록을 찾아볼 수 없는 것도 이와 같은 이유에서라고 한다. 또한 향비의 흔적이 남아 있지 않은 이유는 고향을 그리던 향비의 유언에 따라 건륭이 그녀의 모든 유품을 신강(新疆)으로 보내주었기 때문이라고 한다.

일부 학자들은 '향비'라는 이름이 몸의 특징으로 인한 애칭이었으며 실제로는 정식 이름이 있었을 것으로 추정하기도 한다. 현재 신강 지역에는 소수민족의 절개를 드높인 향비의 고결한 정신을 기리기 위해 현지인들이 세운 '의관총(衣冠冢)'이 남아 있다. 향비의 몸에서 향기가 내뿜었다는 전설 역시 현대 과학을 통하여 충분히 가능한 일임이 밝혀진 바 있다.

2장 황제 열전

— 역대 황제들의 출생과 죽음,
무덤에 얽힌 미스터리

- 그날, 진시황의 어머니 조희에겐 무슨 일이 있었나
- 꾀돌이 조조와 72능의 비밀
- 유비 묘의 저주, 그 실체를 찾아서
- 측천무후의 무자비를 둘러싼 논란
- 송 태조는 과연 하늘의 소리를 들었을까
- 주체는 고려 여인의 아들이었다?
- 불길 속으로 사라진 건문제
- 비운의 순치황제
- 아이가 바뀌었다? 건륭의 출생을 둘러싼 논란
- 옹정제의 죽음은 암살일까, 자연사일까
- 매독과 동치황제

그날, 진시황의 어머니 조희에겐 무슨 일이 있었나

《사기》의 기록을 두고 후대 학자들은 각기 다른 해석을 내리고 있다. 즉, 여불위가 진시황의 아버지라는 일반적인 통념이 그 하나이고, 다른 하나는 두 사람이 부자 관계가 아닐뿐더러 정적 관계였다는 주장이다. 과연 진시황은 여불위의 자식일까? 그렇다면 그는 왜 여불위를 죽게 했을까?

진시황의 치적은 너무나 방대해서 일일이 열거하기도 어렵다. 그래선지 그와 관련하여 전해 내려오는 이야기도 무수히 많다. 진시황은 탄생하는 순간부터 수수께끼에 둘러싸이기 시작하였는데, 일생을 통틀어 의혹의 역사라고 불러도 좋을 만큼 일거수일투족이 베일에 가려져 있다. 그중에서도 가장 흥미를 끄는 것은 출생과 관련하여 전해지

진시황 영정 상
진시황(기원전 259~210), 영정(嬴政), 혹은 조정(趙政)이라고 불렸다. 기원전 246~210년까지 재위하였다. 진시황이 등장하기 전까지 고대 중국에는 다섯 왕이 있었으며 황제는 없었다. 후에 영정이 천하를 통일하고 스스로를 황제라 칭하였다. 진시황의 명성은 오늘날까지 남녀노소를 막론하고 모르는 사람이 없지만, 출생에 관한 비밀은 철저히 베일에 가려져 있어 그의 생부가 여불위인지 아니면 제삼의 인물인지 알 길이 없다.

는 이야기이다. 출생에 관련된 진시황의 비밀을 캐기 위해서는 우선 역사에 생부로 기록된 여불위(呂不韋)라는 인물부터 파헤쳐볼 필요가 있다.

《사기(史記) 여불위열전(呂不韋列傳)》에 의하면, 여불위는 본래 양적(陽翟)의 거부로서 전국에 이름이 자자한 대상인이었다고 한다. 그는 타고난 기지와 수완을 발휘하여 상인으로서의 명성을 떨치며 엄청난 부를 축적하였다. 재산이 축적되자 이번에는 권력욕이 그를 사로잡았다. 여불위는 자신이 당대에 축적한 부귀영화를 후대에까지 보존하기 위한 방편으로 권력과의 결탁을 시도했다. 그가 접근한 인물은 당시 조(趙)나라에 인질로 와 있던 진나라 소왕(昭王)의 손자 자초(子楚)였다. 여불위는 많은 재물로 자초의 환심을 산 이후에 스스로 자초의 막강한 후원자가 되었다. 자초 또한 여불위의 재력을 바탕으로 자신의 정치적 입지를 다지게 되었고, 그 결과 진 소왕의 총애를 한몸에 받던 왕비의 수양아들이 되었다.

여불위는 자초와 더불어 세력을 형성하며 지위를 높여갔다. 그는 치밀한 계획으로 자초의 뒤를 받쳤고, 보답이라도 하듯 자초의 지위는 오래지 않아 진 소왕의 적자 자리로까지 격상되었다. 곧이어 진의 소왕이 죽고 안국군(효문왕)마저 세상을 떠나자 자초는 자연스레 왕위에 오르며 진나라의 군주가 되었다. 즉, 역사상 진의 장양왕(庄襄王)으로 등극하게 된 것이다. 장양왕은 모든 공을 여불위에게 돌리고 그를 나라의 승상으로 삼아 문신후(文信侯)에 봉함과 동시에 하남(河南)의 낙양(洛陽) 땅 10만 호를 하사하였다.

수수께끼 같은 진시황의 탄생은 이렇듯 여불위와 자초가 가까워지는 과정에서 비롯된다. 시간을 거슬러 자초가 장양왕에 오르기 전, 그러니까 조나라에 인질로 잡혀 있을 당시의 일

시황제(始皇帝), 진(秦)

여불위 상
여불위(?~기원전 235). 전국시대 말기 위(魏)나라 사람이다.

이다. 자초는 여불위와 함께 가무를 감상한 적이 있는데, 여불위가 총애하는 조희(趙姬)라는 여인을 보고 첫눈에 반하게 되었다. 연회 자리에서 자초는 여불위에게 술을 권하며 조희를 자신에게 줄 것을 청하였다. 조희를 아끼던 여불위는 내심 매우 노여웠으나 노기가 가라앉자 이를 수락하였다. 자초의 환심을 사기 위해서 자신이 사랑하는 여인마저 과감히 희생한 것이다.

당시 조희는 여불위와 깊은 관계에 있었고 배 속에 그의 아이를 가지고 있었다. 조희 역시 모든 사실을 알면서도 여불위가 시키는 대로 자초를 속이고 그의 여자가 되었다. 자초의 여자가 된 이후 조희는 오래지 않아 사내아이를 낳았는데, 그 아이가 훗날 진시황이 된 영정(嬴政)이었다. 그러나 조희를 애첩으로 맞은 자초는 왕위에 오른 지 3년 만에 죽고 만다. 따라서 어린 아들 영정이 13세의 나이로 뒤를 잇게 되는데 이 과정에서 여불위와 조희에게 새로운 운명이 펼쳐진다.

나이 어린 영정은 여불위를 나라의 재상으로 책봉하고 '중부(仲父)'라고 불렀다. 조희는 영정이 어린 것을 얕잡아보고 태후의 자리에 오른 뒤에도 여불위와 은밀하게 사통하였다. 당시 여불위의 권력은 실로 막강하여 그가 시중으로 부리는 사람만 1만 명이 넘었다고 전한다. 그야말로 일인지하 만인지상의 인물이 되어 애초의 야심대로 황제 부럽지 않은 권력을 휘둘렀던 것이다.

이처럼 단순히 《사기 여불위열전》의 기록을 따르자면 여불위가 진시황의 생부라는 점은 의심의 여지가 없다. 하지만 문제가 그렇게 간단하지만은 않다. 《사기

여불위열전》이 진시황과 여불위를 부자 관계로 기술하고 있는 것에 반해 《사기》
의 《전국책(戰國策)》에는 두 사람이 부자 관계가 아니라는 강력한 반론의 근거가
되고 있기 때문이다.

　일부 학자들은 《사기》의 《전국책》에 여불위가 자초에게 조희를 헌납했다는 기
록이 전혀 나타나 있지 않음을 지적한다. 《전국책》은 개인의 사생활에 관련된 야
사류의 기록을 집중적으로 수록하고 있는 책으로, 은밀한 기록을 대부분 모아놓
은 문헌상에 이와 같은 내용이 누락되어 있다면 그 자체가 사실무근일 가능성이
크다고 보는 것이다. 《사기》는 진이 멸망한 이후인 한나라에 와서 완성되었다.
진 왕조의 흥성보다는 진의 멸망을 기점으로 한조의 흥기 및 강성의 기록에 더욱
큰 비중을 두고 있으므로 객관적인 역사적 관점을 기대하기는 어렵다고 보는 시
각도 부정적인 의견에 힘을 더하고 있다.

　《사기》의 저자인 사마천의 ‘성향’을 미루어 추측하는 것도 재미있다. 진시황
이 이룩한 천하통일의 대업에 관해 사마천의 평가는 매우 고무적이며 긍정적이
다. 따라서 그는 진시황의 탁월한 업적을 경외하는 뜻으로 《진시황본기(秦始皇本

양릉동호부(陽陵銅虎符), 진(秦)
이 부(符)는 진시황이 군대를 이동시켰음을 증명해주는 것으로 청동으로 완성한 와호상이다. 중간을 기준으로 나누어 오른
쪽에는 황제, 왼쪽에는 양릉에 주둔한 군대의 총 장군을 나타낸다.

記)》에 그의 출생을 둘러싼 괴이한 소문들은 전혀 기록하지 않았을 것이다. 단지 '진시황이 황제가 되었는데 진(秦) 장양왕의 아들이다. 장양왕은 진이 조나라에서 들여온 양자였다. 여불위의 여자를 보자 기뻐하며 취하였고 진시황을 낳았다'라고 간략하게 서술하고 있을 뿐 구체적인 언급은 하지 않았다. 진시황의 생부를 둘러싼 야사의 기록을 《여불위열전》에 수록하여 논란을 피해가려고 한 것도 눈여겨볼 만한 대목이다.

《사기》에 기록된 일부 오류들도 진시황을 여불위의 자식으로 보기 어렵게 만든다. 《사기》에는 '조희는 아이를 가진 것을 숨겼고, 대기(大期)에 이르러 아들 정(政)을 낳았다'라는 기록이 있다. 대기란 12개월을 뜻하는 것으로 1년이 경과한 뒤에 출산한 것을 의미한다. 여자가 배 속에 아이를 가진 것을 자각하기 위해서는 임신 이후 최소한 한두 달 정도의 시간이 경과되어야 한다. 조희가 자초의 여자가 되기 전에 여불위의 아이를 가진 것이 확실하다면 12개월이 지난 뒤에 아이를 낳았다는 기록은 상식적으로 쉽게 납득이 가지 않는다. 여자가 임신 이후 아이를 낳게 되는 기간은 열 달 전후이기 때문이다.

진시황을 여불위의 자식으로 보기 어려운 근거는 그 밖에도 또 있다. 《진시황본기》에는 '18년, 진은 큰 전쟁을 일으켜 조나라를 공격하였다. 그때 진왕은 한단(邯鄲)에 있었다. 조나라에 있는 어머니(조희)의 일가족은 모두 생매장되었다'는 기록이 전하고 있다. 《여불위열전》의 기록도 당시 진의 공격을 받은 조나라가 자초의 부인(조희)을 죽이려고 했다고 전한다. 이어서 기록은 '자초 부인은 조나라의 여자였으므로 숨겨주었고 이로써 모자는 목숨을 건질 수 있었다'라고 덧붙이고 있다.

이와 같은 기록은 조희가 조나라의 호족 출신이었음을 강하게 암시하는 것이다. 그렇다면 호족 출신의 조희는 어째서 상인인 여불위의 애첩이 되었을까? 만약 조희의 신분이 그저 연회석상의 흔한 기생에 불과하다면 어째서 그녀의 일가족이 그처럼 잔인한 죽음을 당해야 했을까? 문헌상의 여러 기록을 분석해보았을 때 드러나는 한두 가지 의문점을 제외한다고 해도 진시황이 여불위의 자식이라는 주장에는 너무나 많은 오류가 존재한다. 나아가 역사학자들은 기록을 통하여 진시황이 여불위를 결코 아버지로 대우한 적이 없었음을 지적하고 있다. 즉, 혈연관계에서는 결코 일어날 수 없는 일들이 두 사람을 옭아매고 있는 것이다.

왕이 되긴 했지만 시황제에게 있어 권력을 독점하고 있는 여불위와 조희는 커다란 고민거리였을 것이다. 나이가 들어가면서 시황제는 점점 그들을 견제해야 할 필요성을 느끼게 되었는데 때마침 좋은 구실이 생기게 된다. 노애(嫪毒)라는 신하가 어머니 조희와 간통하고 그것도 모자라 반란까지 일으킨 것이다. 크게 분노한 진시황은 노애의 사지를 마차에 묶어 찢어 죽이는 거열(車裂)로 처형했다. 나아가 노애의 삼족을 멸하고 모친이 낳은 아이마저 죽였다. 여불위 역시 이 사건과 연루되어 관직을 박탈당하고 도읍에서 멀리 떨어진 촉(蜀) 땅으로 귀양 가게 된다. 진시황으로서는 정적들을 일시에 제거해버린 셈이다.

당시 여불위의 세력은 황제라 하여도 무시하지 못할 만큼 막강하였다. 때문에 진시황으로서는 왕위에

《여씨춘추(呂氏春秋)》 인쇄본

전체 26권 160편으로 《여람(呂覽)》이라 지칭되기도 한다. 유교의 도를 주로 다루었으며 복잡한 내용에 간결하고 생동감 있는 묘사가 특징이다.

동과(銅戈), 진(秦)

진은 상앙(商鞅) 변법 이후에 전쟁을 도모하고 병기의 제작에 심혈을 기울였다. 이 창은 진나라의 군대가 사용한 청동 무기로 당시 여불위가 전국 각지에서 나는 흙을 모아서 청동 무기를 제작했음을 증명해주고 있다.

오르기 위해 잠시 여불위를 이용하지 않을 수 없었다. 당시 진시황은 여불위에게 다음과 같은 편지를 보내어 살짝 의중을 떠보았다. '그대는 진나라에 어떠한 공이 있는가? 진나라는 그대에게 하남에 있는 낙양의 땅 10만 호를 내리겠다. 그대는 진나라와 어떤 친분이 있는가? 그대를 "종부"로 칭하고자 하노라'는 것이 그것이다. 서신의 내용과 어조로 보아서 두 사람의 관계는 부자지간이라기보다 정치적 목적을 염두에 둔 일종의 계약관계였다는 것을 짐작할 수 있다. 강제 추방된 여불위는 후일 촉의 무리에 쫓기다가 스스로 독약을 마시고 자살하였다. 여불위가 자신의 친부였다면 아무리 진시황이라고 해도 이처럼 그의 죽음을 방관하지만은 않았을 것이다.

진시황의 생부를 둘러싸고 벌어지는 상반된 두 가지 의견을 놓고 어느 쪽이 진실인가를 판별해줄 객관적인 논거는 아직까지 발견되지 않았다. 만약 여불위가 진시황의 생부가 아니라면 진시황의 생부를 밝히는 일은 후대 학자들의 몫으로 남게 된다. 그렇다면 진정 시황제의 아버지는 누구였을까? 조희를 여불위에게서 헌납받아 애첩으로 삼은 자초였을까, 그도 아니면 조희가 새롭게 통정하고 있던 제3의 인물이었을까? 진실은 오로지 그녀, 조희만이 알고 있을 것이다.

꾀돌이 조조와 72능의 비밀

조조는 역대 황제들과 다르게 자신의 사후 소박한 장례를 유언한다. 또한 사치스러운 금은보화를 일체 무덤에 넣지 말라고 지시한다. 하지만 이러한 유언 뒤에는 조조의 치밀한 계산이 숨어 있다. 과연 조조는 소박하고 검소한 장례를 유언한 것일까, 아니면 '간웅'답게 죽은 뒤의 안위까지 미리 살핀 것일까?

대부분의 황제들은 사후에도 자신의 권력이 영원히 유지되기를 바랐다. 자신들이 누렸던 부귀영화에 대한 끝없는 집착의 결과였다. 그들은 살아생전 갖가지 수단을 동원하여 자신의 영생불사를 꿈꾸었다. 고대 이집트의 피라미드와 중국 진시황의 병마용(兵馬俑) 같은 신비하고도 위풍넘치는 유적들 역시 영생불사의 권력을 염원했던 황제들의 욕구에서 만들어진 것이다. 이러한 건축물들은 수많은 백성의 피와 눈물이 토대가 되었으며 엄청난 국력 손실을 불렀고 그 결과 제국이 망

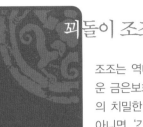

위 무제 조조 상
조조(155~220), 자는 맹덕(孟德), 동한 말 패국(沛國) 초현(譙縣: 지금의 안휘성) 사람이다. 어려서부터 영민하였으며 의혐심이 강했다. 건안 18년, 위공으로 책봉되었고 21년 낙양에서 병으로 사망하였다. 아들 조비가 왕위를 대신하여 위 무제로 추대되었다.

하는 결과를 낳기도 했다. 왕릉의 건설은 종묘사직과 국가의 부국강병을 상징하는 수단으로 권력이 바뀔 때마다 숭상되어왔으며 심지어 재위 기간 오로지 왕릉의 건설에만 힘쓴 황제도 있었다.

그러나 이와는 반대의 삶을 마감했던 군주들도 더러 있다. 그중의 한 명이 바로 중국 삼국시대 위(魏)나라를 세웠던 조조(曹操)이다. 조조는 유비와 함께 황제에 버금가는 존경을 받았던 인물임에도 오히려 임종 직전 후손들에게 '박장(薄葬)'을 유언한 것으로 유명하다. 《삼국지(三國志) 무제전(武帝傳)》의 기록에 의하면, 서기 218년, 즉 건안(建安) 23년 6월 조조가 내린 '종령(終令)'에는 자신의 사망 이후 장례 절차에 관하여 명시해놓은 구절이 있다. '가례(家禮) 수준의 간소한 장례'를 유언하는 내용이다.

창천내사(蒼天乃死) 자전(字磚), 한

이것은 조조의 선대 묘에서 발굴된 벽돌로 '창천내사'라는 문구는 황건(黃巾)의 봉기 구호와 우연히 일치하고 있다. 봉기군은 태평도를 널리 유포하였는데 이는 한조를 전복시키고자 하는 민중의 뜻을 모은 것이다.

이 조서에서 조조는 '자고로 장례는 척박한 땅에 지내는 것이다. 서문표사(西門豹祠)의 서쪽 평원에 관을 묻도록 하여라. 지대가 높으니 사방을 가리지 말고 나무도 심지 말라'고 기록하였다. 이듬해 그는 자신이 직접 수의를 준비해놓았고 다시 일 년이 지난 뒤 낙양에서 병으로 세상을 떠났다. 임종을 앞둔 조조는 다시 한 번 분부하기를, "당부했던 대로 장례는 반드시 박장으로 치러야 한다. 때에 맞춰 미리 준비해놓은 수의로 갈아입혀 입관한 후에는 절대로 금은보화로 치장하지 말라"고 했다.

조조의 유언에 따라 위(魏) 문제는 부친의 시신을 업(鄴: 지금의 하북 임장 서남업현)으로 옮긴 후에 장례를 지냈다. 세월이 흘러 진(晋)의 육기(陸機)는 〈조위무제

(弔魏武帝) 유령(遺令)〉의 일문에서 '업의 서쪽 구릉 위에 시신을 묻었는데, 거리상 서문표사(西門豹祠)와 매우 근접하였다'고 기록하여 조조의 유언이 사실임을 입증했다. 후세인들 역시 '유유히 흐르는 장하(漳河)의 물줄기는 마치 72능의 높은 구릉처럼 산을 이루고 있는데, 평평한 3척(尺)의 무덤만이 천고의 앵무주(鸚鵡洲)에 고이 잠들어 있구나'라는 시가를 통해 조조가 생전의 유지에 따라 안장되었음을 암시하였다.

그러나 역사적 진실처럼 보이는 이 기록 역시 수수께끼로 둘러싸여 있다. 업현(鄴縣) 주민들의 증언에 의하면 당시에는 재앙을 피하는 액막이 관습에 따라 지어진 서문표사가 다수 존재했다고 한다. 따라서 단지 서문표사와 근접한 거리라는 기록만으로는 어느 곳에 지어진 서문표사를 기준으로 말하는 것인지 정확히 알 수 없다고 주장한다. 더욱 모호한 것은 조조가 말한 '서문표사 서쪽 평원'과 육기가 주장하는 '업의 서쪽 구릉'이라는 두 지역이 전혀 일치하고 있지 않다는 점이다. 두 지역 간의 거리는 실제 상당히 동떨어져 있어 어느 기록을 따라야 할지 판단이 모호해지게 된다. 이처럼 두 개의 문헌이 각자 다른 기록을 함으로써 후대인들은 조조의 무덤을 찾는 일에 큰 혼선을 빚었다.

일각에서는 조조의 '박장' 유언에조차 의문을 제기한다. 《여도비고(輿圖備考)》와 《방여기요(方輿紀要)》의 기록에 의하면 생전에 조조는 이미 72개나 되는 가짜 무덤을 만들어놓았다는 것

곤설첩(袞雪帖), 삼국, 조조

이다. 이러한 기록을 통해 우리는 평소 의심 많기로 유명했던 성품을 엿볼 수 있다. 조조는 자신의 사후에 도굴범에 의해 무덤이 훼손될 것을 염려하여 많은 가짜 무덤을 만들어놓고 후세의 추적을 피하고자 했을 가능성이 크다. 무덤을 금은 보화로 치장하지 말라는 '박장'의 유언도 이런 맥락에서 분석해보면 일맥상통하는 면이 있다. 기록에 의하면 조조의 시신을 입관하던 날 업성(鄴城)에서 외부로 통하는 모든 성문이 개방되었으며 일시에 72개의 관이 성문 밖으로 옮겨졌다고 한다. 이렇게 성 밖으로 나온 72개의 의총(疑冢)은 임장(臨漳)의 삼대촌(三臺村)에서 각각 분산되어 서쪽으로 8리 떨어진 강무성(講武城)과 자현(磁縣)의 중간 지역에 도달했다고 한다. 백성들의 눈을 속이기 위해 주의력을 사방으로 분산시킨 것이다.

명청(明淸)의 일부 학자들은 이렇게 조성된 72개의 의총 중에 진짜 조조의 무덤이 있을 것으로 확신하였다. 이러한 의문은 도굴범들이 72개의 무덤을 죄다 파헤치면서 자연스럽게 해결되었다. 도굴된 72개의 의총이 대부분 북위(北魏), 북제(北齊) 시대의 무덤으로 판명된 것이다. 1988년, 〈인민일보〉는 '조조 72능의 비밀을 파헤치다'라는 제목의 특집 기사에서 조조의 무덤으로 알려진 72의총이 조조의 무덤이 아니라 북조(北朝)의 대형 왕릉이라고 확정 발표하였다. 이 기사로 그동안 베일에 가려 있던 조조의 72능에 대한 세간의 의혹은 말끔히 해소되었다. 하지만 그것으로 끝난 게 아니었다. 조조의 실제 무덤을 찾는 일이 남아 있었기 때문이다.

학자들은 시간을 거슬러 다시금 옛 기록을 토대로 조조의 무덤을 찾기 시작했다. 육기가 추측한 바에 의하면 조조의 무덤은 지금의 임장현(臨漳縣) 봉락진(丰樂鎭)에 위치한 서문표사 일대에 존재했을 확률이 높다. 그러나 임장현에 위치한 서문표사는 북제(北齊) 천보(天保) 5년, 즉 554년에 지어진 절이었다. 조조의 사망 연대가 220년이라는 점을 감안한다면 육기의 주장은 신빙성이 떨어진다. 어떤 학자들은 조조의 진짜 무덤이 있는 곳으로 장하강 하류를 들고 있기도 하다. 위문제가 《지림(止臨) 후식구제선왕조(侯植求祭先王詔)》의 일문에 '선왕에게 제를 올리고자 강물의 상류와 하류를 돌아보니 비통하기가 그지없다' 라는 결정적인 기록을 남겼기 때문이다.

업성 3대 유적, 위진남북조

이 유적은 하남성 임장현에 위치하고 있으며 금호대(金虎台), 동작대(銅雀台), 빙정대(冰井台)는 업성의 유명한 3대(台)이다. 조조가 죽은 후에 이곳에 묻혔다고 전한다.

청대의 심송(沈松) 역시 《금건필록(金健筆錄)》을 통해 조조의 무덤이 강과 가까운 곳에 조성되었을 것이라는 근거를 제시하였다. 기록에 의하면 순치(順治) 초기, 한 어부가 썰물로 물이 빠져나간 강의 하류에서 석문을 하나 발견하였다고 한다. 안으로 들어가 보니 지하로 통하는 석굴에는 여인들의 시신 여러 구와 관복이 입혀진 시신 한 구가 놓여 있

인면와당(人面瓦當), 위진남북조

인면와당은 위진남북조 시기에 임장현 고업성에서 발굴되었다. 호방한 북방의 기질이 느껴진다.

었는데 비문에 조조라고 적혀 있었다는 것이다. 실제로 1983년 장하(漳河) 대교의 교각 아랫부분에서 왕릉의 수장품으로 추정되는 고대의 유물들이 발굴되었으며 사람들은 점차 이 같은 견해에 관심을 갖기 시작하였다. 그러나 고고학자들은 이런 주장을 일축한다. 발굴된 고대의 유물들이 조조의 생존 연대와는 무관했기 때문이다. 학자들은 명대 황실의 배가 장하에서 전복했을 당시 침몰된 황실의 흔적일 가능성이 크다고 밝혔다.

최근 학자들은 조조의 무덤이 있었던 장소로 초현(譙縣)을 주목하고 있다. 초현은 조조의 생가가 있는 곳으로, 《위서문제기(魏書文齊紀)》와 《호주지(亳州志)》의 기록에 의하면 220년 조조의 아들 조비(曹丕)가 초현에서 부친의 제사를 지냈

다는 기록이 남아 있다. 조조가 사망한 것은 220년 정월이며, 다음달 2월에 시신을 안장했다. 학자들은 아들인 조비가 업성이 아닌 고향 초현에서 제사를 올렸다는 기록은 조조 무덤이 그곳에 있다는 말과 다르지 않다고 보는 것이다.《위서》에서도 '병신년(丙申年), 초릉(譙陵)에서 제를 지내다'라는 기록이 전하며 예로부터 이곳은 조씨 일가의 묘지이기도 했다. 살아생전 조조는 이곳에서 아들 조비를 낳았으며 사찰을 조성하기도 했을 만큼 애착을 가진 곳이었다.

그 밖에 호주(亳州) 지방에서 발굴된 조조 일가의 거대한 무덤 군락을 조조의 무덤으로 추정하기도 한다. 그러나 이것은 단지 가설일 뿐 명확한 근거는 없다. 또 일각에서는 하남(河南) 안양(安陽)의 영지촌(靈芝村)과 하북(河北) 임장(臨漳) 균문촌(勻文村) 일대를 조조의 무덤이 있는 곳으로 추정하기도 한다. 이들은《위무기(魏武紀)》,《술이기(述異記)》,《업승(鄴乘)》,《장덕부지(漳德俯志)》,《통전(通典)》 등 여러 문헌의 기록을 근거로 이와 같은 견해를 제기하였는데, 1975년 임장 균문촌에서 동한(東漢) 말기의 유물이 발굴됨으로써 신빙성을 높여주었다. 또한 이 지역은 조조가 말한 '서문표사'와 지형적으로 유사하다는 평가를 받고 있으며 당시 업성의 중심지였다는 점에서 조조가 이곳을 자신의 묘터로 선택했을 가능성이 매우 높다.

이수(螭首), 위진남북조
이수는 하북성 임장현 고업성 동작대(銅雀台)에서 출토되었다. 정교한 공예 수준을 자랑하는 중요한 건축 유물이다.

이처럼 의견이 분분하지만 여전히 조조의 무덤은 베일에 가려져 있다. '생전의 간웅(奸雄)은 귀신이 되어도 사람들을 홀린다' 라는 고사가 다시금 생각나는 순간이다.

유비 묘의 저주, 그 실체를 찾아서

세월이 흐르면서 중국 역대 황제의 무덤은 대부분 도굴되었다. 그러나 유독 도굴꾼이 접근하지 못한 무덤이 있었으니 바로 유비의 무덤인 혜릉이었다. 전하는 바에 의하면 혜릉을 침입했던 도굴꾼들은 모두 저주를 받아 처참하게 죽었다고 한다. 과연 유비 묘의 저주는 사실일까?

유비 상
유비(161~223). 자는 현덕(玄德). 동한(東漢)의 황족으로, 자칭 중산정왕(中山靖王)의 후손이라고 한다. 동한 말에 군사를 일으켜 황건적의 봉기군을 진압하였다. 건안 13년(208), 제갈량의 건의를 받아들여 손권과 연합하였고 적벽대전에서 조조를 대파하였다. 221년, 황제가 되어 국호를 한(漢)이라고 정하고 연호를 장무(章武)라고 하였다. 223년, 손권과 대립하여 이릉(夷陵)에서 대패한 뒤 백제성에서 병사하였다.

삼국시대 촉국(蜀國)의 황제였던 유비는 사후 혜릉(惠陵)에 안장되었다. 전설에 의하면 유비의 무덤은 역대 왕릉과는 달리 지금까지 한 번도 도굴범의 침입에 훼손당한 사실이 없다고 한다. 물론 도굴꾼들이 무덤에 전혀 접근하지 않은 것은 아니었다. 무덤 조성 이래 많은 도굴범들이 침입을 시도했으나 대부분 원인 모를 사고로 죽음을 맞았다. 사람들은 이를 가리켜 '유비 묘의 저주'라고 불렀으며 세월이 흐르는 동안 전설은 확장을 거듭하며 혜릉의 신비를 한층 더해주고 있다.

하지만 다수의 학자들은 이와 같은 이야기를 단지 민간의 전설일 뿐이라고 일축한다. 대대로 중국 황제의 왕릉은 거의 다 도굴범에 의해 훼손되었다. 유독 혜릉만이 수난에서 제외되었다는 건 아귀가 맞지 않는다는 주장이다. 일각에서는 혜릉이 유비의 묘가 아니라고 주장하기도 한다. 양송(兩宋) 시기를 기점으로 하여 혜릉은 단지 유비의 업적을 기리기 위한 의관총에 불과하며 유비의 진짜 무덤이 아니라는 소문이 널리 유포되었다. 하지만 여전히 대다수의 사람들은 혜릉을 유비의 무덤으로 확신하고 있다.

무후사(武侯祠)
사천성 성도시에 위치한 무후사는 중국의 유명한 3대 무후사 중의 하나로 유비의 무덤이 있는 곳으로 알려져 있다.

유비 묘 신도(神道)
혜릉은 유비의 묘로서 유비와 그의 황후가 합장되었다고 전한다. 현존하는 묘는 사천 성도시 무후사 내에 있다.

혜릉의 신비를 풀기 위해서는 먼저 유비의 죽음을 추적해볼 필요가 있다. 사서의 기록에 의하면 관우가 죽자 유비는 복수를 다짐하여 군사를 이끌고 동오(東吳)를 향해 진격한다. 그러나 유비는 싸움에 대패하고 백제성으로 퇴각한다. 횟병이 도진 유비는 서기 223년 4월 병을 얻어 백제성에서 세상을 떠난다. 그해 5월 성도에서 달려온 제갈량은 유비의 시신을 성도로 옮겨왔고 8월에 장례를 치렀다고 한다. 사람들은 이런 기록을 토대로 유비가 성도에 있는 무후사(武侯祠)에 안치되었다고 보았다. 다른 기록인《삼국지》역시 유비가 죽은 후 시신이 봉절(奉節)에서 성도로 옮겨졌으며, 감(甘)부인과 함께 혜릉에 합장되었다고 전한다.《삼국지》의 작가 진수(陳壽)는 촉한의 각종 문헌과 사료를 관리하는 책임자였다. 따라서 그의 기록은 신빙성이 있으며 유비에 관하여 언급한 내용 역시 사실일 가능성이 매우 높다.

하지만 현대로 넘어와 새로운 반론이 제기된다. 1985년, 진검(陳劍)은 유비의 시신이 백제성인 봉절(奉節)에 안치되었다고 주장했다. 그는 사서에서 주장하는 유비의 사망 일자와 시신이 안치된 시점까지 소요된 시간이 무려 4개월이나 된다는 점에 의혹을 제기했다. 고대 월력에 의하면 유비가 사망한 시기는 음력 4월로 초여름이 시작되기 전이었다. 폭염 속에서 시신을 4개월간 방치할 수는 없는 노릇이다. 더욱이 백제성과 성도 간의 거리는 당시 교통수단으로 자그마치 한 달 이상이나 소요되는 거리이다. 따라서 제아무리 현명한 제갈량이라도 유비의 시신을 온전히 운반했을 리가 만무하다고 보는 것이다.

송원(宋元) 이래 사서의 기록에 의하면 감황후(甘皇後)의 시신 역시 봉절에 안치되었다고 한다. 봉절성 발굴 결과도 유비 무덤의 봉절성설을 강력히 뒷받침한다. 근대 들어 봉절성 내부에서 지하로 통하는 동굴이 발견되었는데 초음파를 이용하여 탐사를 진행하던 유적 발굴단은 이 동굴이 당시 인민정부대원들의 지하 은신처로 사용되었음을 밝혀냈다. 동굴 내부에서 발견된 구조물 두 개가 각각 18미터와 15미터의 폭과 5미터에 달하는 높이의 규모였는데, 사람들은 이를 근거로 두 개의 구조물을 유비와 감황후의 진짜 무덤으로 추측한 것이다.

백제성(白帝城)

민간의 전설에 의하면 유비는 사천성 봉절현 백제성에서 사망한 이후에 이곳에 안장되었다고 한다.

유비의 무덤이 혜릉에 있다고 믿는 학자들은 《삼국지 선주감황후전(先主甘皇后傳)》의 기록을 근거로 이들의 주장을 반박했다. 감황후가 세상을 떠나자 처음엔 지금의 호북(湖北) 강릉(江陵)에 안장되었으나, 후에 황사(皇思)부인이라는 시호를 받게 되어 이장하게 되었다는 것이다.

그러나 감황후의 시신이
촉에 도착하기도 전에
유비 또한 세상을 떠나
게 되었다. 제갈량은 유
비의 관을 성도로 이송
하던 도중 후주(后主)의
상진장(上秦章)에게 명
하여 '감황후는 대행(大

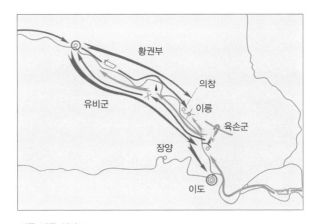

이릉 전투 설명도

촉 장무(章武) 원년(221) 7월, 유비는 형주(荊州)를 탈환하고 관우의 복수를 위하
여 군사를 이끌고 오나라를 공격하였다. 오나라의 손권은 육손(陸遜)을 대도독
(大都督)으로 임명하여 유비와 결전을 치르게 하였다. 육손은 화포로 촉군을 대
패시켰다. 유비는 황급히 백제성으로 퇴각하였고 병을 얻어 백제성 서쪽 어복현
(魚腹縣) 영안궁(永安宮)에서 사망하였다.

行: 황제나 황후의 서거 후,
시호를 올리기 전의 존칭)
황제와 합장하는 것이

마땅하다'는 요지의 글을 왕실의 종묘에 보고하도록
하였다고 전한다. 이와 같은 기록은 유비의 시신이
다른 곳으로 옮겨져 감황후와 합장되었음을 강력히
입증하는 자료이다.

　최근 들어 유비가 묻힌 곳을 사천성(四川省) 팽산
(彭山)의 연화 제방 부근으로 추측하는 학자들도 있
다. 목마산(牧馬山)을 배경으로 팽산의 산허리 부근
에 위치하고 있는 연화촌(蓮花村)은 배산임수의 조
건을 완벽하게 갖추고 있으므로 최적의 명당으로 유
명한 곳이다. 또한 목마산은 당시 유비가 말을 키우
던 목장으로 유비의 심복들도 모두 팽산 출신이었
다. 이러한 세부적인 요건을 종합해보면 연화촌이야

육손(陸遜) 상

육손(183~245)의 본명은 지이(之義),
자는 백언(伯言)이다. 오 황무 원년,
유비가 오나라를 공격할 당시 대도독
을 맡고 있었다.

말로 유비의 시신이 안장되었을 가장 유력한 장소이다. 게다가 전설에 의하면 목마향(牧馬響)의 연화촌은 대대로 황제의 왕릉 터로 이름난 곳이며 인근 지역에 거주하고 있는 현지 주민의 대부분이 유씨 성이다.

하지만 이러한 주장 역시 객관적인 근거로는 부족하다는 게 학계의 일반적인 견해이다. 우선 연화촌이 지리적으로 성도와 멀리 떨어져 있기 때문이다. 그렇다고는 해도 의문은 남는다. 유비 묘의 저주는 어떤 연유로 민간의 입방아에 전설처럼 전해 내려온 것일까? 사람들이 혜릉을 유비의 무덤으로 굳게 믿는 이유는 무엇일까?

조조의 예를 생각하면 해답은 의외로 간단해진다. 혼란한 시국을 몸소 겪으며 파란만장한 삶을 살아온 역대 제왕의 심리 저변에는 사후에 대한 불안감이 깔려 있었을 것이다. 따라서 이들은 자신의 무덤이 세상에 드러나지 않도록 온갖 묘안을 짜내었을 것이다. 후손들 역시 조상의 무덤이 도굴되지 않도록 필사의 노력을 기울였을 것이다. 유비 묘의 저주설은 바로 이런 과정에서 세인의 입을 타게 된 것은 아닐까?

측천무후의 무자비를 둘러싼 논란

측천무후는 재위 기간 뛰어난 업적을 남기고도 후세의 평가를 제대로 받지 못했다. 심지어는 묘비에조차 한 줄의 글도 새길 수 없었으며 후세인들은 그 묘비를 가리켜 '무자비' 라고 부른다. 무자비를 둘러싼 역사적 진실은 무엇일까?

측천무후는 중국 역사상 유일한 여황제로 역사에 기록되어 있다. 후세인들은 측천무후가 생전에 저지른 피비린내 나는 궁중 암투와 잔악한 살상 행위로 인하여 그녀를 폄훼하였다. 그녀는 중국의 역대 어느 황제에 못지않은 업적을 남긴 풍운의 여걸이었지만, 세상을 떠난 후에는 비석에 글 한 줄 새겨지지 않았다.

측천무후의 무덤은 지금의 협서성(陝西省) 건현(乾縣) 서북(西北) 양산(梁山)에 위치하고 있다. 역대 황제의 왕릉답게 웅장한 규모의 건릉(建陵) 안에는 당 고종 이치(李治)와 그의 황후, 즉 제1대 여왕인 측천무후가 나란히 안장되어 있으며, 능의 양쪽으로는 높이 6미터에 달하는 두 개의 묘비가 세워져 있다. 서편에는 당 고종의 업적을 새긴 '술성비(述聖碑)' 가 세워져 있는 반면 그 옆에 놓인 측천무후의 묘비에는 아무런 글자도 새겨져 있지 않아 후세인들은 그것을 '무자비(無字碑)' 라고 부른다.

무후행차도, 당, 장선

중국의 유일한 여황인 측천무후가 행차하던 당시의 풍경을 묘사한 그림으로 기세등등하고 위풍스러운 측천무후의 모습을 그렸다. 당나라가 융성했던 시기의 유명한 인물화가인 장선은 '인물 묘사에 뛰어났으며 주로 귀공자와 규방의 그림을 그렸다' (송대《선화화보(宣和畵譜)》)는 평가를 받고 있다.

그렇다면 한 가지 의문이 생겨난다. 무자비는 누가 세웠으며 어떤 목적을 띠고 있을까? 측천무후의 왕릉에는 도대체 어떤 비밀이 숨겨져 있기에 이처럼 전대미문의 무자비를 세워 후세인의 호기심을 자극하고 있는 걸까? 정말로 측천무후의 흉폭함이 후대인들로 하여금 무자비를 세우게 만든 걸까? 일각에서는 측천무후 스스로 자신의 공적에 대한 뛰어난 자부심의 반증으로 이 같은 '무자비'를 세웠다고 추측하기도 한다. 텅 비움으로써 실상은 더 많은 걸 담고자 했다는 것이다.

측천무후는 세간의 상상을 뛰어넘는 탁월한 여류 정치가였다. 고종 재위 시에 이미 권력을 장악하였으므로 퇴위할 때까지 그녀가 실제 권력을 독점하였던 기간은 장장 50년에 달한다. 이처럼 길고 긴 반세기의 세월 동안, 측천무후는 자신의 통치를 공고히 유지하기 위하여 지속적으로 다른 권력을 견제하였다. 정치적으로는 신흥지주 계급을 적극적으로 유입하여 파격적인 인재 발굴에 힘썼으며, 현종 시기에는 요숭(姚崇), 송경(宋璟) 등과 같은 수많은 명신을 발탁하였다. 이밖에 과거제도 중의 하나인 전시(殿試)를 창시하여 인재를 등용하였다. 경제정책으로는 농경을 장려하고 수리(水利) 공사를 진흥시켰다. 또한 조세와 부역을 경감하면서 생산력의 발전을 앞당겼다. 뿐만 아니라 서역에 북정도호부(北庭都護府)를 설치하여 국토방위를 공고히 하였으며, 민족 간의 교류에 힘썼다.

50년에 걸친 측천무후의 개혁 정책은 사회 발전을 적극적으로 앞당겼으며 '개원성세(開元盛世)'의 기틀을 다졌다. 이런 연유로 무자비 역시 지나치게 영특했던 측천무후가 스스로 '무자비'를 앞세워 자신의 업적이 무한함을 과시하고자 했을 수 있다고 보는 것이다. 이런 추측이 사실이라면 이 또한 후대의 평가까지를 고려한 그녀의 치밀한 야심을 엿볼 수 있는 일면이라고 할 수 있겠다.

하지만 다른 추측도 있다. 말년에 이르러 비로소 자신의 과오를 깨달은 측천무후가 억울하게 희생된 원혼들을 달래고 스스로를 반성하는 의미에서 '무자비'를 세웠을 것이라는 주장이 그것이다. 측천무후가 중국 최초의 여황제가 될 수 있었던 것은 무수히 많은 피의 숙청을 단행한 결과였다. 비천한 출신 성분으로 궁궐에 들어온 그녀를 눈여겨본 고종은 측천무후를 소의(昭儀)에 책봉하였다. 하지만 권력 찬탈의 야망을 품은 측천무후는 왕황후(王皇后)와 소숙비(蕭淑妃)를 제거하기 위해 그들을 모함하기 시작했다. 그녀는 자신이 낳은 어린 딸까지 목 졸라 죽이고 이를 왕황후의 짓인 것처럼 속여 그녀를 제거하기에 이른다. 이처럼 잔악한

무자비(無字碑), 당
지금의 협서성(陝西省) 부풍현(扶風縣)
건릉에 위치하고 있다.

행위를 서슴지 않았던 측천무후는 결국 궁궐 내 최고의 자리에 올랐다.

황후의 자리에 오른 뒤에도 그녀의 극악무도함은 결코 멈추지 않았으며, 곧장 당파를 이용한 반대파의 숙청 작업에 들어갔다. 뿐만 아니라 자신의 등극을 지지했던 장손마저 자살하도록 강요했다. 마침내 황제에 즉위한 측천무후는 권력을 유지하기 위한 자파 구축에 혈안이 되어 자신에게 유리한 인사를 남발하고 형벌을 남용하였다. 또한, 자신을 탐탁치 않게 여기는 당 왕실의 군신과 반대 세력에 대한 대량 학살과 잔혹한 탄압을 자행하였다. 종국에는 무씨(武氏) 천하를 노리고 국호마저 이당(李唐)에서 무주(武周)로 변경하였으며 수도를 낙양으로 천도하였다. 이는 중국 역사상 그 유례를 찾아볼 수 없는 대역무도한 행위임에 틀림없었으니 그녀에 대한 이씨 왕조의 원성은 날이 갈수록 높아만 갔다.

이처럼 학정을 일삼았기에 말년에 병을 얻어 정치의 무대에서 내려오게 된 측천무후가 자신의 죄과를 돌이켜보면서 깊이 반성하였을 가능성도 전혀 배제할 수는 없다. 젊은 날 권력에 눈멀어 저지른 악행으로 목숨을 잃었던 수많은 원혼들을 죽어서 대할 면목이 없었을 것이다. 특히 이씨 당조의 종묘사직에 깊이 사죄하는 뜻에서 스스로 '무자비'를 세워 비난을 면하려 했다는 추측이 가능해지는 것이다.

그러나 절충(折衷)은 이러한 견해에 대하여 강하게 반박하였다. 그는 측천무후의 간교함은 어느 누구도 따라올 수가 없다고 보았다. 영리한 여자였기에 그녀는 자신의 죄상에 대해 잘 알고 있었을 뿐만 아니라, 후세의 평가 또한 정확히 예측했다고 보는 것이다. 따라서 그녀는 차라리 자신에 대한 평가를 미루어 '당대의 시비(是非)와 공과(功過)는 후대의 평가에 맡긴다'는 세류에 따랐을 뿐이라고 일축했다.

일각에서는 신분상의 모순 때문에 하는 수 없이 '무자비'를 세울 수밖에 없었다고 주장하는 이들도 있다. 측천무후는 황제인 동시에 당 고종의 황후였다. 따라서 관례에 따라 당 고종과 합장해야 함이 마땅하다. 그러나 고종이 죽은 뒤 그녀가 황제로 군림하였기에 이에 합당한 예우를 정하지 못하게 되었다. 과연 측천무후를 '황후'로 예우할 것인가, 아니면 '황제'로 예우할 것인가의 문제에 부딪힌 것이다. 이와 같은 신분상의 모순은 전례가 없는 것으로, 묘비를 세우는 일에 혼선을 겪게 되자 '무자비'로 대신하였을 것이라는 추측이 가능하다.

그러나 처음부터 측천무후의 무덤에는 아무런 묘비도 세워져 있지 않았다고 보는 이들도 적지 않다. 봉건시대 여성의 지위란 보잘것없는 것이었으므로 아무리 여황이라고 한들 역대 황제와 동등한 예우를 한다는 것은 상상할 수도 없는 일이었다. 설령 반세기에 달하는 재위 기간 동안 빛나는 공적을 이룩했다고 해도 측천무후 역시 일개 여인에 지나지 않았으며, 더욱이 정통사관의 시각에서 볼 때 측천무후의 등장으로 중국 최초의 여황제가 탄생했다는 사실과 국호가 개정된 사건은 차마 입에 담기조차 싫은 치욕적

건릉(乾陵)

당 고종과 측천무후가 함께 안장되어 있는 건릉은 지금의 협서성 부풍현 경내에 위치하고 있으며 당대(唐代)의 왕릉 중에서 유일하게 도굴되지 않은 능이라고 전한다.

청옥비천(靑玉飛天), 당
비천의 출현은 불교와 깊은 연관이 있다. 초기의 비천은 남성이 많았으나 후기로 갈수록 섬세한 여성으로 변화되었다. 이것은 청궁에 수장되어 있던 유물로 인체의 곡선이 아름답게 표현되어 있어 생동감을 더해준다. 당대의 벽화에 드러난 비천과 가장 유사하다는 평가를 받는다.

채회궁여용(彩繪宮女俑), 당

인 일이었을 것이다. 이와 같은 이유로 측천무후의 업적을 칭송하거나 공적을 기리기 위한 비문을 새긴다는 것은 상상도 할 수 없는 일이었다는 견해다.

오랫동안 무자비를 두고 갑론을박이 벌어져온 가운데 근래에 이르러 전혀 새로운 견해가 제기되었다. 측천무후의 비문에는 본래 문자가 기록되어 있었다는 것이다. 인명을 살상하는 잔악무도함과 과감한 정책을 펼치는 왕성한 의욕의 소유자였던 생전의 측천무후를 생각해보면 타고난 심성이 하루아침에 바뀌어 말년에 가서 갑자기 겸손해졌을 것이라는 가설은 상식적으로 쉽게 납득이 가질 않는다. 따라서 원래 측천무후의 묘에는 비문이 새겨져 있으며 그 무덤은 건릉 지하 궁에 따로 세워져 있을 것이라는 추정이다.

정치적 말년의 측천무후는 주위의 압력에 못 이겨 이현(李顯)에게 권력을 이양하게 된다. 무씨 천하를 꿈꿨던 그녀는 당 왕실의 자손에게 자신의 왕위를 넘겨주는 일이 내심 탐탁치 않았을 것이며 이현 역시 남몰래 어머니에 대한 증오와 원망의 감정을 키워왔을 것이다. 따라서 공개적으로 측천무후의 악행을 고발하는 대신에 '무자비'를 세워 이씨 왕실의 보복을 대신하고자 했는지도 모른다.

그러나 이런 추측 또한 어디까지나 가설일 뿐이다. 현재 확인할 수 있는 사실은 건릉에 측천무후의 '무자비'가 남아 있으며 비석에 아무런 글자도 새겨져 있지 않다는 것뿐이다. 세월이 지나 다른 유물이 발견된다면 좀더 자세한 사실을 알게 될지도 모른다.

송 태조는 과연 하늘의 소리를 들었을까

요나라의 침략을 막기 위해 군대를 이끌고 출동했던 대장군 조광윤은 사흘째 되던 날 하늘의 계시를 듣고 군대를 돌려 칼날을 어린 황제에게 겨눈다. 하지만 피로 빼앗은 권력의 대가는 참혹했다. 촛불이 바람에 흔들리던 밤, 도끼 휘두르는 소리와 함께 조광윤은 의문의 죽음을 맞이한다.

송 태조 조광윤 상
송 태조 조광윤(927~976)은 탁주(涿州) 사람으로 낙양(洛陽)에서 태어났다. 후주(后周) 현덕(顯德) 3년(956), 진교병변을 일으켜 송조를 건립하였다.

조광윤(趙匡胤)은 혼란한 오대십국을 마감하고 송나라를 세운 개국황제이다. 그를 둘러싸고 오래전부터 두 개의 전설이 내려오고 있는데 '진교병변(陳橋兵變)'과 '촉영부성(燭影斧聲)'이 그것이다. 학자들은 '진교병변'과 '촉영부성'을 가리켜 '송 태조를 둘러싼 두 가지 의혹'이라고 부른다. 그렇다면 '진교병변'과 '촉영부성'은 무엇을 이르는 단어일까?

'진교병변'이란 조광윤이 하늘의 계시를 따라 왕이 된 사건을 말한다. 기원 960년,

원단 후주(後周)의 대신들은 궁중에서 신년을 경축하는 제를 올리고 있었다. 식이 절정에 달했을 무렵, 갑자기 북방의 진(鎭), 정(定)으로부터 급한 전갈이 당도했다. 요(遼)국의 군대가 남하하여 주(周) 왕조에 대한 공격을 개시하고 있다는 내용이었다. 깜짝 놀란 황태후와 어린 황제는 대장군인 조광윤으로 하여금 남하하는 요나라의 군대를 막게 했다. 역사의 기록은 바로 이 전쟁 기간 중에 조광윤에게 하늘이 계시를 내렸다고 적고 있다.

군인(軍印), 송

북송 초기, 송 태조는 병사를 선발하여 정예군에 귀속시켰다. 선발된 병사들은 오랜 기간 경성 및 부근의 지역에 주둔하였다. 지방군의 세력이 매우 약화되어 중앙군과는 필적할 만한 상대도 못 되었다. 금군을 강화시키기 위하여 직접 나서서 군을 지휘하였고 최고 군 관직을 없애고 도지휘사의 권력을 삼권분립하여 왕명에 복종하게 하였다. 이것은 군부장관의 옥인이다.

조광윤이 군대를 이끌고 행군한 지 사흘째 되던 날이었다. 어둠 속에서 갑자기 고함치는 소리가 들려왔다. 정체를 알 수 없는 목소리는 "황제의 나이가 이처럼 어리고 또한 무지하니, 어떻게 조정의 국사를 처리하겠는가?"라고 소리쳤다. 그날 밤, 조광윤은 취한 채 깊이 잠들어 있었다. 아침이 되자 막사 앞에 장수들이 대오를 이룬 채 나타났다. 그들은 이구동성으로 "군주다운 군주가 없으니, 천자가 되어 여러 장수를 안심시켜주십시오"라고 소리쳤다. 깜짝 놀란 조광윤이 어찌할 바를 몰라 하자 장수들은 황제의 상징인 황포(黃布)를 그의 어깨에 덮어주었다. 이어 장수들은

송 태조가 황포를 입었던 곳을 기념하는 유적비

조광윤을 억지로 말 위에 앉히고, 개봉으로 돌아가 후주의 정권을 빼앗은 뒤 북송을 건립하였다.

학자들은 이날의 사건을 조광윤 측의 음모로 보고 있다. 전해 내려오는 진교병

변의 내용을 그대로 믿기에는 너무도 허점이 많기 때문이다. 《속수전문(涑水傳聞)》은 당시의 정황을 '북벌 정벌을 앞두고 경사(京師)는 떠들썩하였다. 출사 당일 천자를 세울 계획을 점검하였다. 유독 궁중만이 그 사실을 알지 못했다'고 묘사하고 있다. 고대의 시가 중에도 '황포는 범상한 물건이 아닐진대, 군영 내에서 우연히 생겨났다는 것을 어느 누가 믿겠는가?'라는 내용이 나온다. 이는 당시 조광윤의 군대가 진교로 향하기 전에 이미 병변을 모의하였으며 황포 역시 미리 준비된 것임을 우회적으로 표현한 것이다. 진교병변은 조광윤이 세인의 비난을 피하고 자신이 천자가 될 운명임을 내비치기 위한 눈속임이었던 것이다.

학자들은 '조광윤이 취한 채 깊은 잠에 빠져 있었다'는 기록 역시 믿을 게 못 된다는 반응이다. 군대의 통수권을 지닌 장수가 막사 안에서 취한 채 잠들었다는 것은 이치에 맞지 않는 일이기 때문이다. 송대의 기록에 의하면, 조광윤은 초년 시절에 자신의 운명을 점친 일이 있었다고 한다. 처음 나온 점괘는 말단 장교를 벗어나 절도사가 되는 것이었다. 다시 점괘를 던졌는데 아무런 답도 나오지 않았다. 잠시 후 점쟁이는 갑자기 큰 소리로 "장차 천자가 될 운명이다!"라고 소리쳤

진교병변의 유적지
지금의 하남성(河南省) 봉구시(封丘市) 진교진(陳橋鎭)에 위치하고 있다.

다고 한다. 송대에 널리 퍼져나간 이 고사 역시 일찍부터 천자를 꿈꾸었던 조광윤의 야욕을 미화하기 위하여 꾸며낸 이야기일 가능성이 크다.

《송사(宋史) 두태후전(杜太后傳)》의 기록에

의하면 두태후는 조광윤이 황제가 되었다는 소식을 듣고 "내 아들에게 큰 뜻이 있는지 알고 있었지만, 오늘 보니 과연 그러하다. 내 아들의 일생은 참으로 기이하다. 사람들이 모두 귀하게 여기니 어찌 근심하겠는가?"라고 말했다. 이 글 역시 조광윤에게 일찍부터 황제의 야욕이 있었음을 간접 증명하고 있다.

그러나 반대의 입장을 취하는 의견도 다수 존재한다. 《송사》, 《속자치통감장편(續資治通鑑長編)》, 《계단국지(契丹國志)》 등의 사료에는 진과 정주에서 보내온 군사 전갈에 관하여 일치된 기록을 보이고 있다. 요국이 주나라를 침공한 것은 역사적 사실이다. 더구나 진과 정주의 절도사는 조광윤과 친분이 깊지 않았다. 즉, 그들과 짜고 거짓 전갈을 보내어 군사를 일으킬 수 있는 상황 또한 아니었던 것이다.

그러나 이러한 주장은 여러 면에서 크게 호응을 얻지 못하고 있다. 설령 진과 정주에서 전갈이 왔다 해도, 조광윤의 개인적인 야심으로 군사를 회군하였을 가능성은 얼마든지 상존하기 때문이다. 반대의 입장을 기술했던 학자들은 조광윤이 이룩한 치적을 높게 샀을지도 모를 일이다. 어린 황제를 끌어내리고 그 자리를 차지한 조광윤이 세종이 시작한 천하통일 사업을 계승하여, 강남(江南)에 할거하고 있던 형남(荊南)·초(楚)·후촉(後蜀)·남한(南漢)·남당(南唐) 등을 차례로 정벌하며, 당말오대(唐末五代)의 분열을 거의 수습하였기 때문이다.

조광윤에 얽힌 또 하나의 미스터리는 역사가 '촉영부성'으로 기록하고 있는 죽음에의 논란이다. 조광윤은 기원 976년 10월 20일 밤, 돌연 숨을 거두었다. 《사기 태조본기(太祖本記)》는 그날의 상황을 가리켜 '계축년(癸丑年) 밤 황제는 만세전(萬歲殿)에서 50세의 나이로 서거하였다'고 간략하게 기록했다. 사망한 다음 날, 아우 조광의가 황제의 자리를 계승하였으며 그가 바로 송나라 2대 황제인 송 태종이다.

정사의 기록과 달리 야사는 조광윤의 죽음에 석연치 않은 구석이 있다고 기록했다. 문옥(文瑩)은 황제가 죽던 날 밤의 상황을 《속상산야록(續湘山野錄)》에 다음과 같이 적었다. '갑자기 하늘이 부옇게 흐려오더니 사방이 어둠으로 덮였다. 날씨가 돌변하여 눈발이 흩날리기 시작했다. 어전 아래로 병기를 옮겼다. 급한 전갈을 받고 온 이가 있어 궁궐의 문을 열쇠로 열고 왕과의 접견을 허락했다. 찾아온 이는 바로 태종(조광의)이었다. 침소에 든 후에 술잔을 기울이며 담소를 나누었다. 어전을 물러난 신하들과 궁녀들은 희미하게 가물거리는 촛불을 통하여 태종의 움직임을 추측할 수 있었다. 술자리가 끝날 무렵 눈이 한 자나 쌓이고 시간을 알리는 궁궐의 북이 세 번 울렸다. 그때 돌연 도끼 자루 찍히는 소리가 나며 황제가 태종을 향해 "됐다! 됐다!" 하고 소리쳤다. 황제는 마침내 의관과 요대를 풀고 침소에 들었는데 코고는 소리가 마치 천둥소리 같았다. 밤이 깊어지자, 태종은 궁궐의 숙소에 머물렀고 시간을 알리는 북이 다섯 번 울렸다. 시중드는 대신들은 아무런 소리도 듣지 못했지만 황제는 이미 사망했다. 태종은 유언을 받들어 왕위에 올랐다.'

송 태종 조광의 상
송 태종(939~997). 초년에는 광의(匡義)라고 불렸으나, 후에 광의(光義)로 고쳤다. 개옥 6년 진왕(晉王)으로 봉해졌다. 9년에 즉위한 직후 경(炅)으로 개명하고 태평흥국으로 개원하였다.

문옥의 기록은 도처에 의혹이 가득하다. 직접적인 표현을 삼간 채 교묘하게 그날의 상황을 은유적으로 드러내고 있는 것이다. 그의 모호한 기록은 후세인들의 의혹을 증폭시켰다. 급기야 일부 학자들은 문옥의 기록을 근거로 왕위를 노린 태종이 조광윤을 죽였을 것이라고 단정하기에 이르렀다. 학자들은 특히 송 태조의 침실에서 촛불의 그림자가 흔들리고 도끼 소리가 났다는 대목에 주목했다. 늦게까지 궁궐에 남아 있었던 조광윤의 아우 조광의가 형을 죽이고 왕위를 빼앗았다고 보는 것이다. 《송사통속연의(宋史通俗演義)》와 《송궁십팔조연의(宋宮十八朝演義)》의 기록 역시 조광의가 형을 살해했을 가능성을 언급하고 있다.

그러나 조광의의 무고함을 주장하는 이들도 적지 않다. 그들은 사마광이 쓴 《속수기문(涑水紀聞)》의 내용을 자신들 주장의 근거로 삼는다. 《속수기문》에 의하면 송 태조가 서거하자 효장 송후(宋后)는 신하를 파견하여 태조의 넷째 아들을 궁으로 불러들였다. 그러나 신하는 곧장 달려가 오히려 개봉에 있는 조광의에게 소식을 전했다. 왕의 사망 소식에 놀란 조광의는 잠시 망설이며 선뜻 나서지를 못했다. 하지만 주위의 재촉에 못 이겨 바람이 휘몰아치는 눈길을 달려 궁궐에 당도했다. 이 기록은 태조가 사망하던 시간에 조광의가 궁궐 안에 머물지 않았음을 증명할 수 있는 결정적 자료가 된다.

《속수기문》의 기록이 조광의의 결백을 증명한다고 해도 여전히 의문은 남는다. 《속수기문》은 태조가 사망하자 송후는 태조의 넷째 아들을 불렀다고 기록하고 있다. 그러나 가장 먼저 궁궐에 도착한 것은 넷째 아들이 아니라 태종 조광의였다. 더구나 조광의는 태조의 아들이 살아 있음에도 자신이 다음 날 서둘러 황제의 자리에 즉위하였다. 정상적인 절차를 무시한 채 황제의 뒤를 잇기에 급급했던 것이다.

《송사 태종본기》에는 다음과 같은 의

〈태조 축국도(蹴鞠圖)〉, 원, 전선(錢選)
송대에 유행하던 놀이. 송 태조가 어릴 때 즐겨 하던 놀이로 지금까지 전해오고 있다. 태조가 직접 만든 기구로 아우인 조광의와 함께 이 축국 경기를 즐겼다고 한다.

미심장한 기록이 있다.

'왕위를 계승한 황제는 일반적으로 그 다음해에 개원(開元)하는 것이 관례이다. 그러나 태종은 개옥(開옥) 9년의 연호를 겨우 두 달 남겨두고, 태평흥국(太平興國) 원년으로 바꾸었다. ……태종이 즉위한 직후에 태조의 둘째 아들이 의문의 자살을 하였으며, 태종은 형수인 송후(宋后)를 개옥황후(開國皇后)에 책봉했으면서도 정작 그녀가 죽은 뒤에는 황후의 예조차 갖추지 않았다.'

주체는 고려 여인의 아들이었다?

22년에 걸친 치세와 대외정책의 성공으로 중국 역사상 가장 활력 넘치는 황금기를 일구었던 명나라 3대 황제 영락제. 하지만 그에게도 약점은 있었다. 반란을 일으켜 황제의 자리를 찬탈했다는 평가가 그것이다. 아울러 그의 생모에 관한 기록 또한 개작의 의혹이 대두되면서 논란이 계속되고 있다.

명나라 성조(成祖) 연간의 인물 주체(朱棣)는 태조 주원장(朱元璋)의 넷째 아들로 태어났다. 그는 홍무(洪武) 3년에 이르러 연왕(燕王)에 봉해졌는데, 그 무렵 잘 훈련된 군사를 이끌고 북평(北平)에 주둔하고 있었다. 그러다가 건문제(建文帝) 원년에 이르러 자신을 숙청하려는 황제에 대항, 먼저 군사를 일으키기에 이른다. 역사는 이것을 '정난의 변(靖難之役)'으로 부른다. 태조의 뒤를 이었던 건문제는 왕권 강화를 위해 주왕(周王), 상왕(湘王), 제왕(齊王), 대왕(代王), 민왕(岷王) 등을 차례로 제거

명성조 상

대명황제의 옥새, 명

하였고, 다음 차례로 막강한 군사력을 쥐고 있던 연왕(주체)을 겨누고 있던 상황이었다.

건문제 4년, 지루하게 이어지던 전쟁은 마침내 주체의 승리로 끝이 난다. 군대를 휘몰아 남경으로 입성한 주체는 스스로 황제가 되었는데 그가 바로 명나라 3대 황제인 영락제(永樂帝)이다. 영락제는 영락 9년(1421)에 수도를 북경으로 천도하는 것을 필두로 통치 기간 내내 명 왕조의 기반이 된 중앙집권의 기틀을 공고히 다져나갔다. 후대 사람들은 영락제의 이런 치적을 가리켜 '인선지치(仁宣之治)'라고 불렀다.

그러나 황제로서 찬란한 업적을 이룩했음에도 불구하고 주체에겐 약점이 있었다. 정변을 일으켜 정권을 잡은 만큼, 평생 '연적찬위(燕賊纂位)'의 오명을 씻을 수 없었던 것이다. 그 사유가 비록 어쩔 수 없었다 해도, 그는 군사를 일으켜 황제의 자리를 빼앗은 것이었다. 당시에는 성공한 혁명이었을지 모르지만 냉정하게 따지고 보면 역모에 해당되는 대역죄를 지은 것에 지나지 않는 것이다.

주체는 역사적으로 학자들 사이에서 지속적인 논란거리였는데 논란의 핵심은 엉뚱하게도 그의 생모로 집약된다. 생모에 관한 논란이란 주체의 생모가 기존에 알려졌던 마황후가 아니라는 주장을 둘러싼 여러 설들을 말한다. 마황후가 주체의 생모로서 학계에 정설로 굳어진 이유는 다음과 같은 신빙성 있는 기록들 때문이다.

《연왕령지(燕王令旨)》에는 '나는 부황(父皇)인 태조(太祖) 고황제(高皇帝)의 친자(親子)이며 효자(孝慈) 고황후(마황후)의 친생(親生)으로 황태자(皇太子)의 아우이다'라고 말한 주체의 기록이 남아 있다. 다른 문헌에도 같은 내용의 기록이 전한다.《명태조실록(明太祖實錄)》은 '고황후(高皇后)는 장자를 출산하였다. 장자인 의문(懿文) 다음으로는 진민왕(秦愍王), 진왕(晉王), 주정왕(周定王) 순이었다'고 기록하고 있다. 《명사(明史) 성조본기(成祖本記)》역시 '문황제(文皇帝)는 주체를 말하는 것으로 태조의 넷째 아들이다. 효자(孝慈) 고황후가 그의 어머니이다'라고 기록하고 있다. 이들 문헌은 공통적으로 주체의 생모가 효자 고황후, 즉 마황후라는 사실에 동의하고 있는 것이다. 따라서 이들 문헌의 신뢰도로 보았을 때 주체가 주원장의 넷째 아들로 마황후의 소생이라는 점에는 의심의 여지가 없어 보인다.

그렇다면 일부 학자들은 무슨 근거로 마황후설을 뒤집고자 하는 것일까? 가장 문제가 되고 있는 것은 주체의 생모가 마황후라는 사실을 기록한 문헌 기록들 중 일부에서 개작된 흔적이 포착되었다는 점이다. 명대의 역사만을 연구해온 학자 오함(吳晗) 역시 이런 문헌들이 다소 의심스러운 것이 사실이라고 지적하였고, 일각에서는 마황후가 다섯 명의 왕자를 낳았다는 기록 자체가 사실무근이라고 주장하기도 한다. 마황후는 넷째인 주체와 다섯째 주왕(周王)만을 낳았을 뿐 의문(懿文), 진왕(秦王), 진왕(晉王)은 후궁의 소생이라는 것이다.

명태조 주원장(朱元璋) 상

주원장(1328~1398). 아명은 중팔(重八)과 흥종(興宗)이며, 자는 국서(國瑞)이다. 초년에는 황각사(皇覺寺)의 승려로 입궁하였다. 후에 홍건군(紅巾軍)에 투신하여 황제가 되었다. 국호는 대명(大明), 건원(建元) 홍무(洪武)라고 정하였다.

《노부왕첩(魯府王牒)》의 기록 역시 고황후는 성조(成祖)와 주왕(周王)을 낳는 데 그쳤다고 적고 있다. 그러나 이러한 주장에는 맹점도 있다. 이를 뒷받침할 수 있는《황조세친(皇朝世親)》과《노부왕첩》같은 문헌들이 이미 오래전에 유실되었기 때문이다. 따라서 주장의 진위를 판별한다는 것은 현실적으로 불가능하다.

반면, 명나라 학자 황좌(黃佐)는 《혁제유사(革除遺事)》를 통하여 '의문(懿文), 진(秦), 진(晉), 주(周) 왕은 모두 고황후의 소생이며, 태조 주체만이 달비(達妃)의 자식이다'라는 기록을 남기기도 했다. 왕세정(王世貞) 역시 《이사고(二史考)》에 황좌의 기록을 인용하였다. 하지만 후세의 학자들은 주체의 생모가 달비라는 황 좌의 주장은 다소 주관적이며 불순한 의도가 내포되어 있다는 점을 지적하였다. 청대의 사학자 주이존(朱彝尊)은 '황좌의 《혁제유사》를 포함하여 건문제 시기에 편찬된 대부분의 문헌이 황제의 명에 따라 작성되었을 가능성이 크다. 따라서 사

실을 왜곡하였다는 의혹에서 벗어나기 어려우 며 민간에 나도는 터무니없는 헛소문의 근원을 완전히 해소시키지 못하고 있다'고 적고 있다. 또한 황좌는 개인적으로 주체에게 왕위를 빼앗 긴 건문제를 매우 애석하게 여기는 입장이었 다. 따라서 그가 기술한 《혁제유사》에는 주체 의 왕위 찬탈을 비난하는 관점이 밑바탕에 깔 려 있다. 역사를 기술하는 과정에서 개인적 감 정이 깊이 관여되어 있으므로 왜곡의 혐의가 짙다고 볼 수 있다.

주체의 생모가 공비(貢妃)라는 설도 세간의 호기심을 자극한다. 명조 말기에 이르러 하교 원(何喬遠)의 《민서(閩書)》, 담천(談遷)의 《국각 (國権)》, 이청(李淸)의 《삼원필기(三垣筆記)》 등 의 문헌들은 《남경태상사지(南京太常寺志)》를

소삼채(素三彩) 국화이병(菊花耳瓶), 명
소삼채는 황색, 녹색, 자색을 위주로 한 명대 의 새로운 자기 공법이다. 붉은색을 사용하지 않는다. 백자 위에 직접 색을 입히거나 조각한 후에 흰색을 덧발라 화로에 넣고 다시 낮은 온 도에서 구워서 완성시킨다.

근거로 하여 '명 성조의 생모는 공비'라는 설을 일제히 제기하였다. 이런 문제 제기는 근대에 이르러 전사년(傳斯年), 주희조(朱希祖), 오함(吳啥) 같은 학자들이 가세하면서 더욱 설득력을 얻게 되었다.

위패의 배열 순서에도 이런 주장들을 뒷받침할 근거가 숨어 있다. 황후들의 위패가 모셔진 효릉(孝陵)의 위패 배열 위치를 보면, 태조와 마황후의 위패는 봉선전(奉先殿)의 중앙인 남향의 양방향에 위치하고 있고 다른 황후들의 위패는 중앙을 중심으로 동쪽에 모셔져 있는

마황후 상

어릴 적부터 온화한 성품과 총명함을 타고났던 마황후는 심지가 곧고 후덕하여 주원장의 총애를 한몸에 받았다고 한다. 평생을 근검하고 소박하게 지냈으며 태조 주원장에게는 조언을 아끼지 않았다. 홍무 15년에 마황후가 병으로 세상을 떠나자 태조는 매우 상심하여 다른 황후를 들이지 않았다고 전한다.

것을 볼 수 있다. 그러나 유독 공비의 위패만이 홀로 떨어져 있으며 이 점으로 미루어 사람들은 그녀가 영락제 성조를 낳아준 생모가 아닐까 하는 의혹을 갖게 된 것이다. 청대 초기의 반괴장(潘槐章)이나 주이존(朱彝尊)과 같은 학자들 역시 이러한 주장에 적극 동조하고 있다. 주이존은 한 발 더 나아가 공비의 출신이 고려인(高麗人)이었다고 주장했는데 결정적인 증거는 제시하지 못했다.

공비를 기록한 여러 문건 가운데에서도《남경태상사지》는 신뢰성 문제로 논란의 대상이 되고 있다.《남경태상사지》는《사고전서총목(四庫全書總目)》의 내용을 정리하여 수록한 것으로 명나라 가정(嘉靖) 연간 왕종원이 남경 태상사로 부임했을 당시 편찬한 것이다. 왕종원이《남경태상사지》를 편찬한 시기는 영락제가 살아 있던 시기로부터 170여 년이나 지난 후의 일이다. 따라서 그가 주체의 생모에 관하여 기술하고 있는 부분은 대체로 항간에 마구잡이로 떠도는 소문을 조합하였을 가능성이 크며 객관적으로 입증된 자료라고 보기에는 많은 맹점이 노출되

어 있다. 《남경태상사지》에서 다루고 있는 내용들이 다른 문헌에 전혀 언급되고 있지 않은 점도 자료의 신뢰도를 떨어뜨린다.

일각에서는 '원비(元妃)'가 주체의 생모라는 주장도 대두되고 있다. 《규천외승(窺天外乘)》에서 왕세무(王世懋)는 '성조(영락제) 황제는 고황후의 넷째 아들이며, 야사(野史)에 전하기를 원주비(元主妃)의 아들이다'라고 적고 있다. 여기서 《야사》란 《몽고원류》를 말하며 《몽고원류》에는 '명 성조는 원 순제(元順帝)의 후궁인 옹(瓮)씨 소생이며, 원 순제의 유복자이다'라는 기록이 남아 있다.

류헌정(劉獻廷)은 《광양잡기(廣陽雜記)》에서 다음과 같이 보다 구체적이고 명백한 기록을 남겼다. '명나라 성조(영락제)는 마황후의 아들이 아니다. 그의 생모

〈남도번회도(南都繁會圖)〉, 명

원지정(元至正) 16년(1356), 군사를 이끈 주원장이 집경(集慶)을 공격하여 응천부(應天府: 지금의 남경성)로 개명하였다. 명조를 건립한 이후에 응천부를 나라의 도읍으로 정하였고 영락 연간에 다시 북경으로 천도하였다. 남경은 명 성조 주체가 유년 시절을 보낸 곳이라고 하는데, 이 그림은 명 중기 상업이 번화하였던 남경성의 시대상을 묘사한 것이다.

옹(瓮)씨는 몽고인으로 원나라 순제의 후궁이었는데, 성조는 그것을 숨기려 하였다. 궁궐 안에 별도의 사당을 두고 대대로 제사를 지냈는데 종족에 연연하지 않았다'는 내용이 그것이다.

한 발 더 나아가 근대의 학자 전사년(傳斯年)은 주이존의 입장과 비슷한, 주체의 부모가 원나라 순제와 고려의 여인이었다는 글을 남겨 그의 혈통이 순수하지 않았다고 주장했다. 전사년이 근거로 제시하고 있는 문헌은 《명성조생모기의(明成祖生母記疑)》의 기록이다. 《명성조생모기의》는 명대의 기록으로 야사를 모아 기록해놓은 민간 설화집이다. 따라서 신뢰도가 그다지 높다고는 볼 수 없다.

논란이 끊이지 않자 최근 들어 마황후설을 주장하는 학자들은 다음과 같은 반론을 제기하고 나왔다. "'공(碩)'은 몽고식 이름인 옹길나(瓮吉喇) 씨를 간략하게 부르는 음역(音譯)으로 몽고인인 공비가 명 성조의 생모라는 주장은 터무니없는 유언비어에 불과하다. 이런 유언비어가 민간에 떠돌게 된 배경에는 명나라에 쫓겨 몽골 고원으로 후퇴해야 했던 몽고인들의 애환이 자리잡고 있는 것이니……."

불길 속으로 사라진 건문제

명나라 2대 황제 건문제는 주체가 군사를 일으켜 도성을 공략하자 불길 속으로 홀연히 자취를 감추었다. 궁성을 점령한 주체는 불탄 시체 한 구를 찾아내어 급히 건문제의 죽음을 선포했지만 사실을 그대로 믿는 백성들은 많지 않았다. 죽지 않았다면 건문제는 어떻게 불길 속을 탈출했을까? 그날의 사건 속으로 들어가보자.

주원장 상

명 태조 주원장(1328~1398). 아명은 중팔(重八), 홍종(興宗), 자는 국서(國瑞)이다. 초년에는 승려의 신분에서 봉기군에 가담하여 원(元) 지정(至正) 28년에 황제가 되었다. 국호는 대명(大明) 건원(建元) 홍무(洪武)이다.

명 홍무(洪武) 31년, 즉 1398년에 세상을 떠난 명 태조 주원장(朱元璋)은 임종 직전 신하들을 불러놓고 후사에 관한 유언을 남겼다. 황제의 제위를 황태손(皇太孫)인 주윤문(朱允炆)에게 선양하겠다는 내용이었다. 역사는 그를 '건문제(建文帝)'라고 칭하였다. 그러나 건문제는 곧바로 왕권을 위협받는다. 건문제의 넷째 숙부인 연왕(燕王) 주체(朱棣)가 북경에서 반기를 들었기 때문이다. 역사는 이것을 가리켜 '정난(靖難)의 변'이라고 부른다.

주체의 군사는 3년간의 고전 끝에 마침내 남경성까지 진격해왔다. 연왕 주체와 내통하던 조국공(曹國公), 이경릉(李景陵) 등은 성문을 열어 주체의 군사들이 성안으로 진입할 수 있도록 도왔다. 성 곳곳은 곧바로 불길에 휩싸였으며 백성들은 사방으로 우왕좌왕 흩어졌다. 주체는 건문제를 해치지 말고 사로잡으라고 명령했다. 그러나 군사가 황궁에 도착했을 때 건문제는 궁궐 안에 있지 않았다. 어수선한 틈을 이용하여 어디론가 사라져버린 것이다. 이를 두고 후세인들의 의혹이 끊이지 않고 있다.

서안우호위후천호백호인(西安右護衛后千戸所百戸印), 명
이것은 명조 시기에 만들어진 정부 인장으로 백호(百戸)는 명조 군대를 가르는 편제 단위였다. 백호는 112인으로 결성되어있는데 10개의 백호가 모여 조직된 것이 천호(千戸)였다. 전, 후, 좌, 우, 중, 다섯 개 천호가 모여 조직한 것이 위(衛)이다. 모두 합치면 5천6백 명이다.

　정사는 이런 내용을 완전히 부정하고 있는데《태종실록(太宗實錄)》이 대표적이다. 《태종실록》은 건문제가 궁문을 닫고 분신했다고 기록하고 있다. 남경성을 포위한 주체가 군사를 이끌고 금천문(金川門)에 도달하자 성안에 있던 모든 문무 대신이 나가서 주체를 맞이하고자 하였다. 건문제의 주위에는 오로지 내시 무리밖에 없었다. 황제의 안위를 책임져야 할 대신들이 모두 사라지자 건문제는 "내가 무슨 면목으로 사람들을 대하겠는가?"라고 탄식하며 궁궐 안에 불을 질렀다. 궁궐에 입성한 주체는 건문제의 행방을 찾아 사방을 헤매다가 결국 불에 탄 시신 한 구를 발견했고 황제의 예를 갖춰서 장사를 지냈다는 것이다.

　이런 사실을 증명할 수 있는 기록이 하나 있다. 왕위 찬탈에 성공한 주체가 멀리 조선국(朝鮮國) 왕에게 보낸 서신의 내용이 그것이다. 서신에서 주체는 '고황제(高皇帝)는 군신 간의 도리를 저버리고 건문에게 왕위를 계승하였다. 조정의 권한은 간신배에게 돌아가고, 법전이 혼란케 되었으며, 형제들 간에 골육상쟁이 벌어지니 이 모든 재앙은 천자의 덕이 부족한 탓이다. 따라서 짐이 선조의 유지를 받들어 군사를 일으켜 불의를 소탕하였다. 건문제는 간신배들의 협박에 못 이겨 성문을 닫고 스스로 분신하였다'며 당시의 상황을 비교적 자세하게 설명하고 있다.

'건문제의 분신설'로 불리는 이와 같은 기록은 그 밖에도 다른 곳에서 더 찾아볼 수 있다. 청대의 학자 왕홍서(王鴻緖)는《명사고(明史稿) 사례의(史例議)》에서 건문제의 분신설을 제기하였다. 청대의 학자 전대흔(錢大昕) 역시《만사동전(萬斯同傳)》을 편찬할 당시 이러한 기록을 인용하였고, 영락(永樂) 연간의《실록(實錄)》과 청대에 와서 개편된《명사(明史)》역시 건문제의 분신설에 더욱 큰 비중을 두어 싣고 있다.

하지만 후대 학자들은 이런 기록에 대하여 고개를 젓는다. 실록의 기록을 비롯해 서신의 내용에는 주체의 왕위 찬탈을 미화하려는 의도가 분명히 내포되어 있기 때문이다. 또한 분신설을 뒤집을 수 있는 기록들도 다수 존재한다.《명사(明史) 공민제본기(恭閔帝本紀)》의 건문제의 죽음과 관련된 기록에 의하면 '도성이 함락되고 궁궐에 화재가 났다. 황제의 종적을 알 수 없었다. 연왕은 사람을 시켜 제후의 시신을 불 속에서 찾아내었다. 8일 임신(壬申)이 지나서 장례를 지냈다'는 기록이 있다.

'황제의 종적을 알 수 없었다'는 기록이 있는데도 불구하고 화재로 타버린 시신들 중에서 건문제를 찾아 장례를

명대 남경성(南京城) 유적

지냈다고 하는 주장은 쉽게 납득이 가지 않는다. 설사 건문제가 성안에서 불에 타 죽은 것이 사실이라 해도 이와 같이 모순된 대목은 기록에서 삭제되어야 함이 마땅하다. 이처럼 모호한 기록으로 말미암아 건문제의 행방을 둘러싼 의혹은 한층 더 커지게 되었다. 학자들 사이에서 특히 논쟁이 되고 있는 부분은 '제후의 시신을 불 속에서 찾아내었다' 는 구절이다. 문헌상의 기록은 '제후'에 국한되어 있을 뿐 건문제에 대한 언급은 누락되어 있기 때문이다.

남경(南京)황성교위동전패
(皇城校尉銅牌), 명
남경성 내에는 다수의 정부 기구와 황가의 어전이 위치하고 있었다. 홍무 2년, 친군도위부(親軍都尉府)를 설립하였다.

건륭 연간에 와서 다소 보충된 《명사본기》의 내용에는 '주체는 불 속에서 제후의 시신을 찾았다. 황제의 시신이라는 것은 거짓이었다' 는 기록이 남아 있다. 이로써 우리는 불에 탄 건문제의 시신을 찾아 장례를 치렀다는 이전의 기록이 사실 무근임을 알 수 있다.

《명사본기》의 내용에 신빙성이 높아지자 자연스럽게 새로운 의견이 제기되었다. 주체가 성을 함락시키자 건문제는 자결을 결심했고 만류하는 신하들에 의해 성을 은밀히 빠져나갔다는 것이다. 당시 황궁 안에는 성 외부와 연결된 비밀 통로가 존재했다. 따라서 탈출은 그리 어렵지 않았을 것이다. 만약 이런 추론이 사실이라면 새롭게 다른 의문이 제기된다. 그렇다면 도주에 성공한 건문제는 어디로 사라졌을까?

가장 강력한 주장은 건문제가 승려가 되었다는 설이다. 주체 군이 성으로 밀어닥치자 궁궐의 승려는 급히 주체의 머리를 깎고 승려로 위장시켰다. 그런 다음 함께 모처의 사원으로 도피하였다. 이런 주장은 제법 신빙성이 있어서 말년에는 주체가 다시 수도 성안으로 출입하는 일도 있었다고 전한다. 죽은 이후 북경의

주체 상

명 성조 주체(1360∼1424), 재위 기간은 기원 1402
년에서 1424년이다. 홍무 3년, 연왕에 봉하였다. 건
문 원년, 건문제가 주체를 비롯한 번을 제거하려고
하자 북경에서 군사를 일으켰다. 이를 정난의 변이
라고 한다. 건문 4년, 남경을 공격하였고 영락으로
개원하였다.

서산(西山)에 묻혔다는 구체적인 설도 있
다.《명사(明史) 정제전(程濟傳)》역시 '금
천문이 열리자 모두 도망갔다. 황제 역시
승려가 되어 도주하였다'고 전하고 있다.
《명조소사(明朝小史)》에는 당시 상황이 더
욱 자세하게 기록되어 있다. '고황제의 군
사가 크게 밀리고 있었다. 매우 견고한 상
자에 열쇠가 담겨 있었는데 황제에게 위급
한 상황이 생길 경우를 대비하였다. 정강
의 군사가 성으로 들어오자, 마침내 열쇠
로 문을 열고 머리를 깎은 채 승려로 위장
하여 개천으로 도피하였다…….'

건문제가 살아 있다는 소문은 소리 없이
백성들의 입방아에 오르내렸다. 주체의 입장에서는 그런 소문이 달가울 리 없었
을 것이다. 오명을 무릅쓰고 왕위를 찬탈한 주체에게 건문제는 분명 내키지 않는
존재였을 테니까. 주체는 흉흉해진 민심을 안정시키고자 대외적으로는 건문제의
사망을 공식적으로 유포했다. 그러면서 비밀리에 사람을 시켜 항간에 떠도는 소
문의 진상을 수집하고 건문제의 행적을 찾아 멀리 해외까지 신하를 파견하였다.

《명사(明史) 요광효전(姚廣孝傳)》의 기록에 의하면, 요광효(姚廣孝)는 84세의 고
령으로 병이 위중하였다. 그가 광수사(廣壽寺)에 있다는 소식을 듣고 문병 온 영
락황제는 '승려 부흡(溥洽)을 가둔 지 너무 오래되어 그를 풀어주고 싶다'고 말했
다고 전한다. 영락제가 가둔 '부흡'이란 바로 황궁 내의 주지승이었다. 전하는 바
에 의하면 그는 건문제를 승려로 위장시켜 도피하도록 도운 죄로 영락제의 노여

움을 사서 16년간이나 옥에 갇혀 있었던 것이다.

논란이 가중되는 와중에 북경대학교의 유명한 사학자 고힐경은 이화원(頤和圓) 부근의 홍산(紅山)에서 '천하대사' 건문제의 묘를 발굴했다고 선언, 세상을 떠들썩하게 했다. 1928년에 발간된 《예림순간(藝林旬刊)》은 명나라 건문제의 의발탑(衣鉢塔)과 운남(云南) 무정(武定) 사불사(獅弗寺)에 남아 있는 명천대사상(明天大師像)의 사진을 게재하면서 '천하대사란 바로 명 건문제이다'라고 주장하였다.

중화문(中華門), 명
명 홍무 초에 건조된 것으로 당시에는 취보문(聚寶門)이라고 불렀다.

하지만 건문제의 묘가 발견되었다고 해서 모든 의혹이 완전히 해소된 것은 아니다. '천하대사'란 문장이 건문제를 칭하는 것이라는 완벽한 증거를 찾지 못했을뿐더러, 그 묘가 설령 건문제의 무덤이라도 해도 그가 어떤 활동을 펼쳤으며 어떤 연유로 '천하대사'로 불리게 되었는지 구체적인 기록이 남아 있지 않기 때문이다.

비운의 순치황제

여섯 살의 나이로 황제가 되었던 청나라 3대 황제 순치제. 그러나 그는 스물네 살이라는 젊은 나이에 홀연히 죽음을 맞는다. 사인은 천연두였다. 학자들은 급작스러운 순치제의 죽음을 두고 출가설과 천연두설을 번갈아 제시하며 갑론을박하고 있다. 과연 순치제가 마지막 순간 택한 것은 무엇이었을까?

청조 중에서 중원에 들어와 최초로 황제가 된 사람은 3대 황제인 청 세조(世祖) 애신각라(愛新覺羅) 복림(福臨), 즉 순치제였다. 그는 여섯 살이라는 나이에 왕위에 올라 그 후 18년 동안 나라를 다스렸다. 재위 기간 동안 순치제는 다이곤(多爾袞)의 섭정과 모친인 효장황후의 보좌 아래 군웅을 평정하고 붕당을 해소하였다. 또한 한족의 반발을 무마시키기 위해 한대(漢代)의 제도를 연용하

순치제 상

청 세조 순치제의 본명은 애신각라(愛新覺羅) 복림(福臨)이다. 법명은 행치(行痴), 호는 치도인(痴道人) 혹은 태화주인(太和主人)으로 태종의 아홉 번째 아들이다. 재위 기간은 1643~1661년이다. 숭덕(崇德) 8년에 왕위를 계승하여 연호는 순치라 정하였다. 순치 원년에 북경으로 천도하였고 다이곤의 섭정으로 인해 허울 좋은 황제에 불과한 존재가 되고 말았다. 다이곤이 사망한 후 국사를 처리하였다. 17년, 동악의 죽음으로 출가를 결심하였으나 이루지 못하고 다음해에 양심전에서 병사하였다.

여 중원 통일의 기틀을 마련하였다.

그러나 순치제는 제위 18년째인 1661년, 스물네 살
이라는 한창 나이에 홀연히 역사의 무대에서 사라진
다. 평소 총애하던 동악(董鄂)이 죽은 지 반년도 안 된
시점이었다. 이날의 사건을 두고 여러 가지 설이 분분
한데 그중 출가설이 가장 유력하다. 민간에서 전해오
는 전설 및 《청조야사대관(淸朝野史大觀)》과 《청사연
(淸史演)》에 의하면, 동악의 죽음에 충격을 받고 크게
상심하던 순치제는 삶의 덧없음을 느낀 나머지 재위
를 포기하고 오태산(五台山)에 들어가 불가에 귀의하
였다고 한다.

화법랑연화문법륜(畵琺琅蓮花紋
法輪), 청

그 밖에도 많은 문헌들이 순치황제의 출가설을 입
증하고 있는데, 이러한 사실은 문학작품에 지대한 영
향을 끼쳐 오위업(吳偉業)을 비롯한 많은 시인들이 순
치제가 불가에 귀의한 내용을 두고 시를 지었다. 순치
제의 출가설을 증명이라도 하듯 강희(康熙)는 재위 기
간 중 오태산을 무려 네 차례나 방문했으며 세간에서
는 이를 두고 강희가 승려가 된 아버지 순치황제를 만
나기 위해 오태산을 찾은 것이라고 보았다.

세조황제 익보 및 익보문(世祖皇
帝謚寶及謚寶文), 청
순치 18년, 복림은 자금성 양심전에
서 병사한 후, 하북 준화효릉(遵化
孝陵)에 묻혔다. 이것은 청대 왕실
이 제작한 세조황제의 익보인(謚寶
印)이다.

순치제는 재위 기간 동안 불교에 깊이 심취한 것으
로도 유명하다. 황궁 안에 유명한 고승을 모셔두고 이르기를, "노승께서는 짐을
천자로 보지 말고 불가의 제자로 대하기를 바라오. 사람은 인생의 희로애락에서
한시도 벗어날 수가 없다지만, 짐은 부귀영화에는 뜻이 없소. 깨닫고 보면 모두

바람처럼 덧없이 흩어져버릴 뿐이라오. 만약 황태후만 허락한다면 짐 역시 노승을 따라 출가하고 싶소"라고 말했다고 전한다. 이 기록을 통해 우리는 순치황제가 이미 오래전부터 불가에 귀의할 의사를 품고 있었음을 짐작할 수 있다.

사실 순치제는 이름만 황제였지 실질적인 권력은 크지 않았다. 다이곤은 어린 순치제를 섭정하며 숨통을 조였고 어머니 효장황후 역시 독단적으로 국사를 처리하였다. 나이가 들어가면서 순치제는 이런 부조리 앞에서 크게 상심했을 것이다. 게다가 효장황후는 순치황제의 의사와는 전혀 상관없이 오로지 정치적 전략에 따라 황후와 후궁을 책봉하였다. 아끼던 동악마저 세상을 떠나자 순치황제의 슬픔은 이루 말할 수가 없었을 것이다. 비록 한 나라의 황제이나 주변의 온갖 억압과 간섭을 참아내야 했던 순치제는 더 이상 추악한 정권 다툼의 틈바구니에서 견뎌낼 자신이 없었고 결국 출가를 결심하게 되지 않았을까.

출가를 결심했지만 황제가 출가한다는 것은 있을 수 없는 일이었다. 따라서 순치제는 세인의 눈을 속이기 위해 죽은 것으로 위장하고 궁궐을 빠져나갔는지도 모른다. 이렇게 추측할 수 있는 단서는 《왕문정집(王文靖集) 자찬연보(自撰年譜)》에 있다. 기록은 '순치 18년 정월, 관례에 따라 조정의 대신들이 신년을 경축하는 예를 올리기 위해 입궁하였지만 황제는 돌연 대신들과의 자리를 거부하고 나오지 않았

효장문황후 편복상, 청

다. 양심전(養心殿)에서 순치는 파격적으로 왕문정(王文靖)과 단독 면담을 했다. 이후 그와의 밀담은 사흘이나 지속되었다. 초엿새 되던 날 밤, 다시 입궁한 왕문정에게 순치제는 "짐의 병이 위중하여 일어날 기력도 없다"고 말하며 서둘러 유언을 작성하라 명하였다. 순치제는 친히 유서를 훑어보았고 칙명을 내려 다음 날 정오에 초안이 완성되도록 하였다. 그날 저녁 순치제는 세상을 떠났'고 적고 있다. 공식적으로 선포된 사인은 천연두였다.

이러한 기록을 바탕으로 순치제가 궁궐에서 병사한 사실은 한때 정설로 굳어졌다. 동악의 죽음으로 인하여 깊은 상심에 빠진 순치황제의 몸과 마음은 점점 피폐해져만 갔다. 순치제 스스로 "이미 골육이 나뭇가지처럼 여위었으니, 설사 병이 낫는다 해도 어찌 버티겠는가?"라며 회복할 가망이 없음을 한탄하였다. 이때 천연두가 엄습해왔고 순치제는 며칠 만에 목숨을 잃는다. 이와 같은 사실은 《왕문정집 자찬연보》에도 기록되어 있는데, 자신의 병이 천연두임을 알게 된 순치제는 생명이 얼마 남지 않았음을 직감하고 왕문정을 시켜 유서를 작성하도록 지시했다는 것이다. 순치는 그 후 며칠을 버티다가 결국 병사하였다.

《청조집(青瑚集)》에는 순치제의 죽음을 맞아 당시 조정이 어떻게 움직였는지 부분적으로나마 알 수 있는 내용이 전한다. 순치제가 서거하자 조정은 민간에 영을 내려 '콩을 볶지 말고 호롱불도 켜지 말며 물을 뿌려서도 안 된다. 황제가 천연두에 걸렸기 때문

양심전, 청
명대에 건조된 양심전은 청대에 와서 일부분을 증축하였다. 이곳에서 순치황제가 사망하였다.

이다' 라고 지시하였다. 청사(清史) 연구가 맹삼(孟森)이 발표한《세조출가사고실(世祖出家事考實)》역시 순치가 천연두로 사망했음을 기록하고 있다.

이와 같이 후대의 학자들은 순치황제의 행적을 두고 출가설과 천연두 사망설을 주장하며 갑론을박을 계속하고 있다. 과연 역사의 기록대로 순치황제는 천연두로 사망하였을까, 아니면 아끼던 동악을 잃고 마음의 병이 깊어져 죽은 것일까? 그도 저도 아니면 허수아비나 다름없는 황제의 신분을 훌훌 벗어던지고 자유인이 되기 위해 궁궐을 빠져나간 것일까?

아이가 바뀌었다? 건륭의 출생을 둘러싼 논란

기록은 전한다. "궁궐로 들여보낸 아이는 오랜 시간이 지난 후 진씨 일가의 품으로 돌아왔다. 그러나 놀랍게도 사내아이가 아니라 여자아이였다. 아이가 뒤바뀐 것이다……."

건륭(乾隆)황제는 청조가 수립한 역대 황제 중에서도 가장 뛰어난 업적을 남긴 왕으로 회자된다. 이처럼 위대한 황제의 혈통을 의심한다는 것은 감히 있을 수 없는 일로서 그가 만주족의 정통 후손이라는 사실은 정사(正史)를 통해서도 능히 확인할 수 있다. '고종(高宗: 건륭을 말함)…… 순수 혈통의 황제(皇帝)로 홍력(弘力)이라고 불렀다. ……세종(世宗) 헌황제(憲皇帝)의 넷째 아들로 모친은 효성(孝聖) 헌황후(憲皇后) 유호록씨(鈕

청 고종 건륭 상

청 고종(高宗) 건륭(乾隆), 이름은 애신각라(愛新覺羅) 홍력(弘曆)이다. 호는 장춘거사(長春居土), 신천주인(信天主人)이다. 말년에는 고희천자(古稀天子), 십전노인(十全老人)이라고 불렸다.

효성 헌황후 반상, 청

효성(孝聖) 헌황후(憲皇后) 유호록씨(鈕祜祿氏), 강희 50년, 그녀는 아들을 낳았다. 비록 옹친왕(雍親王)의 장자는 아니지만 나중에 이 아이가 헌황후에게 부귀영화를 가져다주는데, 바로 건륭황제인 홍력이다.

祜祿氏)이다. 강희(康熙) 50년(1711) 신묘년(辛卯年) 8월 13일 자시(子時)에 옹화궁(雍和宮)에서 탄생하였다.'

정사의 기록은 건륭황제의 생부와 생모, 출생지, 출생 연월일까지 상세히 밝히고 있다. 따라서 건륭의 혈통을 입증하는 가장 정확한 문헌이라고 볼 수 있다. 하지만 이와 같은 기록은 오로지 정사의 기록일 뿐이다. 청조 말기, 민간에서는 건륭황제를 둘러싸고 정사의 기록과 다른 해괴한 소문이 일파만파로 번져나갔다. 소문의 내용은 건륭황제가 '절강 해녕(海寧)의 진(陳)씨 가문의 아들' 이라는 해괴한 유언비어였다. 소문은 위로는 궁궐의 고관대작에서 아래로는 민가의 세 살 먹은 아이까지 모르는 사람이 없을 만큼 널리 퍼져나갔다. 그렇다면 소문의 진상은 과연 무엇일까?

패관(稗官)과 야사(野史)를 주로 다루는 문인들은 건륭황제의 출생을 흥미 위주로 앞다투어 기록하기 시작했다. 예를 들어《청조야사대관(淸朝野史大觀)》의 기록을 보면 다음과 같은 내용이 전한다. '옹정제(건륭황제의 아버지)가 아직 황태자의 신분으로 궁궐에 머물고 있던 시절, 그는 당시 해녕(海寧)의 진(陳)씨 일가와 두터운 친분을 나누고 있었다. 바로 그해, 출산을 앞둔 옹정제의 황후가 여자 아이를 출산하였다. 공교롭게도 같은 날 진씨 일가의 집안에서도 남자 아이를 출산하였다. 두 아이는 신기하게도 한날한시에 태어났기에 생년월일시가 일치하였다. 이 사실을 알게 된 옹정은 크게 기뻐하며 진씨의 사내아이를 궁궐로 데려오게 하였다. 궁궐로 들여보내진 아이는 오랜 시간이 지나 진씨 일가의 품으로 돌아왔다. 그러나 놀랍게도 사내아이가 아니라 여자 아이였다. 아이가 바뀌었다는

사실을 알게 된 진씨 집안은 발칵 뒤집혔다. 그러나 황
실의 권위에 함부로 대항할 수는 없었다. 그 후 옹정제
와 진씨 일가는 서로 이 일을 함구하기로 협약을 맺었
다. 머지않아 옹정이 왕위를 계승받게 되었는데, 진씨
일가의 사람을 특별히 등용하였다.'

이와 같은 기록이 정확하다면 뒤바뀐 진씨 일가의
아이가 훗날 건륭황제가 되었다는 사실을 미루어 짐작
할 수 있다. 그렇다면 해녕 진씨는 과연 어떤 인물인
가? 《청비사(淸秘史)》의 기록에 의하면 진씨는 조정의

건륭 칙명(敕命)의 직인, 청

원로대신으로 평생 동안 강희(康熙), 옹정(雍正), 건륭(乾隆)의 3대 왕조를 모셨다
고 전해지는 인물이다. 명나라 말기에 관직에 나간 진씨는 점차 명성을 얻었다.
청조에 투항한 후부터는 일등품의 관직에 올랐다. 그 후 진세관(陳世倌)과 진원용
(陳元龍) 부자(父子)와 숙부, 조카 들까지 모두 등용되어 최대의 전성기를 누렸다.
강희 연간 옹정제는 진씨 일가와 두터운 친분을 나눴다는 것이다. 양가의 아이가
뒤바뀐 사건은 그런 와중에 발생했다. 건륭이 즉위한 뒤로, 진씨 일가에 대한 왕
실의 비호가 더욱 두터워진 것도 뒤바뀐 아이와 모종의 관계가 있지 않나 의심을
갖게 한다.

이와 관련하여 《청사고(淸史稿)》에는 '옹정 11년(1733), 진은 연로해지자 스스
로 관직에서 물러날 것을 자청하였다. 옹정제는 태자 태보함(太子太保啣)이란 직
책을 내렸고 그가 궁궐을 떠나던 당일, 술과 음식을 내리고 육부(六部) 만한(滿
漢)의 모든 관리로 하여금 환송하도록 하였다' 는 내용의 보다 상세한 기록이 전
한다. 이런 대우는 매우 이례적인 것으로 옹정제와 진의 특별하고 돈독했던 우정
을 짐작할 수 있다. 게다가 건륭 역시 재위 기간 내내 수차례 강남 지역을 시찰함

〈채지도(采芝圖)〉, 청, 랑세녕(郎世寧)

한족의 의상을 걸친 그림 속의 청년은 홍력의 어린 시절과 청년기를 묘사하고 있음을 알 수 있다. 랑세녕은 건륭황제가 즉위하기 전에 이 그림을 그렸다고 한다.

으로써 그것을 핑계로 해녕의 진씨 일가를 방문한 것이 아닌가 하는 추측을 낳게 한다. 한술 더 떠 건륭황제가 은밀히 해녕의 본가를 방문하여 밤이 되면 조상에 대한 제를 올렸다는 소문까지 퍼졌다.

그러나 역사학자들은 민간에서 전해지는 내용을 터무니없는 낭설로 규정한다. 학자들은 구체적으로 《해녕발해진씨종보제5수(海寧渤海陳氏宗譜第五修)》와 《서건설가보(徐乾雪家譜)》를 근거로 내세우는데, 두 권의 연보(年譜)에 의하면 진원용에게는 원래 두 명의 딸과 아들 한 명이 있었다고 한다. 그러나 아들은 건륭제가 태어나기도 전에 이미 죽었으며, 건륭 20년, 남은 딸들마저 세상을 떠났다는 것이다. 또한, 건륭황제가 태어나던 강희 50년 8월은 진원용의 아내가 50세를 넘긴 때였으며 그의 소실 역시 세상을 떠난 이후였다. 그해 9월에는 아내마저 세상을 떠났다. 따라서 진씨의 아이와 옹정의 아이가 뒤바뀌었다는 야사의 기록들은 전혀 사실과 부합되지 않는다는 것이다.

뿐만 아니라 옹정제는 많은 자손을 둔 황제로 유명하다. 열 명에 달하는 자손 중에서 딸은 여섯 명이었고, 홍력(건륭)이 태어났을 당시 이미 여덟 살짜리 아들이 있었다. 옹정에게는 이미 후사를 이을 아들이 있었으므로 굳이 진씨의 아이를 데려올 아무런 이유가 없었다. 따라서 황제가 해녕 진씨 일가를 각별히 대우했던 것과 건륭황제와는 아무런 관련이 없다는 것을 확인할 수 있다. 다만 진씨 일가에 대한 황실의 극진한 대우는 삼대에 걸쳐 혁혁한 공을 세운 조정의 원로에 대한 예우로 해석하는 것이 합당할 듯하다. 아울러 건륭이 해녕을 방문한 사실은 황제로서 해당 지역을 감독하고 시찰하기 위한 것에 지나지 않았다.

일각에서는 건륭황제가 한족의 의상을 즐겨 입었다는 기록을 내세워 혈통에 의구심을 나타내지만 이러한 주장 역시 설득력은 없다. 청대에는 건륭황제뿐만 아니라 황후와 후궁들도 한족의 의상을 자주 입었기 때문이다. 아이가 뒤바뀌었다는 구전 역시 믿을 게 못 된다는 게 학계의 한결같은 주장이다. 당시 출생 제도에 따르면 청대 황실에서는 아이가 탄생하면 반드시 종인부에 보고를 해야 했으며 따라서 아이가 뒤바뀌는 일은 궁중의 엄격한 체계상 있을 수 없는 일이었다고 한다.

그렇다고는 해도 여전히 의문은 남는다. 청나라 말기에 민간을 중심으로 이와 같은 소문이 뿌리 깊게 퍼져나간 이유는 무엇일까?

〈평안춘신도(平安春信圖)〉, 청, 랑세녕
이 그림은 청조 궁정화가인 랑세녕의 작품으로 한족의 복장을 한 옹정과 건륭 두 부자가 대나무 숲에서 휴식을 취하는 모습이 묘사되어 있다.

혹시 청 왕조를 저해하고자 했던 일각의 음모와 한족이 다스리던 왕조의 복권을 꿈꾸었던 백성들의 마음이 맞아떨어졌던 것은 아닐까?

옹정제의 죽음은 암살일까, 자연사일까

건강하던 옹정제가 갑자기 죽자 역사는 그의 죽음을 자연사로 기록한다. 그러나 민간에서는 그의 암살설이 꾸준히 제기되어왔다. 또 일각에서는 그가 오랫동안 단약을 복용한 사실을 상기하며 약물중독설을 조심스럽게 제기하고 있기도 하다. 옹정제의 죽음은 여전히 베일에 가려져 있다.

청 옹정(擁正) 13년(1735) 8월 23일 새벽, 원명원(元明圓)의 구주청연전(九洲淸宴殿)에 잠들었던 세종(世宗) 옹정은 다시는 눈을 뜨지 못하고 돌연 사망하였다. 마지막 숨을 거두기 직전까지 옹정에게서는 아무런 죽음의 징후도 나타나지 않았고, 갑작스러운 죽음에 대

옹정제 상

한 온갖 억측 속에서 역사의 뒤안길로 사라졌다. 옹정은 과연 자연사한 것일까, 아니면 그의 죽음 뒤에 다른 세력이 개입되어 있었던 것일까?

역사는 세종 옹정의 사망에 관하여 그 관점을 달리한다. 판본의 기록 역시 다양하다. 예를 들어 청조의 관료가 쓴《청실록(淸實錄)》,《청사고(淸史稿)》,《기거수책(起居手冊)》과 같은 사료들은 옹정제의 사망을 단순한 자연사로 결론짓고 있다. 아무도 예기치 못했던 옹정의 사망은 죽음의 징후에서 죽음에 이르기까지 단지 사흘이라는 짧은 시간이 소요되었을 뿐이며 따라서 대부분의 사람들은 사망 원인을 급성질환으로 추측했다. 관료주의적 관점에 입각한 사료는 옹정의 죽음이 병으로 인한 사망이라는 공통된 결론을 내리고 있다.

그러나 당시 민간에서는 자연사가 아니라 여사랑(呂四娘)에 의해 암살되었다는 소문이 널리 유포되었다. 그렇다면 이런 소문이 나게 된 배경은 무엇일까? 사건은 증정(曾精)과 여유랑이 조정에 한 장의 상소문을 올리던 시기로 거슬러 올라간다. 당시 조정은 그들이 올린 상소문으로 발칵 뒤집혔고, 그 사건은 훗날 옹정제 암살설의 시초로 이어졌다. 상소문의 배경에 대하여 조금 더 알아보자.

옹정제는 성질이 사납고 난폭하여 폭군으로 널리 이름을 떨쳤다. 그의 등장은

옹정제의 옥인, 청

시작부터 예사롭지 않았다. 그는 자신의 부모를 폐위시키고 형제를 살육하였으며 뜻을 달리하는 반대파를 무자비하게 숙청하고 황제에 오른 인물이었다. 황상에 오른 뒤에도 옹정은 옳은 말을 하는 조정의 공신을 극형에 처했을 뿐만 아니라 문자옥(文字獄)에 연루된 무고한 문인들을 사형에 처하거나 유배시켰다. 또한 그는 청 정부가 설립된 이래 가장 강력한 민족 억압정책을 펼쳤으며 옹정의 폭압적인 통치에 불만을 품은 한민족의 원성은 날로 높아갔다.

옹정 6년, 호남(湖南) 출신인 증정은 자신의 일파인

장희(張熙)를 시켜 산협(山陝)의 총
감독인 악종기(악비의 후손)에게 옹
정의 10대 죄악을 열거하는 한편,
반청에 동참할 것을 권유하는 서한
을 보낸다. 그러나 이와 같은 사실
이 발각되어 그는 감옥에 갇히는
신세가 되었고, 고문 끝에 여유량

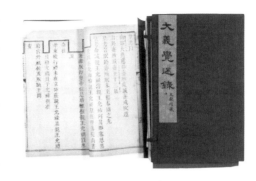

《대의각미록(大義覺迷錄)》, 청, 옹정

의 저서와 사상에 영향을 받아 반청 의지를 품게 되었음을 자백하였다. 청조 초
기 사상가인 여유량은 많은 저서를 펴냈으며 옥수인(玉守仁)의 심학(心學)에 반대
하고 주회(朱憙)의 이학(理學)을 존중하였다. 또 그가 주장해온 반청복명(反淸復
明)과 민족사상은 폭넓은 지지 기반을 토대로 당시 사회에 커다란 영향을 미치고
있었다.

분을 참지 못한 옹정은 이미 사망한 여유량과 그의 장자 여보중(呂葆中) 부자의
묘소를 파헤치는 부관참시를 명령했다. 뿐만 아니라 여유량의 후손인 여의중(呂
毅中)을 참수형에 처한 후 여씨 일가를 모두 유배시키고 여유량의 문하생들에게
박해를 가하였다. 거기에 그치지 않고
옹정은 《대의각미록(大義覺迷錄)》을 발
표하여 여유량의 학설을 반박하고 증
정의 10대 죄목을 열거하였다. 이런 사
태 속에서도 여유량의 손녀인 여사랑
은 어머니와 함께 먼 이국땅에 나가 있
었기에 다행히도 목숨을 부지할 수 있
었다.

진릉유리채용(秦陵琉璃采龍), 청

여유랑 상

여유랑(1629~1683). 자는 장생(庄生) 또는 동장(東庄)이다. 광륜(光輪)이라고 불리기도 하였다. 호는 만촌(晩村)이다. 실학을 숭상하고 민족정신을 강조하였다. 저서로 《여만촌문집(呂晩村文集)》이 있다.

옹정제 도장상(道裝像), 청

옹정제와 도사들 간의 왕래는 즉위 이전부터 시작되었다. 즉위 후에도 옹정은 궁중에 도사를 불러들였고 백운관(白云觀) 등지의 도사와 왕래를 지속하였다. 옹정의 죽음은 그가 복용한 단약이 결정적인 영향을 끼쳤을 것이다.

여씨 일가 중에서 유일하게 살아남은 여사랑은 옹정에게 참혹한 죽음을 당한 부모의 원수를 갚기 위하여 명산에 은거하면서 무예를 익혔다고 전한다. 전국을 유랑하던 그녀는 천하의 호걸들과 연합하기를 즐겼고 마침내 감봉지(甘鳳池) 등의 인물과 '강남북팔협(江南北八俠)'을 결성하기에 이른다. 그리고 옹정이 죽던 그날 밤, 즉 옹정 13년 가을, 궁궐로 침입한 여사랑은 옹정황제의 머리를 베어 암살하고 유유히 사라진다.

그러나 이렇듯 통쾌한 복수극을 담은 여사랑의 이야기는 전해오는 판본도 가지각색이고 인명마저 들쭉날쭉하여 정사의 기록과는 많은 차이를 보인다. 《만청외사(滿淸外史)》, 《청궁유문(淸宮遺聞)》, 《청대이술(淸代異述)》 같은 문헌들이 대표적인 예인데 다양한 판본으로 인해 후세인의 혼란이 가중되자 학자들은 객관적인 고증을 통하여 그 진위를 구별해야 할 필요성을 느끼게 되었다. 따라서 옹정제의 죽음과 관련된 연구는 다시 한 번 학자들의 도마 위에 오르게 되었다.

당시 옹정제는 여유랑의 후손들이 은밀하게 반청의 사상을 전파하지나 않을까 두려워 '혹시 생존하고 있을지도 모르는 여씨의 후손을 끝까지 수색하고 만약 여유랑의 자손을 숨겨주거나 법망을 피하도록 돕는 사람이 있다면 죄를 물어 엄벌에 처하겠다'는 칙명을 내린 상태였다. 양계초(楊啓樵)는 이를 두고《옹정제와 기밀제도의 연구(雍正帝及其密折制度研究)》를 통해 당시 옹정제가 내렸던 칙령을 가리켜 단지 여유랑 일가를 몰살하기 위한 의도였을 뿐, 특정한 인물인 여사랑을 염두에 두고 내린 명령은 아니라고 보았다. 한 발 더 나아가 양계초는 여사랑이 허구의 인물일 가능성이 높다고 보았다. 설사 당시 청

태상노군구사보(太上老君驅邪寶), 청

옹정 재위 기간에 입궁하여 단약을 만들던 도사에게 제작해준 도장이다. 도교의 신 '태상노군(太上老君)'을 새겼다.

왕조의 법망을 빠져나간 여유랑의 후손이 존재한다고 해도 원명원(圓明園)의 삼엄한 경계를 뚫고 침입하기란 여자의 몸으로 거의 불가능한 일이라고 보았기 때문이다. 여사랑의 복수설은 옹정제의 죽음을 통해 반청의 깃발을 들고자 한 한족의 저항 심리가 작용한 것이라고 보았으며, 구중궁궐의 베일에 가려 있던 왕실과 옹정의 죽음을 신비주의적인 관점에서 호사가들이 꾸며낸 이야기일 뿐이라고 일축하였다. 진원(陳垣) 역시《기여만촌자손(記呂晚村子孫)》에서 여유랑의 후손 중에는 여사랑이란 이름을 가진 인물이 없음을 지적한 바 있다.

옹정의 죽음을 둘러싼 논쟁은 이렇듯 여사랑의 실존 여부로까지 파급되었고 의혹은 더욱 증폭되어만 갔다. 그런 가운데 학자들은 옹정제의 죽음이 자연사가 아님을 엿볼 수 있는 새로운 기록 하나를 찾아냈다. 그것은《악이태전(鄂爾泰傳)》으로 옹정이 사망하던 당시 악이태의 행적을 기록한 글이다. 《악이태전》에 의하면 '조정에서 황제를 접견할 당시에는 평소와 다름없어 보였고 고통스러워하는 것을 전혀 느끼지 못했다. 오후가 되자 돌연 옹정이 사망하였기에 외부에 황제의 서거를 알렸다. 악(鄂)은 안장도 얹지 못한 채 쉬지 않고 말을 달려 입궁을 서둘렀다. 넓적다리에 상처가 나서 계속 피가 흘렀으나 멈추지 않았다. 궁에 입궐한

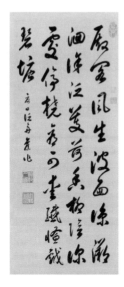

하일범주시(夏日泛舟詩), 청, 옹정

악은 사흘 밤낮을 머무르는 동안 한 끼의 식사도 하지 않았다'고 기록되어 있다.

일부 야사는 이와 같은 기록을 근거로 '당시 옹정의 상태가 평상시와 크게 다를 바 없었다는 것만으로도 암살에 대한 타당성을 부정할 수 없다. 이는 결코 괴이하며 황당한 이야기로 치부되어서는 안 된다'고 지적하였다.

일각에서는 다른 주장을 제기하였다. 특히 양계초는 옹정이 평소 단약을 복용해왔던 사실을 주지시키며 이를 반박하였다. 그는 옹정의 죽음은 약물중독에 의한 사망이라고 주장하였다. 옹정제는 생전에 불교를 숭상하였을 뿐만 아니라 도교와 미신, 귀신 따위를 믿었다고 한다. 그는 수많은 역사(力士)와 검객을 조직하였고, 심지어 도인들과 의형제를 맺기도 하며 후한 대접을 아끼지 않았다. 이로써 옹정이 그들과 매우 돈독한 관계를 유지하였음을 알 수 있으며, 옹정이 남긴 저서인《어제문집(御制文集)》에서도 신선숭배와 단약에 관한 내용을 다루고 있다는 사실을 지적하였다.

옹정 4년, 도사가 조제한 단약을 복용하기 시작한 황제는 옹정 8년에 건강이 악화되자 도술사에게 부탁하여 치료약을 만들도록 하였다. 옹정 13년 8월, 도술사가 조제한 단약이 원명원으로 전달되었는데 대부분이 독성이 매우 강한 성분을 함유하고 있었다고 한다. 이러한 약을 장기적으로 복용할 경우 인이 박이는데, 중독 증세에 관한 사례는 무수히 많다. 옹정은 이 단약을 거의 10년 간 복용하였으므로 강한 독성 물질이 체내에 축적되어 결국 약물중독에 의해 사망에 이른 것으로 추정된다. 그가 복용한 단약 중에는 2백 근에 달하는 소의 혀로 조제한 약도 있었는데 이것이 치명적인 영향을 미쳤다는 설도 있다.

옹정의 약물 과다 복용에 관한 여러 가지 견해는 나름대로 충분한 타당성을 가지고 있으며 여사랑에 의하여 암살당했을 가능성 역시 전혀 배제하기 어렵다. 비밀을 밝히기 위한 노력은 지금도 계속되고 있으며 결론은 쉽게 나지 않을 것으로 보인다.

태릉(泰陵), 청
청조 제5대 황제 옹정제와 효경선황후(孝敬憲皇后), 효소황귀비(孝肅皇貴妃)를 모셔놓은 능으로 매우 큰 규모를 자랑한다.

매독과 동치황제

열아홉의 나이로 천연두에 걸려 죽은 청나라 동치황제. 그의 죽음을 두고 의견이 분분한 이유는 천연두의 증세가 매독 증세와 유사했기 때문이다. 나아가 절대권력이었던 서태후의 힘이 동치황제를 억누르고 있었던 점도 세간의 의혹을 사고 있는 중요한 이유이다. 동치제는 과연 친엄마였던 서태후에 의해 살해되었을까, 아니면 천연두로 기록된 매독에 걸려 불행한 삶을 마감했던 것일까?

동치제 상

1875년 1월 12일, 놀라운 비보가 장안에 전해졌다. 자금성으로부터 흘러나온 소식은 열아홉 살의 동치황제가 서거하였다는 믿지 못할 내용이었다. 동치황제의 죽음은 그가 친정(親政)을 시작한 지 3년도 채 지나지 않은 시기에 발생한 것이었으며 그로 인해 세간에는 무수한 억측이 생겨났다.

인구에 가장 많이 회자되었던 소문은 자희(慈禧), 즉 서태후가 어린 황제를 암살했다는 끔찍한 내용이었다. 동치황제는 1856년에 태어났는데, 다섯 살이 되던 해 아버지 함봉(咸丰)황제가 죽었다. 동치황제가 즉위한 후에는 생모인 서태후 등이 일으킨 정변으로 정권을 내주었으며, 서태후는 함봉황후인 유호록씨(鈕祜祿氏)와 공동 섭정하면서 '동치(同治)'라는 연호를 사용하기 시작했다.

천연두를 앓은 동치제의 진료 기록, 청

서태후는 동치황제가 17세에 이르자 표면적으로 '정권 반환'을 하는 척했으나 실제로는 여전히 대권을 독식하였다. 동치황제는 허울만 군주의 자리에 앉아 있을 뿐 실질적인 권한이 전혀 없었으며 일거수일투족을 서태후에게 감시당했다. 이로 인해 동치제의

동치제가 사망하던 날의 진료 기록, 청

시름은 끊일 날이 없었다. 황후 역시 서태후의 미움을 받아 감시와 견제를 집중적으로 받았다. 비행간(費行簡)의 《자희전신록(慈禧傳信錄), 목종치명(穆宗致命)》에 의하면 동치제의 스승이었던 왕경기(王慶琪)는 파직 후 당시 상황을 다음과 같이 기록하였다.

'동치제의 친정(親政) 직후에도 여전히 태후는 독단적으로 정권을 휘둘렀으며, 황권에 대한 간섭과 제한이 극심하여 황제의 불만을 샀다. 태후를 위해서라는 명목 아래 화원을 짓기도 하였지만 동치제의 솔직한 심정은 서태후를 연금해 다시는 왕권에 간섭하지 못하게 하는 것이었다. 그러나 동치의 계획은 서태후에게 노출되었고 서릿발같이 노한 서태후는 아들을 죽이라고 명령을 내렸다.'

금양(金梁)의 《사조일문(四朝軼聞)》 역시 이와 유사한 내용을 기록하고 있다. 그러나 금양은 이와 같은 증언이 동치제를 잘 아는 측근에 의해 이루어지긴 했지만 믿을 건 못 된다고 기록하였다. 하지만 분명한 사실

동치제의 옥인

은 서태후가 생전에 일삼았던 전제 폭정으로 인하여 동치제가 불행한 인생을 살았다는 점이다. 이런 사정으로 미루어 서태후가 동치황제를 암살하려고 했을 가능성 또한 전혀 무시할 수는 없는 것이다.

그러나 서태후의 암살설은 추론만 난무할 뿐 구체적인 증거는 발견되지 않았다. 일부 사람들은 서태후가 동치황제의 생모임을 들어 아무리 극악무도한 서태후라도 자신의 친아들을 죽이지는 못했을 것이라는 의견을 피력하고 있다. 당시 동치황제의 공식적인 사인은 '천연두'였으며 동치황제의 스승인 옹동화(翁同龢) 역시 그의 일기를 통해 왕실의 발표처럼 동치의 죽음이 천연두임을 증명하였다.

효철황후 조복 상
자희 서태후는 동치제 재형(載淳)이 열일곱이 되던 해 비로소 정권을 돌려주었다. 동치 11년(1872) 2월, 내무부 대신의 딸을 궁에 들였다. 동치제는 한림원 숭기(崇綺)의 딸 아노특씨(阿魯特氏)를 황후로 맞이하고 부찰씨(富察氏)를 귀비로 삼았다. 9일, 혼례를 거행하였다.

'11월 초이틀, 내무부 대신이 처소에 들렀다. ……왕실 어의(御醫)인 이덕입(李德立)과 장수(庄守)가 맥을 짚었을 때는 이미 천연두에 감염된 지 사흘이 지난 뒤였다. 맥박은 가늘었고 극심한 갈증을 호소하였다. 요통 증세가 심해져 귀까지 짓무르기 시작했으며 나흘째 되는 날에는 대변을 가리지 못함은 물론 식음을 전폐하고 구토하였다.'

옹동화의 기록은 동치황제가 발병한 날로부터 사망에 이르는 기간 동안 자신이 문병을 다니며 직접 목격한 사실만을 적어놓은 것으로 신빙성이 매우 높다. 게다가 당시 천연두로 사망한 사람은 비단 동치황제 하나뿐만이 아니었다. 같은 해 29일에는 서태후의 다른 딸 역시 천연두에 걸려 사망하였다. 당시 천연두는 마땅한 치료약이 없었기에 감염되기만 하면 바로 죽음에 이르는 매우 치명적인 질병이었다. 따라서 황제였던 동치 역시 천연두에 걸렸을 확률이 높으며 천연두에 의한 사망은 극히 자연스러운 죽음이라 할 수 있겠다.

옹동화의 증언 이외에도 청의 왕실인 만세전에서 복용하거나 외부에서 유입된 약품 등을 기록해놓은 의료 장부에서도 이와 같은 사실을 재차 확인할 수 있다. 의료 장부는 동치황제의 발병과 사망에 이르기까지 나타난 증세와 처방전, 복용했던 약품 등에 관한 모든 기록을 수집해놓은 귀중한 자료이다. 동치황제를 직접 진단하고 치료했던 이덕응과 장수의 처방전 등을 당시 경사방(敬事房) 태감이 기록해놓은 자료로 동치황제의 사인을 규명하는 데 가장 확실한 역사적 근거가 되고 있다.

그러나 민간에서는 이러한 기록과 별개로 해괴한 소문이 떠돌았다. 그것은 동치황제가 사실은 매독에 걸려 죽었다는 소문이었다. 《청조야사대관(淸朝野史大觀)》에서 전하는 바에 의하면 본래 동치제는 효철(孝哲)황후와 금실이 매우 좋았는데 서태후의 미움을 산 뒤로 효철황후의 수모는 이만저만이 아니었다고 한다. 항상 태후의 질책에 시달려야 했으며 심지어는 황제와의 부부 생활까지 간섭받았다. 뿐만 아니라 서태후는 동치를 억지로 자신이 정한 비(妃)와 침소에 들도록 강요하기까지 하였다. 따라서 이를 견딜 수 없었던 동치제는 궁중 생활에 극심한 염증을 느끼게 되었다.

결국 정치에 뜻을 잃고 화류계에 빠지게 된 동치제는 결국 성병에 걸려 죽게 되었으며, 왕실에서는 이를 당시 유행하던 천연두로 위장했다는 것이다. 매독의

곤녕궁(坤寧宮) 대혼동방(大婚洞房), 청
곤녕궁은 청대 황제의 혼례를 거행하던 장소이다. 동치제와 효철황후의 혼례도 이곳에서 거행되었다.

立德踐行當四科之首蘇文碩學爲百氏之宗忠讜鑿于臣節
貞規存乎士範述職中外服勞社稷靜專由其直方動用謂之
懸解山公啓事清彼品流刜孫制禮光我王度惟是一有實貞
萬國力乃稽古則思其人
臨顔真卿自書告

임안진경자서고첩(臨顔眞卿自書告帖),
청, 동치제

병세는 천연두와 매우 흡사하여 초기에는 아무런 증상이 없지만, 나중에는 발열과 함께 갈증이 심해진다. 동치제는 요통과 변비 등의 증세를 보였는데 피부에 붉은 반점이 나타나기 시작하면서 나중에는 얼굴에까지 반점이 올라왔다고 한다. 반점을 짜내면 붉은 종기가 돋았는데 악취마저 진동하였다. 그래서 서태후는 궁궐 내의 모든 거울을 치워 동치제가 자신의 얼굴을 보지 못하게 하였다고 한다.

동치제의 증세를 진찰한 태의 역시 황제의 병이 성병임을 알아차렸지만, 황실의 체면이 걸린 일이라 감히 입 밖에 내지 못하였다고 한다. 태의는 정확한 병명을 내리지 않은 채 일단 치료에 힘썼으나 동치는 곧 사망하고 말았다고 전한다.

동서고금을 막론하고 막강한 힘과 권력을 지닌 인물에 대해서는 무조건적이고 맹목적인 경외감과 신비감이 존재하는 것이 당연한 일이다. 특히 역대 황제에 관한 기록에 과장과 미화가 첨가되는 경우는 역사상 그 유래가 흔하다. 따라서 청 왕실이 전하는 동치황제에 관한 기록 역시 성병이라는 사실을 숨기기 위하여 천연두로 위장하였을 가능성이 다분한 것이다.

당시 동치황제는 채 스무 살이 안 된 혈기 왕성

한 나이였다. 그에 반해 서태후의 섭정과 간섭은 도를 지나친 것이었다. 동치제는 황제 고유의 권한을 침해당하고 자신이 아끼는 황후의 침소에 드는 것조차 방해받았으니 서태후에게 원한을 품는 것도 당연한 일이었을 것이다.

그런 연유로 단조롭고 지루한 궁궐의 일상에 권태를 느낀 동치황제는 풍류를 찾아 궁궐 밖으로 자주 외출을 나갔다고 한다. 풍류를 즐기는 일로 소일하던 동치제가 민가의 거리를 방황하다가 기생의 유곽에 들렀을 가능성도 전혀 배제할 수 없다. 이런 연유로 여색에 빠진 동치제가 성병에 감염되었을 거라는 추정 역시 가능하다.

당시 동치황제의 병세에 관하여 이덕입(李德立)은 "처음 황제를 진찰했을 때 이미 성병 초기 증세가 있었다. 하지만 황제와 황실의 명예와 체통이 걸린 일이므로 함부로 입을 놀릴 수가 없었다"고 훗날 증언한 바 있다. 그러나 《청조야사대관》의 또 다른 기록은 '황제는 천연두에 걸려 일어나지 못하였으나, 사람들은 화류계의 병이라고 의심하였다' 고 함으로써 성병설을 세간의 의혹에 의한 확대해석으로 적고 있다.

천연두라고 공식 발표된 동치제의 병명이 성병의 일종인 매독과 그 증세가 유사했던 것은 틀림없는 사실로 보인다. 따라서 '성병설' 은 자연스럽게 세간으로 흘러 들어갔을 것이다. 또한 황제의 신분

혜릉(惠陵), 청
동치 13년(1874) 10월 30일, 동치제의 병은 위중하였다. 천연두라는 진단을 받고 12월 5일 양심전에서 세상을 떠났다. 당시 동치제는 향년 19세에 혜릉에 안장되었다.

으로 세간의 유곽을 돌며 무분별한 정사를 벌였을 가능성 또한 별로 신뢰할 수 없는 추측이다. 그렇다고는 해도 황제의 병이 '천연두'라는 기록 또한 의심의 여지는 충분하다. 어떤 식으로든 서태후라는 거대 권력이 황제의 죽음 뒤에 도사리고 있었던 것은 분명해 보이지만 그것 역시 정확한 증거는 없다. 중요한 사실은 동치제가 불과 열아홉의 나이에 죽었다는 것이며, 서태후의 권력이 동치제를 짓누르고 있었다는 점일 것이다.

3장 장수 열전

—역사를 위해 죽어간 사내들

항우는 왜 하필 자살을 결심했을까

기원전 202년, 초나라의 항우는 해하에서 유방의 군대와 운명을 건 일전을 벌이고 있었다. 며칠 동안 밀고 밀리는 격전이 계속되었다. 그러나 역사는 유방의 편이었다. 10만에 달하는 초나라 군사를 모두 잃은 항우는 오강으로 도망친 후 죽음을 맞는다. 항우는 왜 오강을 건너가 후일을 도모하지 않았을까?

항우 상

항우(기원전 232∼202). 이름은 적(籍), 자는 우(羽)이다. 진나라 말기 하상현(下相縣: 지금의 강소성 수천 서남) 사람이다. 전국 말기 초나라의 명장이었던 항연(項燕)의 후손으로 숙부인 항양(項梁)을 따라 오(지금의 강소 소주)로 왔다. 진 2세 원년(기원전 209) 항양은 군사를 일으켜 회왕의 손자 심(心)을 초나라의 왕으로 옹립하였다. 진의 장군 장한(章邯)은 거록(巨鹿)을 포위하였다. 얼마 지나지 않아 군사를 이끌고 진의 왕 자영(子嬰)을 죽이고 함양을 함락시켰다. 기원전 206년, 제후로 봉하여졌고 유방은 한나라의 왕이 되어 스스로 서초(西楚)의 패왕(覇王)이라고 불렸다. 초한 전쟁 발발 후, 기원전 202년 12월 해하(垓下)에서 유방에게 포위당한 후, 오강에 이르러 자살하였다.

'역발산기개세(力拔山氣盖世)'는 태산을 뽑아낼 힘과 천하를 호령할 기개를 지녔던 초나라 장수 항우(項羽)를 일컫는 말이다. 그러나 항우는 이처럼 뛰어난 힘과 무공을 지녔음에도 불구하고 자신보다 열두 살이나 어린 농민 출신의 유방(劉邦)에게 천하의 주인 자리를 내주며 비극의 죽음을 맞는다. 이름하여 '해하의 비극'이었다.

이로 인해 역사상 많은 학자들이 항우의 최후에 대하여 꾸준히 의문을 제기해왔다. 항우가 비록 사면초가의 위기에 몰리긴 했지만 그렇다고 도망칠 수 없는 상황이 아니었기 때문이다. 도대체 항우는 무슨 이유로 오강을 건너지 않았을까? 어째서 강동 땅으로 가지 않고 죽음을 선택한 것일까?

항우가 강을 건너지 않은 이유를 가리켜 사마천은 《사기(史記) 항우본기(項羽本紀)》를 통해 '항우는 스스로 목숨을 끊었으며 그가 강동으로 가지 못한 이유는 강동에 있는 부형들의 낯을 보기 부끄러웠기 때문'이라고 기록하였다. 이것은 가장 일반화되어 있는 정설이며 우리가 알고 있는 것도 같은 내용이다.

항우는 유방의 군대가 추격해오자 퇴각하던 중 오강(烏江)에 이르렀다. 해안에서 배를 대고 있던 오강의 정장(亭長)은 항우에게 이렇게 말했다. "강동이 비록 협소하다고 하나, 사방이 천리에 이르고 사람의 수는 10만을 헤아린다고 합니다. 그곳에 가서 왕이 된다고 해도 부족할 것이 없습니다. 대왕께서는 어서 강을 건너십시오. 오늘 떠나는 배는 오직 저 한 척뿐이니, 한나라 군대가 쫓아온다 해도 강을 건너지는 못할 것입니다."

정장의 말을 들은 항우는 쓴웃음을 지으며 "이미 하늘이 나를 버렸는데, 내 어찌 강을 건너랴. 강동의 군사 8천 명을 이끌고 강을 건너 서쪽으로 갔지만, 한 사람도 살아 돌아오지 못하였다. 설사 강동의 부형들이 나를 왕으로 받든다 해도 내 어찌 얼굴을 들어 그들을 대하겠는가? 설령 그들이 아무런 원망의 말을 하지 않는다 해도 어찌 부끄러운 마음이 없겠는가?"라고 말한 뒤 곧이어 뒤따라온 유방의 군사들과 최후의 일전을 벌였다. 그리고 스스로

〈패왕별희도〉, 민국

목숨을 끊었다고 사마천은 전하고 있다.

이처럼 《항우본기》에는 절박한 상황에서도 영웅다운 면모를 잃지 않고 죽음을 맞는 항우의 모습이 잘 묘사되어 있다. 이로 인해, 항우의 대장부다운 기개는 대를 거듭할수록 후세인들의 칭송을 받으며 귀감이 되어왔다.

그러나 송대(宋代)에 이르러 류자휘(劉子翬)는 새로운 시각에서 항우의 죽음을 분석하였다. 《병산전집(屛山全集)》에 의하면 항우가 유방 군대의 추격이 코앞에 다다른 위급한 시각에 그처럼 자포자기의 심정이 되었던 것은 정장의 속임수 때문이라고 주장한다. 당시 항우의 목숨에는 천금(千金)과 만호(萬戶)에 해당되는 엄청난 현상금이 걸려 있었다. 곤경에 빠진 항우가 오강 근처로 퇴각하자 미리 기다리고 있던 정장은 항우의 의심을 받지 않기 위해 듣기 좋은 말로 그를 안심시켰고 항우의 심리를 역으로 이용하였던 것이다.

류자휘는 '항우는 막다른 지경에 이르자 차라리 죽음을 선택하는 것이 대장부의 도리라고 여겼다. 그래서 비겁하게 도망치기를 바라는 오강 정장의 권유대로 행동하는 것이 내키지 않았다. 더욱이 강동 부형들이 자신의 결정에 어떻게 반응할 것인가를 고민하였을 것'이라고 항우의 심리를 분석했다. 류자휘의 견해대로 항우에게 처음부터 도망칠 의사가 있었다면 정장의 도움 없이도 충분히 그 상황을 모면할 수 있었겠지만, 절박한 상황에서 심리적으로 위축되었는지도 모를 일이다.

그러나 매사에 신중하고 패기 넘치던 항우가 한순간 경솔한 판단을 했다는 것은 쉽게 납득이 가지 않는 부분이다. 일단 위기를 넘기고 나서 다시 재기할 수 있는 충분한 상황에서도 항우는 더 이

채회거마인물문경(彩繪車馬人物紋鏡), 서한

이 원형 거울의 뒤편에는 거마, 인물, 행락, 음주 등의 도안이 그려져 있고 색채가 선명하다. 정교한 기교의 수공품으로 협서에서 출토되었다.

상의 탈출구를 찾지 않았다. 오히려 현실과 부딪쳐 유방의 군대와 결전을 벌였고 결과적으로 비참한 최후를 맞이하였을 뿐이다. 류자휘의 견해는 지극히 개인적인 것이지만 역사적으로 전혀 파급효과가 없다고 볼 수는 없다.

현대로 들어와 1980년대 이후, 항우의 죽음이 자살이라는 새로운 해석이 등장하였다. 예를 들어 오여욱(吳汝煜)과 같은 이들은 계속되는 전쟁으로 백성들의 고통이 극에 달하자 이를 더 이상 지켜볼 수 없던 항우가 스스로 목숨을 끊었다고 주장하였다. 항우는 장기적인 내전이 서둘러 종결되기를 바라고 있었다. 따라서 강동으로 도피한 후에 후일을 도모하라는 정장의 권유를 저버리고 의연한 죽음을 선택했다는 것이다. 그러나 오여욱의 관점은 많은 사람들의 반발에 부딪혔다. 왜냐하면 수많은 기록을 통해 항우의 성품이 흉폭하였다는 것이 입증되었기

〈장량취소파초병(張良吹簫破楚兵)〉, 청

진나라 말기에 천하는 다툼이 끊이지 않았는데 해하에서 유방과 항우가 결전을 벌였다. 한신이 매복해 있다가, 장량이 통소로 초나라의 노래를 불렀다. 군사들은 사방에서 들려오는 통소 소리에 귀를 기울였고, 이 소리를 들은 항우는 초나라의 병사들이 모두 한의 유방에게 투항한 것으로 오해하였다. 그는 우희(虞姬)의 막사에 들어가 이 사실을 알리고 술과 음악으로 이별을 고하였고, 우희는 항우 앞에서 자결하였다. 포위를 뚫고 오강으로 퇴각한 항우에게는 남아 있는 병사가 얼마 되지 않았다. 항우는 강동 부형의 얼굴을 볼 면목이 없어 자살하였다. 그림 속에서 막사에 앉아 있는 장수는 항우이며, 옆에서 시중을 들고 있는 여인은 우희이다. 학을 타고 통소를 부는 사람은 장량이다. 이 그림은 당시 상황을 풍자적으로 묘사하고 있다.

해하 유적지

기원전 202년 유방과 한신(韓信), 팽월(彭越), 영포(英布) 등이 이곳에서 항우의 군사와 결전을 벌였다. 10만에 달하는 초나라 군사를 잃은 항우는 오강으로 도망친 후에 자살했다고 한다. 해하 유적지는 안휘성 영벽위집진(靈璧韋集鎭)에 위치하고 있다.

때문이다.

항우의 난폭함을 엿볼 수 있는 기록은 《사기》로, 진나라가 멸망하는 과정에서 항우는 도성의 주민을 모두 학살하고 20만 군사를 생매장하였다고 적고 있다. 초나라와 한나라의 전쟁이 발발한 이후에도 항우는 여전히 잔악한 행위를 멈추지 않았다. 이렇게 잔인한 인물이 국가와 백성의 고통을 종식시키기 위해 자신을 희생했다는 가설은 상식적으로 전혀 납득할 수 없다. 또한 물리적인 힘으로 천하를 다스리고자 했던 항우의 인물론을 고려해본다면 전혀 설득력이 없다는 게 오여욱의 주장에 대한 다른 학자들의 견해다.

여앙상(呂仰湘)은 항우의 심리 상태를 분석하여 죽음은 필연적인 결과라고 보았다. 항우는 수없이 많은 전쟁을 거듭하는 동안 '내 편이 아니면 모두 적이다'라는 투쟁 철학을 터득하였다. 따라서 이미 승리를 거둔 전쟁이라 할지라도 한 명의 적도 남기지 않고 모조리 소탕했다. 뿐만 아니라 구차하게 패전 장수가 되느니 차라리 목숨을 끊겠다는 결심을 굳히고 있었다. 따라서 여앙상은 항우가 오강에서의 비장한 최후를 선택했던 것은 그의 다혈질적인 성품에서 기인된 것이라고 보았다. 따라서 항우가 강동으로 가지 않은 이유는 외부의 악조건으로 인한 것이라기보다는 복잡하고 기이한 심리 구조 때문이라고 분석하였다.

여앙상의 이와 같은 분석은 장자협(張子俠)의 반발에 부딪혔다. 장자협은 항우가 강동 부형을 대할 면목이 없어서 오강을 건너지 않았다는 기록은 사실이 아니라고 주장하였다. 당시 항우는 연이은 패배로 인해 기진맥진한 상태였다. 그의 군대는 유방에게 쫓겨 퇴각하고 있었으며 그가 아끼던 애첩 우희마저 자살하고 말았다. 이러한 상황에서 항우가 받았을 부담감과 낭패스러움은 이루 말할 수조차 없는 것이었다. 게다가 남아 있는 병력이라고는 겨우 28기병에 지나지 않았으니, 혼자 힘으로 한군의 포위망을 뚫고 탈출한다는 것은 거의 불가능한 일이었다. 만약 강동의 8천여 병사가 몰살된 것과 관련하여 항우가 일말의 책임감을 느꼈다면 어째서 이전의 숱한 패전에서는 수치심을 느끼지 않았을까? 또한 그때마다 충동적으로 자살을 시도하지 않았을까?

항우는 어떤 상황에서도 과거의 실패에 연연하거나 쉽게 좌절하지 않고 늘 재기의 기회를 노렸다. 게다가 유방의 대군이 추격하는 와중에도 항우가 택한 퇴각 노선을 보면, 애초에 강동으로 탈출하여 그곳을 사수하고자 하는 의도가 전제되어 있음을 알 수 있다. 그럼에도 불구하고 돌연 마음을 바꿔 탈출을 포기한 채 막강한 유방 군대와 죽음을 불사한 결전을 벌여야만 했던 이유가 있었을까? 장자협은 항우가 스스로 파멸에 이른 것은 그의 비합리적이고 무리한 철군

옥응(玉鷹), 서한
백옥(白玉)으로 만든 조각 작품으로 주둥이 부분은 갈고리 모양이며 양 날개를 펼치고 있다. 몸체와 날개 부분에 깃털 문양이 매우 생동감 있게 표현되어 있다.

계획 탓이라고 보았다. 그리고 실제보다 완벽한 한 편의 역사적 시나리오를 완성하고자 했던 사마천이 극적인 구성을 엮어 결말을 맺은 것이라는 평가를 내렸다.

그렇다고는 해도 여전히 의문은 남는다. 당시 초나라 장수들은 전쟁에 지면 스스로 목숨을 끊는 것을 명예로 여기는 전통이 있었다. 초나라의 항우 또한 이 전통에 따라 자살을 결심했을 가능성도 전혀 배제할 수 없다. 실제로 초나라 장수 자옥(子玉)은 전쟁에서 크게 패하자 자살하였으며 초나라 유명한 시인 굴원 역시 계속되는 전란으로 스스로 강물에 몸을 던져 군주에 대한 충성을 표한 전례가 있다.

이야기는 원점으로 돌아왔고 질문은 계속된다. 과연 항우는 강을 건너지 못한 것일까, 아니면 스스로 포기한 것일까? 결론을 내려야 하는 것은 우리들 자신이다. 어떤 주장도 명확한 근거가 없기 때문이다. 다만 학계의 의견이 분분한 가운데 항우의 영웅다운 기개는 후세인들의 변함없는 칭송을 받고 있다.

이광은 패전지장이었다?

한나라 장군 이광은 역사적으로 의문의 인물이다. 평생을 전장에서 목숨을 걸고 싸웠음에도 이례적으로 제후의 반열에 오르지 못했기 때문이다. 혹자들은 이광의 성격에 문제가 있었다고 하기도 하고 다른 이들은 이광이 실제로 패전지장이었다고 주장하기도 한다. 이광을 둘러싼 논란, 그 진실은 무엇인가?

명월은 진나라 때에도 밝게 빛났고

관문은 한나라 때에도 있었건만

만리 밖의 전쟁에 나간 사람은 돌아오지 못하네

용성에 비장군과 같은 이가 있었다면

오랑캐의 말들이 음산을 넘어오지 못했을 텐데

이 시는 당조의 유명한 변새(邊塞) 시인 왕창령의 《출새(出塞)》이다. 이 글에 나오는 '비장군(飛將軍)'은 한조의 장군인 이광(李廣)을 가리킨다. 이광은 일평생한 왕조의 안위를 지키며 국토를 수호한 인물로 살아생전 그의 전설적인 영웅담은 2천 년이 지난 지금까지도 후세인들의 마음을 사로잡고 있다. 하지만 후대의 학자들에게 이광은 여전히 의문의 인물이다. 뛰어난 업적을 이룩했음에도 제후의 반열에 오르지 못했기 때문이다. 명장 이광은 어째서 제후에 오르지 못했을까? 그는 단지 운이 없었기 때문일까? 이광이 제후가 되지 못한 원인에 대하여 단순히 '운이 따르지 않았다'고 보는 견해가 지배적이다. 이광은 사선을 넘나들며 전쟁터에서 공을 세웠지만 평생을 하급관리로 보냈다. 변변치 않은 공로를 인정받아 고위관직에 오르는 주변의 장수들을 볼 때마다, 이광은 그저 속으로 울분을 삭혔을 뿐이다. 참다못한 이광은

이광 상

어느 날, 안면이 있는 역술가 왕삭(王朔)을 찾아가서 물었다. "오랑캐 군을 무찌른 공로로 제후가 된 자가 수십 명에 이른다. 나는 결코 그들보다 못한 것이 없는데, 어찌하여 제후에 오르지 못하는가?" 이광의 탄식에 왕삭은 "혹시 지금까지 살면서 후회스러운 일은 없는가?"라고 되물었다. 이광은 농서(隴西)의 태수를 맡고 있을 당시 투항해온 8백 명의 강족(羌族)을 사살한 적이 있음을 털어놓으며 그것이 지금까지 가장 큰 오점이었다고 고백했다. 왕삭은 무릎을 치며 "이것은 하늘의 벌이다. 이미 투항한 사람을 죽인 죄가 너무 커서 장군은 평생 제후가 될 수 없다"고 대답했다.

명대의 학자 동빈(董份)은 이광에 대하여 구체적으로 단서가 될 수 있는 기록을 남겼는데, '이광은 늘 보잘것없는 자신의 관직에 유감을 품었다. 그는 공적 쌓기에 급급하여 투항한 사람까지 죄다 죽였으며 도량이 매우 좁은 인물이었다. 그런 연유로 제후로 책봉받지 못하였다'고 적었다. 동빈은 이광을 포악하기는 하

나 소심하고 도량이 좁은 인물로 평가하면서 그의 성격적 결함을 제후에 오르지 못한 결정적인 원인으로 해석했다.

사서에도 이광의 성격을 짐작할 수 있는 일화가 하나 전한다. 한때 이광은 이민족과의 전쟁에서 패하고 장군의 직위에서 물러나 고향으로 돌아간 일이 있었다. 고향 가는 길에 잠시 패릉(覇陵)을 지나가게 되었는데 수비를 맡고 있던 패릉위의 허가를 받아야 통행이 가능했다. 이광의 부하는 "이분은 이광 장군이다"라고 소리치며 통행을 허가해줄 것을 요청했다. 술에 취한 패릉위는 "현직 장군이라고 해도 야행(夜行)을 허락할 수 없는데 하물며 예전의 장군이라니!"라며 코웃음을 쳤다. 이광은 고향에서 돌아와 장군에 복직한 뒤 자신에게 모욕을 주었던 패릉위를 찾아가 단칼에 베어버렸다.

〈이광사석도(李廣射石圖)〉, 청, 임이
청대의 유명한 화가 임이는 이광을 자신의 수묵화에 담아 표현하였다.

위청(圍靑) 상
위청(?~106). 자는 중경(仲卿)이고 하동(河東) 평양(平陽) 사람이다. 위청은 이광과 전쟁터에서 어깨를 나란히 하며 흉노족을 제압하였다.

역전의 명장 이광에 대해 다른 방식의 평가를 내린 학자도 있다. 송대의 황진즉(黃震則)은 '이광은 매 전쟁마다 패배하였다. 그래서 인생을 실패로 마쳤다'고 기록하고 있다. 그의 주장에 의하면 이광은 패전 장군이었고 따라서 제후의 작위를 받지 못한 것도 당연한 결과라는 것이다. 사마광(司馬光) 역시 황진즉의 견해에 동조하였다. 사마광은 '한 왕조의 장군 정부식(程不識)은 빛나는 성과를 이룬 승전도 없었으나 패배한 적도 없었다. 반대로 이광이 이끄는 군대는 늘 생사의 경지를 넘나들며 결사적인 전투를 벌였지만 큰 성과를 거두지 못했다. 따라서 당연히 제후의 반열에서 제외되었다'고 주장했다.

이들의 주장은 대부분 《사기》의 기록을 근거로 하고 있다. 하지만 《사기》를 면밀히 검토해보면 이광의 업적을 폄하하는 이들의 주장이 옳지 않음을 알 수 있다. 《이장군열전(李將軍列傳)》을 통해 사마천은 이광이 70여 차례나 전투를 벌인 사실을 기록했다. 하지만 어디에도 승전 기록이 전무하다는 언급은 하지 않았다. 만약 이광이 일부의 주장대로 패전 장수였다면, 사마천은 어째서 그를 일컬어 명장이라고 불렀을까? 또한 흉노족의 병사들은 어째서 이광을 '비장군'이라고 부르며 이름만 들어도 혼비백산하여 도망쳤을까?

일각에서는 한나라 무제의 편견에 장군 위청의 모함이 더해져 이광이 제후의 반열에 들지 못했다는 주장을 내놓기도 했다. 이광의 군대는 계속해서 패배의 쓴잔을 마셨고 그로 인해 한 무제는 이광을 신뢰하지 않게 되었다. 결국 무제는 출정을 앞둔 이광을 불러들여 통수권을 박탈하기에 이른다. 부하를 빼앗긴 장수가 선택할 수 있는 것은 하나밖에 없었다. 이광은 자살이라는 극단적인 선택을 하기에 이르는데, 그는 죽기 전 하늘을 우러러 탄식했다고 한다. 공교롭게도 이광을 대신하여 전장으로 나간 위청은 싸움에 승리하고 돌아왔다. 이를 두고 왕유(王維)는 '위청이 패하지 않은 것은 하늘이 도운 탓이며, 이광이 공을

왕명금호부(王命金虎符), 한
호부(虎符)는 춘추 전국시대 및 진한 삼국시대에 통용되던 증표로 왕명금호부는 한조 초기의 유물이다.

세우지 못한 것은 기이한 운명 탓이다'라는 내용의 시를 지어 이광의 억울함을 달랬다.

　과연 이광에 대한 역사의 평가는 어떤 것이 진실일까?

비정한 아버지, 척계광

해안을 노략질하는 왜구와 맞서 싸우던 척계광은 엄한 군율을 바탕으로 군대를 통솔, 싸우는 전투마다 승리하였다. 심지어는 전투에 참가했다가 후퇴한 아들의 목을 벨 정도로 군율을 준수했다. 척계광이 아들의 목을 베었다는 고사는 민간을 통해 사실로 받아들여졌으며 그들 부자를 위한 수많은 사당과 비석이 생겨날 정도였다. 하지만 당시 척계광을 둘러싼 역사적 정황은 고사의 신빙성에 강한 의문을 제기한다.

나는 제후가 되기를 바라지 않는다

내가 오직 원하는 것이 있다면, 조국 바다의 평화이다

이것은 명대(明代)의 유명한 장군 척계광(戚繼光)의 시이다. 척계광의 집안은 대대로 장수 출신으로 등주(登州)의 위지휘첨사(衛指揮僉事)를 세습해왔다. 그가 맡은 임무는 산동에 오랜 기간 주둔하면서 절강 일대에 출몰하는 왜구의 침입을 막는

척계광 상

척계광(1528~1588), 자는 경(敬)이며 호는 남당(南塘)이다. 후에 맹제(孟諸)라는 호를 사용하기도 하였다. 명대(明代) 산동(山東) 봉래(蓬萊) 사람으로 가정(嘉靖) 23년에 등주(登州) 위지첨사를 세습하였다. 34년에 절강 도사첨사(都司僉事)를 지냈으며, 복건 지방의 왜구를 막고 영파(寧波)와 소흥(紹興), 태주(台州)의 수비를 맡았다. 금화인(金華人)을 모집하여 '척가군(戚家軍)'을 결성하고 40년에는 태주에서 왜구를 격파하였다. 명 융경(隆慶) 원년(1567) 북방으로 파견되어 계주(薊州)를 진압하였다. 만력(萬曆) 10년(1582)에는 광동으로 파견되었으나 곧 병사하였다. 《기효신서(紀效新書)》, 《연병실기(練兵實紀)》 등의 저서를 남겼다.

것이었다. 어릴 적부터 왜구들이 연안 해안의 주민들을 상대로 닥치는 대로 노략질하는 것을 보고 자라왔던 척계광의 가슴에는 왜구에 대한 분노와 복수심이 가득 차 있었다. 사료가 전하는 바에 의하면 명조 시기에 출몰했던 왜구는 흔히 알고 있는 해적과는 차원이 달랐다고 한다. 그들은 엄격한 군사훈련을 받은 정예군을 이끌고 명나라 연안을 공공연히 침범하였으며, 이러한 왜구를 상대하려면 더욱 막강한 군사력이 필요했다.

척계광은 고도의 군사훈련을 받은 정예부대를 지휘하던 명장으로 뛰어난 군사 전략가이기도 했다. 그는 사병의 교육까지 직접 맡아 부하들과 동고동락하였다고 전한다. 척계광의 군대는 규율을 엄격히 지켰으며 상벌을 철저하게 관리하였기에 병사들은 절도와 사기를 갖추었다고 한다. 따라서 척계광의 군대는 적진을 향해 진격하는 족족 승리를 거두었으며 막강한 위세를 사방에 떨쳤다. 왜구들 역시 '척가군(戚家軍)'만 보면 혼비백산하여 달아났다고 하니, 척계광의 군대는 실로 구국의 무적군대였다고 해도 과언이 아니다.

그러나 이렇듯 무적을 자랑하는 강철 군대의 명성은 결코 하루아침에 생긴 것이 아니다. 지휘관인 척계광의 고통과 희생은 일반인의 상상을 초월하는 것이었다. 절강과 복건 일대 지역에서 전해 내려오고 있는 이야기에 따르면 척계광은 심지어 자신의 명령에 불복종한 아들의 목을 베기까지 하였다고 한다.

이 사건에 관한 기록은 수많은 문헌에서 발견되고 있다. 복건의 《선유현지(仙遊縣志)》에는 '군대는 보전현(莆田縣)에 이르러 출정을 앞두고 있었다. 사방은 안개에 덮였다. 척 공은 아들을 선봉에 내세웠다. 아들을 태운 말은 되돌아왔고 아들은 출정을 연기하고 계속 주둔할 것을 요청하였다.

척계광 저서 《연병실기(練兵實紀)》

분노한 공은 아들을 사살하라는 명을 내렸다'고 적혀 있다. 후대에 와서 심덕잠 (沈德潛)은 당시 전쟁터의 상황을 설명하면서 '척계광이 칼을 든 이유는 아들이 군법을 어겼기 때문에 어쩔 수 없는 것이었다'고 기록하였다. 청대의 《사고전서 총목제요(四庫全書總目提要) 자부(子部) 병가류존목(兵家類存目)》은 척계광이 직접 쓴 《기효신서(紀效新書)》를 수록하고 있는데, 그곳에는 '군령을 위반한 병사는 제 4편 중의 1조항에 의하여 비록 친아들이라 해도 군법에 의거하여 집행하도록 했다. 그 후 아들이 전쟁터에서 출정을 앞두고 되돌아왔으므로 참수하였다'는 내용이 담겨 있다.

척계광이 아들을 처형했던 것은 자신이 정한 군법을 준수하기 위한 행동이었을 것이다. 이를 통하여 평소 그가 얼마나 엄격히 군대의 규율을 지켜왔는지 알 수 있다. 또한 군대의 기강을 세우기 위해 결코 예외를 두지 않았던 그의 단호한 의지를 엿볼 수 있는데, 이처럼 철저하게 병사들을 관리하였기에 백전백승의 명성을 얻을 수 있었는지도 모른다. 그렇다면 척계광이 아들을 죽인 구체적인 이유는 무엇일까?

후대의 학자들은 기록을 바탕으로 두 가지 가설을 세워보았다. 첫째, 본래 척계광은 퇴각을 위장하여 적을 깊숙이 유인하라는 명령을 내렸다. 그러나 척인은 전투의 형세가 유리해지자 공적을 세우고 싶은 욕심이 생겼다. 그래서 아버지의 작전에 따르지 않고 적진을 향해 전진하며 계속해서 교전하였다. 다행히 승리를 거두었으나 그의 독단적인 결정은 군대의 명령을 위반한 것과 다를 바 없었기에 척계광은 눈물을 머금고 아들을 처형했다. 둘째, 선봉에 선 척인은 아

《기효신서(紀效新書)》
가정 39년에 척계광이 지은 병서의 하나로 전 18권 18편으로 8만 자에 달한다. 부록으로 그림이 첨부되어 있다.

버지의 명을 받들어 출정하였지만, 전진하는 도중에 적군의 수가 아군의 배가 넘는다는 사실을 알게 되었다. 중과부적의 상황을 알아챈 척인은 즉시 회군할 것을 요청하였다. 그러나 말을 되돌려 돌아온 척인을 본 척계광은 군법으로 아들을 다스렸다.

척계광 상, 명

이외에도 다양한 추론이 제기되었다. 척계광의 군대는 평소에도 결코 회군하거나 후퇴하는 것을 용인하지 않았다고 한다. 그러나 당시 전투에서 척계광은 적의 화살을 맞고 말에서 떨어졌고 아버지가 걱정되었던 척인은 말을 돌려 회군하였다고 한다. 그 결과 하마터면 전투에서 크게 패할 뻔하였다. 척계광은 크게 분노하여 군법에 의거하여 척인을 처형했다는 것이다. 이렇듯 당시 상황에 대한 가설은 공통적으로 척인의 죽음으로 끝을 맺는다. 이 고사의 영향으로 절강 임해현(臨海縣)에는 지금도 척인의 명복을 위로하기 위한 '태위묘(太尉廟)'가 있으며, 복건성 복청현(福淸縣)에도 '사아정(思兒亭)', '상사령(相思嶺)' 등의 유적이 남아 있다.

그러나 반론도 만만찮다. 일부에서는 척인이 실존 인물이 아니었을 가능성을 제기하고 있으며, 척계광이 아들의 목을 베었다는 고사 역시 후세인들의 조작이라고 주장한다. 대표적인 학자는 곽말약으로, 그는 척계광 고사를 가리켜 당시 엄격한 규율로 훈련된 정예부대의 명성과 척계광의 영웅적인 위상을 높이기 위하여 꾸며낸 영웅담으로 평가하였다. 왜냐하면 정사에는 척계광이 아들의 목을 베었다고 언급되어 있지 않기 때문이다. 척계광에 관련된 사서의 기록 《명사(明史)》, 윤황(尹璜)의 《죄유록(罪惟錄)》, 동승조(董承詔)의 《척대장군맹제공소전(戚大

등주(登州) 척씨 군도(軍刀), 명

將軍孟諸公小傳)》, 왕도곤(汪道昆)의 《맹제척공묘지명(孟諸戚公廟志銘)》등에도 이와 같은 내용은 전혀 기록되어 있지 않다.

《명사 척계광전》은 '계광의 명령은 엄하였고 상벌이 분명하였다. 병사들은 감히 명령을 어기지 못하였다'고 기록하고 있다. 다만 척계광을 당대의 유명한 명장 유대유(兪大猷)와 비교하면서 '품행이 그에 미치지 못했으며 지나치게 강직하였다'고 적고 있다. 그러나 《명사 척계광전》역시 척계광이 아들을 직접 처형했다는 내용은 다루지 않고 있다. 따라서 척계광이 아들을 죽였다는 고사는 실제 사건이 아니며 단지 명장 척계광의 위상을 높이기 위한 영웅적인 무용담의 한 부류일 가능성이 크다고 볼 수 있다. 게다가 이러한 고사에서는 척계광의 행적이 기록된 《연보(年譜)》의 내용과 부합하지 않는 부분이 적지 않게 발견된다.

천계(天啓) 임술년(壬戌年, 1622), 척계광의 후손들이 펴낸 《연보》상에는 척계광의 모든 경력과 공적이 수록되어 있지만 아들 척인을 참수했다는 기록만큼은 발견되지 않고 있다. 이 《연보》에서 가장 눈여겨보아야 할 사항은 척계광이 왕씨와 혼인한 시

척가 사당
산동성 연대시(烟台市)에 위치해 있다.

기가 가정(嘉靖) 24년(1545)의 일이라는 사실이다. 만약 척계광 부부가 혼인하자 마자 곧바로 아이가 생겨 아들을 낳았다면, 척계광이 왜구를 토벌하기 위해 절강에 부임하였을 시기는 가정 34년(1555) 이후로 추정하고 있으므로 아들의 나이를 따져보면 겨우 10대에 해당한다. 성년도 되지 않은 어린 아들이 아버지를 따라서 전쟁에 참가했다는 것도 믿기 어렵지만 그처럼 어린 아들을 전쟁의 선봉에 내보냈다는 것은 더더욱 납득할 수 없다.

척계광은 자신이 죽기 반년 전에 《축문(祝文)》을 썼는데, '오늘날 다섯 아들과 한 명의 조카는 나의 명을 받들어……' 라고 적고 있다. 여기서 말하는 '다섯 아들' 이란 조국(祚國), 안국(安國), 창국(昌國), 보국(報國), 흥국(興國)을 가리키며 이 다섯 명의 아들 중에 첫째 아들인 사국이 태어난 해는 1567년이다. 그해는 척계광이 이미 복건과 절강에 출몰하던 왜구를 몰아낸 지 1년여의 세월이 흐른 이후이다. 다시 말하면 남방 지역에서 척계광이 한창 왜구에 맞서 전투를 치르던 기간에는 첫째 아들인 사국이 태어나기 훨씬 이전이라는 것을 의미한다. 게다가 또 다른 기록에 의하면, 1563년

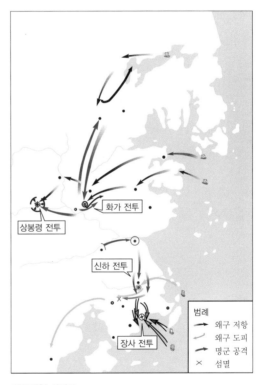

태주대첩 설명도
가정 34년, 참모 장수로 절강에 파견된 척계광은 태주 지역의 수비를 맡아 왜구의 침략을 막아내었다. 후에 다시 금화(金華), 엄주(嚴州)의 수비를 맡아 의병을 모집하여 '척가군(戚家軍)' 을 결성하였다. 가정 40년, 척계광은 태주에서 큰 승리를 거두었다.

척계광은 흥화(興化) 구리호(九鯉湖)에서 자신의 후사를 이을 '자손'을 바라는 제를 올린 일이 있음을 적고 있다. 그해 역시 척계광이 복건에서 왜구와 맞서던 시기였으므로 당시 그에게는 척인이라는 아들이 존재하지 않았다는 사실을 반증한다.

이와 같은 기록을 종합해보면 척계광이 아들의 목을 베었다는 고사는 전설 속에서 전해오는 영웅적인 무용담에 불과하다는 결론에 도달하게 된다. 따라서 척인에 관한 기록이 전혀 남아 있지 않은 오늘날 이와 같은 고사를 입증하는 일은 불가능하다. 하지만 예외는 있다. 척인이 척계광의 수양아들일 경우가 그것이다. '척인'이 척계광의 직계 다섯 아들의 이름과 매우 동떨어진 이름인 것으로 보아 그가 척계광의 친아들일 가능성은 매우 희박하다.

그러나 사람들은 사실의 진위를 떠나서 명장으로서의 위엄을 잃지 않은 척계광의 단호한 의지를 높이 평가하고 있다. 또한 아버지의 손에 목숨을 잃은 척인의 혼을 달래기 위한 수많은 기념탑과 위로비가 그들의 희생정신과 애국 충정을 기리고 있다. 척계광과 척인의 고사는 사실 여부와 관계없이 중국인들의 마음속에 살아 있는 것이다.

황제의 시기를 자초한 원숭환

서기 1629년, 원숭환은 남진하는 후금군을 맞아 연전연승하며 나라를 누란의 위기에서 구한다. 그러나 개선장군 원숭환을 기다리고 있던 것은 차디찬 죽음의 그림자였다. 명나라 황제는 무슨 일로 원숭환을 죽음으로 내몰았을까? 원숭환이 죽지 않았다면 중원의 판도는 어떻게 되었을까.

원숭환(袁崇煥)은 명조 말기의 명장으로 후금군을 맞아 싸운 명나라의 마지막 장수이다. 후금군이 물밀듯이 진격해오던 명조 말년, 원숭환의 군대는 후금을 밀어내며 잃어버린 요동 수복에 성공하였다. 당시 원숭환이 후금에 입힌 타격은 실로 막대한 것이었으며 바람 앞의 등불처럼 흔들리던 명나라의 왕조는 다시 반격의 실마리를 마련할 수 있었다.

그러나 싸움에 승리한 원숭환이 치른 대가는 컸다. 1629년 12월 숭정(崇禎) 2년 원숭환이 눈부신 업적을 세우고 귀환하자 황제가 돌연 그의 하옥을 지시했다. 후대 학자들 사이에서 이날의 사건은

원숭환 상

원숭환(1584~1630). 자는 원소(元素)이고, 호는 자여(自如)이다. 광서(廣西) 등현(藤縣) 사람이다. 천계 2년(1622) 자청하여 요동의 수비를 맡았다.

영원히 풀 수 없는 수수께끼로 남아 있다. 싸움에 이긴 장수에게 상을 내리지는 못할망정 옥에 가두는 일은 흔치 않은 일이기 때문이다. 숭정제는 무슨 연유로 민족 영웅 원숭환을 옥에 가두고 끝내 죽음으로 내몰았을까?

가장 유력한 추측은 원숭환을 제거하기 위한 황태극(皇太極)의 이간설이다. 접전 초기 원숭환은 산해관(山海關) 지역에서 후금을 연파하며 승승장구하였다. 싸움에 패한 후금군은 숭정 2년, 요동 지역에서 퇴각한 후 공격 노선을 급선회하여 북경을 향해 곧장 진격한다. 이것이 바로 역사상 유명한 '기사지변(己巳之變)'이다. 혼비백산한 명나라 조정은 원숭환에게 속히 북경으로 돌아와서 북경성을 방어할 것을 명하였고, 원숭환이 이끄는 지원군의 도착으로 후금군은 또다시 대패하였다. 원숭환 앞에 연전연패한 후금의 황태극(皇太極)은 원숭환을 제거하지 않고서는 중원을 차지할 수 없다는 것을 깨닫고 계략을 꾸미기에 이른다.

취규탑(聚奎塔), 명
이 탑은 원숭환이 영웅호걸을 모아 조국에 대한 충성과 결의를 다졌던 곳이다.

한편, 퇴각하던 후금군이 방향을 전환하여 갑자기 북경을 공격하자 명나라 조정 내에서는 원숭환을 모함하는 풍문이 떠돌기 시작했다. 비밀리에 원숭환이 금과 밀약을 체결한 후에 계획적으로 후금의 군사를 북경성으로 유인하였다는 소문이었다. 풍문은 숭정 황제의 귀에까지 들어갔고, 귀가 얇은 황제는 이때부터 원숭환을 의심하기 시작했다.

장량기(蔣良騏)의 《동화록(東華錄)》에는 당시 황태극이 원숭환을 모함하기 위해 짜낸 계략이 상세하게 기록되어 있다. 우선 후금의 군대는 명나라의 태감 두 명을 포로로

취규탑 석각, 명
원숭환이 복건성 소무현(邵武縣)에 지현을 맡고 있을 무렵 이 편액을 썼다고 한다. 이것은 당시 원숭
환의 필적이다.

잡아들인 후 엄밀히 감시하는 척하며 자신들 막사 주변에 놓아두었다. 그런 다음, 후금의 부대장인 고홍중(高鴻中)과 참모인 포승선(鮑承先)은 포로가 듣는 앞에서 다음과 같은 군사 비밀을 흘렸다. "오늘 우리 군대가 철병하는 것은 단지 작전상의 전략에 불과하다. 원(원숭환) 대신과 밀약을 맺었으니 머지않아 크게 성공할 것이다."

두 사람이 은밀히 나누는 말을 엿듣게 된 양 태감은 황태극의 계략인 줄은 전혀 눈치 채지 못하였다. 날이 밝자 후금의 군대는 두 명의 태감을 모두 풀어주었다. 곧장 황제에게 돌아온 양 태감은 황태극의 예상대로 원숭환과 후금 사이에 맺은 밀약에 관하여 보고하였고 숭정황제는 의심하지 않고 그들의 말을 믿었다. 원숭환의 배신 행위에 크게 분노한 숭정제는 노발대발하며 "당장 원숭환을 입성시킨 후에 사살하라"는 명령을 내렸다. 뿐만 아니라 원숭환의 형제와 가족 모두를 모반죄에 연루시켜 천 리 밖 변경 지역으로 추방하였다.

후금의 이간질 전략이 성공을 거두었던 것은 황태극이 평소《삼국연의》를 즐겨 읽었기 때문이라고 전한다. 황태극은《삼국연의》의 애독자로서 그중에서도 오비(奧秘)에 매우 밝았다고 한다. 황태극은《삼국연의》에 나오는 '장간중계(蔣干

숭정제 어압(御押), 명

명 숭정제 주유검(朱由檢) 상

임종을 앞두고 숭정제는 다음과 같은 조서(詔書)를 남겼다. '짐이 박덕하니 선현들에게 부끄러움을 금할 길이 없다. 조정의 대신 모두가 짐의 과오를 들추어내니 죽어도 과인은 종묘사직 앞에 얼굴을 들지 못할 것이다. 스스로 물러나 죽음을 맞이하고자 한다. 갈갈이 찢기어 죄값을 치른들 슬퍼할 백성 하나 없을 것이다.'

中計)'의 계략을 이용하여 숭정제의 손으로 자신의 원수인 원숭환을 제거하는 데 성공했던 것이다. 숭정황제는 어리석게도 황태극의 책략에 말려들었고 잘못된 상황 판단은 결국 명나라의 멸망으로 이어졌다.

그러나 일각에서는 이런 정설에 반론을 제기하고 있다. 후금의 황태극이 아무리 병법의 대가라고 해도 숭정황제가 전쟁 중인 상황에서 장수를 옥에 가둘 만큼 몽매한 인물이 아니었기 때문이다. 게다가 정사의 기록 역시 자세히 분석해보면 앞뒤가 맞지 않다고 한다. 숭정황제가 원숭환을 제거한 것은 애초부터 그런 저의가 있었기 때문이며 이간질과 무관하다는 것이 이의를 제기하는 학자들의 주장이다. 평소 전제왕권을 주장하던 숭정제에게 원숭환의 존재는 갈수록 커다란 위협 요인이 되었으며, 왕권 강화의 측면에서 원숭환을 제거하였다는 것이다.

명조 연간, 당시 태감이 가졌던 권위와 세력은 황제에 버금가는 것이었으며, 숭정황제는 즉위한 후 황제의 권위를 위협하는 엄당(閹黨)의 세력을 제거하기 위한 방편으로 동림당(東林黨)파를 이용하였다. 이로써 황권에 도전하는 세력을 와해시키는 데 성공을 거둔 숭정제는 동림당파를 앞장세워 엄당의 권력을 대폭 축소하고 제한하였다. 이러한 상황에서 원숭환은 황제는 물론 엄당의 입장에서도 부담스러운 존재였다. 원숭환의 솔직함, 호방함, 용맹함 등은 엄당의 잔여 세력에게 두려움의 대상이 되었다. 숭정제 역시 일개 대신에 불과한 원숭환의 세력이 점점 커지는 것을 내심 탐탁히 여기지 않던 중에 후금과의 전쟁에서 세운 혁혁한 공으로 원숭환의 위상이 더욱 높아지자 경계하지 않을 수 없었다. 동서고금을 막론하고 신하된 자의 기세와 권위가 커지면 황제의 시기를 사게 마련이었다. 숭정제는 동림당파를 이용하는 동시에 엄당의 인물도 지속적으로 등용하여 두 당파를 견제하였다. 숭정제는 탁월한 정치력을 동원하여 자신의 왕성한 권력 욕구를 실현하였던 것이다.

청 태종 황태극 상

청 태종 애신각라(愛新覺羅) 황태극. 태조의 여덟 번째 아들이다. 재위 기간은 1626～1643년으로 천명(天命) 11년(1626) 청 태조가 죽은 후에 후금의 황제로 추앙받았다. 연호를 천총(天聰)으로 개원하였다. 천총 10년(1636) 국호를 청으로 바꾸고 숭덕(崇德)으로 개원하였다. 그 후 여진을 통일하고 숭덕 8년 급사하였다.

이렇듯 북경성에서 벌어지고 있는 음모와 급변하는 정세를 예측하지 못한 원숭환은 황제의 부름을 받고 아무런 방어 없이 북경으로 돌아왔고 결국 안타까운 죽음을 당하였다. 원숭환은 이전에 요동의 장수인 모문룡(毛文龍)을 자신의 손으로 처단한 후에 황제에게 보고한 적이 있었다. 나중에 이 소식을 전해들은 숭정제는 갑작스런 소식에 놀라움을 금치 못하였다고 한다. 원숭환 역시 "모문룡은 위대한 장수로 나와 같은 신하가 함부로 죽여서는 안 되는 인물이었다"라고 말하며 자신의 경솔한 행동을 후회하였다고 한다. 이렇듯 두 군신의 관계는 이미 오래전부터 돌이킬 수 없는 파국으로 치닫고 있었다.

숭정제가 원숭환을 초기에 제거하지 못한 이유는 마땅한 구실을 찾지 못한 탓도 있었지만 보다 큰 이유가 있었다. 원숭환은 5년 안에 요동 땅을 수복하겠노라

영원성(寧遠城)

명 천계(天啓) 6년 정월 14일, 대군을 이끌고 쳐들어온 누르하치는 영원을 공격하였으나 원숭환의 철통 같은 수비에 맞서 퇴각하였다.

고 호언장담하였고, 숭정제는 그러한 원숭환에게 일말의 기대를 걸고 있었다. 따라서 원숭환의 다소 무례한 행동에도 숭정제는 참고 기다리며 은밀한 감시와 견제의 고삐를 늦추지 않았다. 그러다가 '기사지변'이 발발한 이후, 후금의 병사들이 대거 국경을 넘어와 북경성을 포위한 채 맹공격에 나서자 숭정제는 원숭환의 힘으로 요동을 수복한다는 것이 가망 없는 일이라는 것을 절실히 깨닫게 되었을 것이다. 때마침 황태극이 원숭환을 이간질했고, 조정 내부에서는 엄당이 들고일어나 원숭환이 적과 밀약을 꾸몄다는 허위 사실을 유포하였다. 숭정제는 기다렸다는 듯이 원숭환의 하옥을 명하였다.

　이처럼 당시 각 당의 정세와 동향을 분석하고 보면 원숭환의 억울한 죽음이 단지 황태극의 모략에 의한 것만은 아니었음을 알 수 있다. 황제가 무지로 인해 원

승환을 처단한 게 아님을 증명할 수 있는 기록이
또 하나 있다. 당시 원숭환이 감옥에 갇힌 후 죽음
에 이르기까지 걸린 시간은 8, 9개월이었다. 따라
서 숭정제에게는 원숭환이 한 일에 대해 시시비비
를 판단할 수 있는 충분한 시간상의 여유가 있었
다. 이 역시 황태극의 모함만으로 원숭환을 처단
했을 가능성을 매우 희박하게 해주는 증거 가운데
하나이다.

원숭환 상

황태극의 모함은 원숭환을 체포하도록 재촉한
도화선에 불과하다. 숭정제가 원숭환을 제거했던
이유는 황권의 기틀을 공고히 하기 위함이었을 것
이다. 또한 대신들 간의
결당을 방지하며 동림
당 세력을 와해시키려
는 데 더 큰 목적이 있
었음을 짐작할 수 있다.

예로부터 '신의를 지
키는 자는 의심을 사
고, 충성을 다하는 자
는 모함을 받는다'고
하였으니 원숭환의 죽
음이 바로 그러한 예일
것이다. 만약 원숭환이

원숭환의 묘

명 숭정 2년(1629) 청 태종 황태극은 군사를 이끌고 북경성으로 향하였다. 영원을
지키던 원숭환의 군대에 의하여 대패한 후금은 지원군을 요청하여 광거문(廣渠門)
에서 결전을 벌였다. 후금의 군대는 더 이상 저항하지 못하고 퇴각하였다. 황태극
은 숭정제의 손을 빌러 원숭환을 제거하는 계략을 짰고 다음해 8월, 엄벌에 처해진
원숭환은 사형을 받았다. 원숭환의 부하는 그의 머리를 잘라 지금의 북경 광거문
내 동화시(東花市) 사가(斜街) 52호 부근에 묻어주었다고 한다.

죽지 않았다면 중원의 판도는 또 어떻게 되었을까? 원숭환의 죽음과 함께 그 결과도 역사 속으로 사라졌다.

사가법은 죽지 않았다, 다만 사라졌다

쓰러져가는 명나라를 지키기 위해 마지막까지 저항했던 최후의 장수, 사가법. 그러나 그는 성이 청군에게 함락되자 부하들을 버려둔 채 홀연히 자취를 감춘다. 반청 분위기와 맞물려 사가법이 죽지 않고 살아 있을 것이라는 소문이 떠돌기 시작했고, 청나라 조정은 사가법의 죽음을 공식화하기 위해 골몰했다. 과연 사가법은 비열하게 도망쳐 목숨을 부지한 것일까, 아니면 끝까지 싸우다가 장렬하게 전사했을까?

청조 순치(順治) 2년(1645)은 명조와 청조, 두 왕조에게 결코 잊지 못할 한 해로 기록된 해이다. 양주성(揚州城)을 사이에 두고 성을 사수하려는 명의 장수 사가법(史可法)과 남하하려는 청의 군사가 운명을 건 최후의 결전을 벌였기 때문이다.

음력 4월 25일, 양주성에 대하여 총공격을 감행하던 청군은 마침내 입성에 성공하게 된다. 그로부터 열흘간 벌어진 상황은 지옥이나 다름없었다. 양주성을 지키던 군민과 사가법의 군대를 향해 청군의 무자비

사가법 상

매화령

사가법의 유언대로 양주성에 있던 그의 유품들을 이곳에 묻어주었다고 한다.

한 대량 학살이 자행되었기 때문이다. 무수히 많은 인명이 죽고 약탈당하는 와중에 사령관인 사가법은 성곽에서 지휘를 하던 중 홀연히 사라졌다. 상식적으로 장수가 부하들과 백성을 두고 달랑 혼자 후퇴하는 일은 드물었다.

따라서 사가법의 묘연한 행방은 두고두고 세간의 입에 오르내렸다.

홍승주(洪承疇)는 당시 사가법의 행방을 두고 "과연 죽었단 말인가, 아니면 살아 있단 말인가?" 하고 탄식했다고 한다. 문헌상의 문서들도 여러 가지 다양한 기록을 남기고 있어 어떤 것이 정설인지 딱히 알아낼 방법이 없다. 기록들을 하나하나 따라가보자.

어떤 사람들은 사가법이 청의 군대가 양주성을 공략할 무렵 몰래 성을 빠져나와 목숨을 부지했다고 주장한다. 탈출에 관한 방법까지 구체적으로 제기하고 있으므로 상당히 설득력이 있어 보인다. 그중에서도 '밧줄을 이용하여 성벽을 타고 내려갔다'는 설이 가장 유력하다. 이러한 주장은 계육기(計六奇)가 지은《명계남략(明季南略)》의 기록을 바탕으로 회자되기 시작했다.

계육기의 다른 저서인《갑을사(甲乙史)》에 의하면 청군이 양주성을 함락하던 4월 25일, 명조의 총병(總兵)인 황비(黃蜚)의 구원병임을 사칭한 청군에게 속은 사가법이 부하들에게 서쪽 성문을 열 것을 명령하였다고 한다. 문이 열리자 청군이 물밀듯 쏟아져 들어왔고 방심하고 있던 명군은 속수무책으로 궤멸되었다. 성곽 위에서 이러한 상황을 지켜보던 사가법은 상황을 돌이킬 수 없다고 판단, 스스로 목숨을 끊기 위해 검을 뽑았다. 그러나 주위에 있던 병사들이 만류하는 바람에 미수에 그치고 말았다. 결국 사가법은 부장 류조기(劉肇基)와 함께 몰래 도망쳐서 목숨을 건질 수 있었다고 한다. 내용이 구체적이고 현실감이 있어서 많은 학자들이 《갑을사》의 기록에 동조하였다.

일부 학자들은 사가법이 '노새를 타고 몰래 도주했다'고 주장하기도 한다. 건륭 연간의 《강도지(江都志)》에 그런 내용이 기록되어 있다. 양주성이 함락될 무렵, 사가법은 '하얀 노새의 등에 올라타고 남문으로 나갔다'는 것이다. 허욱(許旭)의 산동부(山東賦)인 《매화령(梅花岭)》 역시 '상공(相公)은 눈물을 삼키며 죽음을 불사하였으나, 1백20명의 기병이 공격해오자 성은 순식간에 함락되었고 병사들은 모두 도망쳤다. 푸른 노새를 타고 간 사가법은 흔적 없이 사라졌다'는 기록을 남겼다. 사가법의 탈출 경로에 대한 기록은 《석궤서후집(石匱書后集)》에서도 찾아볼 수 있다. 양주성이 함락된 이후, 사가법은 초관(鈔關)을 거쳐 안경(安慶)으로 갔다고 기록은 전한다.

하지만 다른 기록도 만만찮다. 《명사》의 기록에 의하면, 사가법이 자결하려 했으나 뜻대로 되지 않고 소동문(小東門)에서 청군에게 붙잡혔는데, "내가 바로 사가법이다"라고 호통을 치며 탄식했다고 한다. 그 후 청군에게 피살당했음은 자명한 일이다. 《청실록(淸實錄)》 역시 '양주성을 공격하여 사가법을 포로로 잡았는데, 군사들이 보는 앞

수찰(手札), 명, 사가법

에서 참수형에 처했다'고 적고 있다.

사가법의 후손인 사덕위(史德威)는 《유양순절기략(維揚殉節紀略)》이라는 저서를 통해 당시 상황을 더욱 상세하게 기록하고 있다. 투항할 것을 권유하던 청조의 대장 다봉(多鋒)은 사가법에게 함께 강남을 수습하자며 회유했다고 한다. 사가법은 다봉을 질책하며 "나는 천하의 신하인데 어찌 구차하게 목숨을 구걸할 수 있겠는가? 모든 이의 죄인

다이곤이 사가법에게 보낸 서한, 청

이 될 뿐이다! 내 머리를 자를지언정 고개를 숙이지 않겠노라! 성이 함락되었으니 모든 것이 끝났다. 이미 굳은 결심을 한 바 있으니 지금 당장 나의 시신을 만 조각으로 찢는다 해도 달게 받을 것이다"라고 말한 뒤 결국 의연하게 죽음을 맞이하였다고 전한다. 사덕위는 아울러 1646년에 이르러 사가법의 의관과 유품을 매화령 부근에 묻었다는 기록을 남겼다.

야사인 《설교정정기록(雪交亭正氣錄)》과 《사외(史外)》 등의 기록도 이와 대동소이하다. 전하는 바에 의하면, 사가법은 4월 26일 어머니와 부인에게 '죽는 한이 있어도 나라를 구하겠다'는 결의를 담아 유서를 전달했다고 한다. 그의 비장함으로 보아 이미 죽음을 결심했다는 것을 짐작할 수 있다. 그런 그가 부하들을 사지에 버리고 혼자만 살기 위해 성을 빠져나갔을 확률은 극히 희박하다. 여러 가지 정황상 싸움에 패한 사가법이 어떤 식으로든 청군에 의해 처단된 것이 확실해 보인다. 따라서 사가법이 온갖 방법을 동원하여 구차스럽게 탈출했다는 이전의 기록은 사실과 다를 수 있다.

사가법과 함께 탈출한 것으로 알려진 부하 류조기 역시, 성이 함락당할 당시 적의 화살에 맞아 장렬히 전사한 것으로 다른 기록은 전한다. 그가 사가법과 함

께 도주하였다는 이전의 기록이 사실무근임이 증명된 것이다. 조금 더 구체적인 증언도 있다. 사덕위가 기술한 《유양순절기략》과 다소 차이가 있지만, 당시 격전에 참전했던 이들 중 양우번(楊遇蕃)과 청나라 장수인 안주호(安珠護)는 사지가 찢기어 죽는 사가법의 최후를 목격했다고 증언하였다. 《자정록(自靖錄)》도 사가법이 양주에서 청군에게 피살되었다는 기록을 남겼다.

사가법의 최후와 관련된 주장들은 그 이후에도 반전에 반전을 거듭한다. 청조 강희 연간의 공상임(孔尙任)은 《도화선(桃花扇)》에서 사가법이 강물에 투신하였다고 주장하였다. 말을 타고 강을 건너던 사가법이 발을 헛디디는 바람에 강물에 빠져서 익사했다는 설도 등장하였다. 동문을 빠져나와 도망치던 사가법이 청군과 마주치자 자포자기의 심정으로 강물에 뛰어들어 목숨을 끊었다는 주장도 제

사가법사, 청
지금의 강소 양주 지방에 위치하고 있다. 사가법의 안타까운 죽음을 기리어 남명(南明) 당왕(唐王)은 그를 추서하여 '충정(忠靖)'이라고 했고 청 건륭제는 '충정(忠正)'에 추서하였다. 건륭 33년(1768), 사가법의 무덤에 기념비를 세워주었다. 건륭 44년(1775), 건륭제는 사가법이 충의를 위해 목숨을 버린 것을 칭송하는 표창을 내렸다.

기되었다. 장대(張岱)의《석귀서후집(石匱書后集)》은 자살에 실패한 사가법이 병사를 이끌고 성을 빠져나와 멀리 떨어진 보성사(宝城寺)로 피신하던 도중, 뒤에서 추격해온 청군과 격전을 벌였고 결국 사가법의 군대가 전몰하였다고 기록하고 있다. 또 청군이 양주성을 공격할 무렵 사가법은 이미 비밀리에 은둔하였기에 그의 종적을 아는 사람이 아무도 없었다는 주장도 있다. 순치 6년, 왕년에 양주성에서 도망쳐 나온 병사라고 주장하는 사람의 말에 의하면 성이 함락될 당시 사가법은 이미 사라지고 보이지 않았다고도 한다.

그렇다면 사가법의 죽음을 둘러싸고 이렇게 상반되는 기록들이 난무하는 이유는 무엇일까? 한 시대를 풍미했던 영웅에게 향하는 일반 사람들의 기대와 지지는 한결같다. 사람들은 결코 영웅의 실패를 인정하려 들지 않으며 어떠한 경우에도 불사조처럼 살아남기를 바라는 심리가 있다. 당시의 백성들 역시 '충렬(忠烈)은 결코 죽지 않는다'는 굳은 믿음으로 사가법의 이름을 빌려 반청의 깃발을 높이 들고자 했던 것은 아닐까?

오삼계는 애첩을 위해 조국을 버렸을까

1644년, 명나라의 명을 받들던 요동 총사령관 오삼계는 진퇴양난의 기로에 놓여 있었다. 앞으로는 청나라 군사들이 남하하고 있었고 뒤로는 반란을 일으킨 이자성의 군대가 몰려들었다. 운명의 선택을 해야 했던 오삼계는 돌연 창을 안으로 돌려 청나라와 연합전선을 구축하고 이자성의 반란군과 맞서 싸운다. 그러나 결과는 참혹했다. 중원 진출을 노리던 청군에게 호기만 제공했기 때문이다. 오삼계는 어떤 연유로 청군과의 연합이라는 좋지 않은 패를 꺼내 들었을까?

명나라 숭정(崇禎) 17년(1644) 봄, 이자성이 이
끄는 농민 봉기군이 북경을 향해 진격해오자 숭
정제는 경산(景山)에서 스스로 목숨을 끊었다. 그
무렵 산해관(山海關)에 주둔하고 있던 요동 총사
령관 오삼계(吳三桂) 역시 진퇴양난의 기로에 서
있었다. 등 뒤로는 청병이 남하하고 있었고, 눈
앞에서는 대순(大順) 군대가 돌격해오고 있었기

오삼계 상

오삼계(1612~1678), 자는 장백(長白)이다. 명말 청초 양주(揚州) 고우(高郵) 사람이다. 요동의 총사령관으로 요동을 정벌하였다. 숭정제 17년, 이자성이 북경을 향해 진격해오자 기병을 이끌고 수도를 지켰고 반란군이 퇴각하자 다시 산해관에 주둔하였다. 곧이어 청에게 지원군을 요청하는 서신을 보내어 본의 아니게 청의 중국 본토 진출에 공헌하였다. 이로 인해 '평서왕(平西王)'에 봉해졌다. 순치 19년, 곤명(昆明)에서 영락제가 살해되었다. 강희 12년 청연은 번(藩)에서 철수할 것을 명하였지만, 그는 모반을 획하여 자칭 '주왕(周王)'이라 불렸다. 17년, 형주(衡州)에서 황제의 자리에 오른 후에 국호를 '주(周)', '소부(昭武)'로 개원하였지만 얼마 지나지 않아 중풍으로 사망하였다.

때문이다. 오삼계가 어떤 결정을 내리느냐에 따라 나라의 흥망이 좌우되는 긴박한 상황이었다.

고심하던 오삼계는 이자성 군대에 타격을 입히기 위해 청에 지원군을 요청한다. 청군은 기다렸다는 듯 대군을 휘몰아 이자성 군을 급습한다. 갑작스런 청군의 공격에 당황한 이자성은 봉기군을 수습하여 후퇴를 단행한다. 그러나 이자성을 막기 위해 선택했던 오삼계의 결정은 결과적으로 중원의 관문이라 할 수 있는 산해관으로 청군을 불러들인 결과를 초래했다. 훗날 청나라 왕조가 중국을 통일하는 데 결정적인 기반을 마련해준 셈이었다.

오삼계를 둘러싼 논쟁은 바로 이 시점에서 출발한다. 오삼계의 결정은 과연 잘못된 판단이었을까, 아니면 어쩔 수 없는 선택이었을까? 오랑캐인 청군을 불러들이고 그들과 손을 잡을 수밖에 없었던 그날의 오삼계는 어떤 생각을 하고 있었을까?

후대의 역사가들은 오삼계가 청과 손을 잡을 수밖에 없었던 이유를 두고 갖가

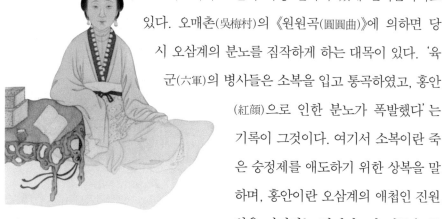

지 억측을 내놓았는데, 그중에서도 애첩인 진원원(陳圓圓) 때문이라는 설이 가장 설득력 있게 받아들여지고 있다. 오매촌(吳梅村)의 《원원곡(圓圓曲)》에 의하면 당시 오삼계의 분노를 짐작하게 하는 대목이 있다. '육군(六軍)의 병사들은 소복을 입고 통곡하였고, 홍안(紅顔)으로 인한 분노가 폭발했다'는 기록이 그것이다. 여기서 소복이란 죽은 숭정제를 애도하기 위한 상복을 말하며, 홍안이란 오삼계의 애첩인 진원원을 가리키는 말이다. 이 기록을 통

진원원 상

해 비분에 휩싸인 오삼계의 당시 심정을 충분히 엿볼 수 있다.

그렇다면 오삼계는 무엇 때문에 분노한 것일까?

명조 말엽, 청의 군대가 금주(錦州)를 공격하자 오삼계는 숭정

운남 곤명 태화궁 금전(云南昆明太和宫金殿), 청
운남에서 오삼계가 왕을 자칭하며 군사를 일으켰을 당시 축조된 별궁으로 상당히 오랜 시간과 돈을 들여 완성했다고 전한다.

의 명을 받들어 북방의 최전선으로 달려나간다. 전쟁에 애첩을 데리고 갈 수 없다는 명 군대의 규율에 따라 애첩인 진원원은 북경에 남겨둔 채 오삼계 홀로 적진으로 떠나야 했던 것이다. 그 사이, 오삼계의 아버지 오양(吳浪)은 틈왕(闖王: 이자성의 칭호. 츰왕이라고도 읽음)의 군대에 투항하였다. 따라서 애첩인 진원원 역시 이자성의 포로가 되었다. 진원원이 포로가 된 이유는 이자성 군대의 장군인 류종민(劉宗敏)이 진원원의 미모를 탐내어 곧장 오삼계의 아버지인 오양을 잡아들였기 때문이었다.

당시 오삼계는 '관동철기(關東鐵騎)'라고 불리는 수만의 정예부대를 이끌고 있었는데, 이자성은 물론 청조의 군대도 이처럼 용맹한 오삼계의 병력을 장악하고자 혈안이 되어 있었다. 청군과 대치하던 오삼계는 자신의 애첩인 진원원이 이자성의 군대에게 잡혀갔다는 소식을 듣게 되자 격분하여 검을 뽑아들고 "대장부가 여자 하나를 지키지 못했으니 어찌 얼굴을 들고 사람을 대하랴?"라고 탄식하였다고 한다.

이런 연유로 오삼계는 즉시 청나라의 군대에 지원군을 요청하였고, 숭정제의

죽음을 애도하기 위하여 육군(六軍)에게 흰 상복을 입히고 북경으로 달려갔던 것이다. 오삼계의 이러한 행동은 결과적으로 중국 통일의 발판을 구축하기 위한 전략상의 요지를 스스로 청군에게 내어준 결과를 가져왔다. 청군의 도움을 받은 오삼계는 대순(大順)과 대서(大西)의 반란 정권을 진압하고 남명(南明) 정권의 영력제(永曆帝)를 사살하였다. 그런 다음 청조가 내린 관직과 작위를 받아들이고 사실상 청군에 투항하였다.

그러나 일부에서는 오삼계의 행동에 대해 강한 의문을 표시하고 있다. 이자성의 군대가 자신의 애첩을 잡아갔다는 단순한 사실로 적국인 청에 지원군을 요청하는 게 상식적으로 납득할 수 없는 일이라고 보기 때문이다. 나라의 군주를 받드는 용맹한 장수가 단지 애첩에 불과한 여인을 구하기 위하여 외세의 지원병을 요청하였다는 기존의 가설은 다만 호사가들이나 만족시킬 수 있는 이야기라는 게 일부 학자들의 주장이다.

이러한 주장은 상당히 설득력을 얻고 있다. 아무리 진원원의 미모가 뛰어났다고 한들, 역시 미천한 기녀 출신에 지나지 않았을 것이기 때문이다. 당시 애첩이

정요대장군(定遼大將軍) 동포(銅炮)
오삼계는 이를 '정요대장군'이라고 불렀다. 이 동포는 명·청의 흥망이 교차하는 역사의 증거품이라 할 수 있다.

란 정치적 전략에 의해 교환되기도 하는 한낱 노
리개에 불과했다. 오삼계와 같이 자신의 정치적
명분을 중시하는 거물급 인사가 사사로운 정에 이
끌려 시국을 결정했다는 논리는 타당성이 없어 보
인다. 류종민에 관한 기록 역시 의심스러운 부분
이 많다. 그는 자신의 안위보다는 이자성의 명령
에 더욱 충실했던 심복이었다. 심지어 그는 자신

자단좌화오도삽병(紫檀座花鳥圖揷屛), 청

의 아내를 희생하면서까지 이자성을 보좌한 인물로 기록에 남아 있다. 그런 류종
민이 여자로 인해 대의를 망치는 일을 저질렀다는 것은 쉽게 납득할 수 없는 부
분이다.

　일각에서는 청나라에 투항한 오삼계의 행동을 두고 '아버지의 복수를 위한 행
동이었을 것'이라고 주장하는 이들도 있다. 《요동해주위생원장세형당보(遼東海
州衛生員張世珩塘報)》의 기록에 의하면, 당시 이자성의 반란군은 명 왕조의 고위
관리와 대신들의 봉록을 엄중하게 관리하였고, 군대 재정 확충이라는 명목으로
강제로 은을 징수해갔다고 한다. 명조의 유신이었던 오삼계의 아버지 오양은 이
미 대순 정권에 귀순한 바 있는데, 이자성 군대의 강압적인 고문에 못 이겨 자금
을 공급했는데도 비참하게 죽음을 맞았다. 따라서 아버지의 죽음에 충격을 받은
오삼계가 이자성의 군대에 타격을 입히기 위하여 청조에 지원을 요청했다고 보
는 것이다.

　그러나 이런 가설 역시 정사의 기록과 엇갈리고 있다.

　《명계북략(明季北略)》은 대순 정권에 투항한 오양이 맡은 직책은 세객(說客)이
었으며, 아들인 오삼계에게 대순에 투항할 것을 권유하는 서신을 보내기까지 했
다고 한다. 아버지의 편지에 격분한 오삼계가 부자지간의 연을 끊었으며 훗날 반

〈오삼계 두순도(斗鶉圖)〉, 청

란군으로 일가족 전체가 위협을 받게 된 상황에서도 오삼계는 등을 돌렸다고 한다. 그 결과 오삼계는 일가 30여 명이 피살되는 비운을 겪었다.

《명계북략》의 기록에서 볼 수 있듯이 오삼계는 대의명분을 중시하는 인물이었다. 그런 그가 반란군에 투항한 아버지를 위해 복수를 결심했다는 가설은 어쩐지 타당성이 없어 보인다. 따라서 오삼계는 단지 자신의 제위(帝位)를 지키기 위해 기울어가는 명조를 버리고 현실적인 선택을 했을 것이라는 최근의 주장이 오히려 설득력을 얻고 있다. 오삼계가 청조에 투항한 것은 단지 계급적인 속성에 충실했기 때문이라고 보는 것이다.

북경에 진입했을 당시 이자성의 반란군은 농민 봉기군의 기본 틀을 유지하고 있었고, 오삼계는 자신의 안위와 정치적인 목적을 위해 일시적으로 반란군에 동조하였을 가능성도 무시할 수 없다. 그러나 이자성의 군대는 무자비한 살육과 약탈을 일삼았고 반면에 청조는 높은 관직과 후한 봉록으로 오삼계를 회유했다. 관료 지주 계급이었던 오삼계가 청조에 투항한 것은 이해타산에 따른 당연한 결정이었을 것이다.

혹자들은 군사를 지휘하고 있던 오삼계가 왜 청군과 결전을 치르지 않았는지 의문을 제기하기도 한다. 하지만 오삼계의 군대가 비록 강했다고는 해도 병력 면에서 이자성의 군대나 청군에 대항할 능력을 갖춘 것은 아니었다. 오삼계는 여러 차례 주변 정세를 살피며 자신의 선택을 저울질했고 끝내 청조를 택했을 확률이 높다. 실제로 청은 오삼계에게 여러 차례 투항할 것을 권유하였으나 지원군을 요청하기 전까지 오삼계는 항복 권유를 뿌리쳤다. 이자성의 공격이 임박해 와서야 비로소 청과의 연계를 준비하는 서신을 다이곤에게 보내고 관계를 개선했다고 한다.

청나라 조정은 산해관 전투 이후 오삼계에 대한 경계를 늦추지 않았다. 오삼계 역시 청에 대항하고자 했으나 수적으로 약세였으므로 달리 뾰족한 방법이 없었다. 따라서 투항을 겸한 연합이라는 선택을 하기에 이른 것이다. 비록 청에 투항하긴 했으나 오삼계는 엄하게 명령을 내려 군사들의 동요를 막았다. 투항 직전, 그가 발표한 격문에는 '모든 명령은 달라진 것 없이 그대로이니, 여전히 주가(朱家)의 통치를 따라야 한다', '모든 대신과 백성 들은 선제를 위하여 상복을 갖추고 동궁을 향해 참배하라' 는 내용이 담겨져 있었다. 투항은 했으나 변함없이 명

산해관(山海關)의 진포(鎭炮)
산해관은 명 말에 오삼계가 주둔하였던 곳으로 군사학적인 요충지였다.

조를 향해 충성심을 내비쳤던 것이다.

오삼계는 투항 이후에도 반청복명을 위한 노력을 계속해나갔는데, 1678년 반청의 의지를 모아 마지막으로 군사를 일으켰다고 전한다. 그럼에도 불구하고 오삼계의 투항은 후세인의 거센 비난을 면치 못하고 있다. 반청 운동 역시 번을 소멸하라는 강희의 명령에 따른 것일 뿐, 진정한 행동이 아니라고 보기 때문이다. 오삼계를 향한 후세인들의 비난 속에는 중원을 만주족에게 내주어야 했던 한족의 뿌리 깊은 비애가 담겨 있는지도 모른다.

정성공의 돌연사 의혹

명나라 말기 정성공은 2만의 병력을 이끌고 대만으로 건너가 그곳을 침공했던 네덜란드 군을 격파한다. 그러나 대만을 수복하고 불과 5개월이 흐른 시점에서 정성공은 돌연 죽음을 맞는다. 역사는 그의 죽음을 병사로 기록하고 있으나 다른 여러 정황들은 독살에 의한 죽음임을 암시하고 있다. 약 4백 년 전 그날, 정성공에겐 무슨 일이 있었나?

명청 시기 유럽 열강 가운데 한 나라였던 네덜란드는 대만을 침공하여 식민지화하였다. 영력(永歷) 15년 (1661), 수만의 군사를 이끌고 하문(厦門)을 출발한 정성공(鄭成功)은 팽호(澎湖)를 경유지로 하여 대만의 화료항(禾寮港)에 상륙하였다. 당시 네덜란드 총독이 주둔하고 있던 적감성(赤嵌城)에 대한 맹공격을 펼친 정성공은 8개월간의 격렬한 전투 끝에 네덜란드 총독의 항복을 받아내기에 이르렀고 대만은 대륙으로 반환되었다. 그후 정성공은 대만에 행정 기구를 설립하여 대만 사회의 경제발전을 촉진시켰다. 이처럼

정성공 상

정성공(1624~1662), 본명은 삼(森)이며, 자는 명엄(明儼)이다. 호는 대목(大木), 명말 청초 복건 남안(南安) 사람이다. 정성공은 명 영력 15년 2만의 군사를 이끌고 대만으로 건너가 네덜란드 군대를 격파하여 대만 수복에 성공하였다.

정성공의 군대가 사용하던 대검

조국의 통일에 끼친 정성공의 업적과 공헌은 실로 위대한 것이었다.

그러나 대만을 수복한 지 겨우 5개월이 지났을 뿐인 1662년 6월 23일, 정성공은 의문의 죽음을 당한다. 당시 그의 나이 38세였으며 대만의 독립과 발전을 위하여 희생을 마다하지 않던 그의 죽음은 매우 애석한 일이었다. 문헌상으로 그의 사인은 단지 독감에 의한 병사였다. 조금 더 자세한 기록으로는 이광지(李光地)가 쓴 《용촌어록속집(榕村語錄續集)》이 있는데, 기록에 의하면 정성공이 죽은 이유는 '더위를 먹어 감기약을 조제하였는데 저녁이 되자 돌연 사망하였다'였다.

정성공의 돌연한 죽음은 후세에 이르러 여러 학자들의 논란거리가 되어왔다. 민족 영웅의 죽음을 둘러싼 기록치고는 너무도 간단명료하기 때문이다. 어떤 이들은 정성공의 사인을 '분노와 울화병'으로 보기도 했고, 다른 이들은 '간장병에 시달려왔으며 독감에 걸렸는데 치료약이 없어서 사망하였다'고 추측하기도 했다. 그 밖에 정성공의 사인으로 추정되는 병명으로는 폐결핵, 악성 말라리아, 유행성감기 등으로 다양한 견해가 제기되고 있다. 외국학자들은 '급성 간질병' 등으로 사망했다는 주장을 내놓기도 했다.

일각에서는 정성공의 죽음을 질병에 기인한 것으로 보기보다는 심리적 요인으로 분석하였다. 당시 정성공의 아들 정경(鄭經)은 유모와 사통하여 아들까지 낳았다고 한다. 이와 같은 사실이 발각되어 아버지 정성공의 엄벌을 기다리던 정경

은 자신이 사형당할지도 모른다는 소식을 듣게
되자 설상가상으로 청군과 타협하였다. 예교를
숭상해온 정성공이 아들의 행동에 커다란 정신
적인 충격을 받았음을 두말할 나위가 없다.

그 밖에도 청 정부의 해금(海禁)에 따른 양식
보급에 중대한 문제가 발생하였다. 또한 스페인
의 식민지가 된 여송(呂宋: 루손, 필리핀 군도의 큰
섬)의 화교들이 혹독한 박해를 받고 있다는 소
식이 들려왔으며, 결정적으로 영력황제의 몽난
까지 발생하자 정성공의 심리적 부담감은 매우
커졌을 것이다. 뿐만 아니라 정성공 조상의 무
덤이 도굴범에 의해 훼손당하는 사건이 발생했
으며, 부친을 비롯한 10여 인의 가족이 사망하
였다는 비보가 연이어 전달되었다. 계속되는 불
행 앞에 고통을 겪던 정성공은 결국 심신이 쇠
약해져 죽음을 맞게 된다.

채회자반(彩繪瓷盤), 청
도자기 접시 위에 그려진 채색화.

정경(鄭經)
정경(1643~1681). 자는 현지(玄之)이며, 청 복
건 남안 사람이다. 명 연평군왕(延平郡王) 정성
공의 장자이다. 청 강희 13년 삼번의 난을 타고
조(潮), 장(漳), 천(泉)의 여러 주를 공격하였다.

하지만 이것은 어디까지나 역사의 기록을 바
탕으로 한 추측일 뿐이다. 최근 들어 학자들은
외부인에 의한 독살을 정성공의 죽음에 대한 가장 유력한 설로 보고 있다. 하림
(夏琳)이 지은 《민해기요》에 의하면 당시 정성공의 병세는 그리 심각한 상황이
아니었다고 한다. 병중이었던 정성공은 '대화를 나눌 때도 여전히 의자에 앉은
채였기에 아무도 그에게 병이 있다는 것을 눈치 채지 못했'고 한다. 왕일승(汪
日升)의 《대만외기(臺灣外紀)》 역시 이와 유사한 내용을 적고 있는데, 정성공이 사

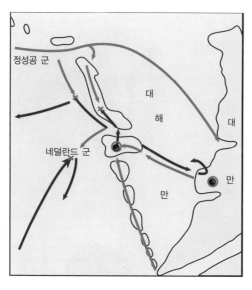

정성공의 대만 수복도

망하던 당일 그는 외출에서 돌아온 후 평소처럼 서실로 향했으며 《태조조훈(太祖祖訓)》을 가져오라고 시킨 후에 술을 마시면서 독서를 했다는 것이다.

이런 기록을 놓고 볼 때 정성공의 병이 위중하였다는 것은 사실과 다를 수 있다. 병으로 죽음을 앞둔 사람이 외출을 하고 돌아와 독서를 할 수는 없는 노릇이기 때문이다. 그렇다면 자연스럽게 한 가지 의문이 생겨난다. 독살에 의한 죽음이라면 누가 왜, 어떤 목적으로 정성공을 살해했을까? 역사의 기록은 왜 정성공의 죽음을 자연사라고 했을까?

독살설을 주장하는 사람들은 우선 정성공과 아들의 불화를 문제삼는다. 당시 정씨 일가에는 여러 가지 모순이 잠재되어 있었다. 정성공의 아들 정경의 행동거지는 매우 경솔하였는데, 자신의 잘못된 처신으로 인해 그는 늘 아버지에 대한 두려움을 갖고 살았다고 한다. 정씨 일가의 형제나 조카 들 중에서는 정태(鄭泰)를 의심해볼 수 있다. 그는 군대의 재정을 오랫동안 맡으면서 수백만의 자금을 모았던 인물이다. 비록 정성공의 신임을 얻기는 했지만 끝없는 야욕 탓에 내심 정성공이 실각하기만을 바라고 있었다고 한다. 그러나 정성공은 풍전등화에 놓인 대만의 형세를 호전시킴으로써 더욱 확고한 정치적 입지를 구축하였고, 이로 인하여 정태는 심리적으로 더욱 초조해졌을 가능성을 배제할 수 없다. 따라서 정태는 자신의 입신양명을 위하여 정성공을 독살하고자 했을 수도 있다.

평소 정성공은 엄격하기로 평판이 나 있었다고 한다. 규율과 상벌에 있어서도 학연이나 혈연에 얽매이지 않고 규정에 따라 엄중하게 행했다. 현실과 타협하지 않는 단호한 성품과 지나친 강직함으로 인하여 정성공의 주변에는 불만 세력이 늘어만 갔다. 그는

정성공 군대가 사용한 등순패(藤盾牌)

군율을 지킴에 있어 사람을 가리지 않았는데, 이러한 행동은 특히 일가친척이나 선배, 동료 들의 커다란 원성을 샀다. 이런 연유로 가장 가까운 가족 가운데 한 사람이 정성공을 독살하였을 것으로 보게 된 것이다.

정치적 차원의 독살설을 제기하는 학자들도 있다. 아무리 가족 간의 유대가 허물어졌다고 해도 서로를 독살할 정도로 깊은 원한을 가지기는 힘들다고 보기 때문이다. 실제로 역사상 정치적 입장을 달리하는 정부 관료들 사이에는 독살을 통해 상대편을 제거하는 일이 빈번하게 자행되었다. 정성공도 예외가 아니어서, 사료의 기록에 의하면 그를 암살하려는 시도가 이미 수차례나 있었다고 한다. 청 정부 측에서도 정성공의 내부 인물을 매수하여 그를 시해하려는 계획을 수차례 모의한 바 있었으며, 그때마다 정성공은 기적같이 암살을 모면했다. 매수된 정성공의 요리사가 공작의 오줌을 넣은 음식으로 정성공을 독살하려 했던 시도는 그 중 대표적인 예에 해당한다.

정성공의 죽음에 의문을 더하는 것은 마신(馬信)의 죽음이다. 마신은 본래 청 왕조의 장군으로 후에 정성공의 신임을 얻어 도독(都督) 직을 맡기도 하였던 인물이다. 그는 정성공이 사망한 직후 역시 정성공과 마찬가지로 의문의 죽음을 당하게 된다. 정성공이 사망하던 당일 마신은 의사에게 정성공이 더위를 먹어 감기가 들었으니 약을 조제해줄 것을 요청하였고, 그날 저녁 정성공은 돌연 사망했

다. 정성공의 급작스런 죽음과 당시 마신의 행동 사이에는 분명 뭔가 석연찮은 구석이 있었다. 그가 직접 정성공의 암살을 주도한 것은 아닐지라도 사건의 진상을 알고 있을 유일한 인물임에는 틀림없었다. 하지만 마신 역시 의문의 죽음을 맞이했는데 배후 세력에 의해 죽음을 맞았을 가능성이 매우 높다.

죽기 직전 정성공에게서 나타난 몇 가지 징후 역시 독살설에 힘을 실어준다. 왕일승의 《대만외기》에는 '양손이 마비되어가고 있었다' 는 기록이 나오며, 하림(夏琳) 역시 《민해기요》에서 정성공이 '발을 동동 구르며 가슴을 쥐어뜯다가 크게 소리치며 죽었다' 고 기록하고 있다. 오위업(吳偉業)이 지은 《녹초기문(鹿樵紀聞)》에는 '임종 무렵 정성공이 얼굴을 할퀴고 잡아뜯었다' 는 기록이 있으며, 심운(沈云)의 《대만정씨시말(台灣鄭氏始末)》에는 '손가락이 썩어 들어가서 죽었다' 라고 적혀 있다. 《민해기요》에 의하면 임종을 앞둔 정성공에게 '도독사 홍병성(洪秉誠)이 약을 조제하여 가져오자 그는 땅바닥에 약을 내던졌다. 그리고 발을

네덜란드에 투항하는 식민지인

구르며 가슴을 쥐어뜯다가 비명을 지르고 죽었다'고 한다. 주변에서 정성공을 살리려고 노력했지만 이미 치료 시기를 놓쳤음을 알 수 있다.

여러 기록으로 미루어 볼 때 정성공의 사인을 독살로 보는 견해는 일견 타당해 보인다. 청나라의 관여설도 일리가 있지만 배후 인물로는 역시 정태를 꼽을 수 있다. 정태는 정치적인 야욕이 큰 인물이었다. 아마도 그는 청 정부와 은밀한 밀약을 맺고 정성공을 죽음으로 몰고갔을 것이다. 정태에게 인질로 잡혀간 정성공의 아들 정경은 훗날 정태에게 대량의 자금이 유입되었다는 사실을 알았다. 그러나 안타깝게도 그에게는 아버지의 죽음을 밝히고자 하는 의지가 전혀 없었으며 따라서 더 이상 정태를 추궁하지 않았다. 이로써 정성공의 죽음은 무성한 추측만 남긴 채 역사의 뒤안길로 사라졌다.

4장 문인 열전

— 문인들의 출생과 죽음에 관한 이야기

형수를 사랑한 조식

뛰어난 시인이었던 조식은 감히 쳐다볼 수 없었던 형의 아내, 견후를 사모하여 시를 짓는다. 그러나 그렇게 지은 《낙신부》는 조식이 사랑했던 견후에게 돌이킬 수 없는 비극이 된다. 조조의 뒤를 이어 위나라를 이끌었던 조비와 그의 동생 조식 사이엔 무슨 일이 있었던 걸까?

조식 상

조식(192~232). 자는 자건(子建)이며, 진왕(陳王)에 책봉되었다. 건안 문학의 대표적인 문인이다.

조식(曹植)은 위(魏) 문제(文帝) 조비(曹丕)의 동생으로 문학과 예술 방면에 매우 뛰어난 재능을 보였다. 건안(建安) 문학사상 풍운의 인물이기도 했던 조식은 이른바 '팔방미인'으로 불리며 개성적인 문체와 풍류를 즐기던 자유인으로 평가되고 있다. 문학 애호가이던 그의 아버지 조조는 조비의 재능을 높이 평가하였으나, 절도 없는 생활을 일삼던 그에게 점차 실망하게 되었고 따라서 조식은 그의 재능을 시기한 형 조비의 박해를 받았다.

조식은 일평생 수많은 작품을 남겼으며 특

히 서기 223년에 지은《낙신부(洛神賦)》는 아직까지도 후세인들의 폭넓은 사랑을 받고 있다. 조식의《낙신부》는 '낙수(落水)의 신'을 흠모하는 마음을 서정적이면서 낭만주의적인 문체로 잘 살려내었다는 평가를 받고 있다. 그러나 당시 조식이 정치적인 고립 상태에 있었던 점을 감안한다면, 인간과 신의 비극적인 사랑을 빗대어 군왕을 향한 자신의 충정과 회한을 그려낸 것이라는 전통적인 관점이 더 우세하다고 볼 수 있다. 군왕을 향한 일편단심의 심리는 '태양'이라는 시어에 함축되어 있으며, 자신의 비통한 심정은 '낙수의 신'을 빌려 표출하고 있는 것이다.

《조자건집(曹子建集)》

조식은 시(詩), 문(文), 부(賦) 등 모든 분야에서 뛰어난 재능을 보였다. 작품으로는 《낙신부》가 유명하며 건안 문학의 발전에 커다란 업적을 남겼다. 그의 시는 한층 유려하여 '건안지걸(建安之杰)'로 불렸다. 오언(五言) 위주의 시를 많이 썼다.

그러나 당대의 이선(李善)은《문선(文選)》의 주해를 다는 과정에서 조식의 역사적 평가에 대해 새로운 견해를 제기하였다. 이선은 조식의《낙신부》를 가리켜 조식이 그의 형수인 견후(甄后)를 그리워하여 지은 시라고 해석하였다. 또한 원제는 '낙신부'였는데 후에 조비의 아들 위 명제가 시를 읽고 난 후에 '감견부(感甄賦)'로 개명했다고 한다.

이선의 주장은 엄청난 파장을 불러일으켰다.《낙신부》가 과연 조식이 형수를 연모하여 지은 시라면 예교를 숭상하던 당시의 사고방식으로는 도저히 입에 담을 수조차 없는 반인륜적인 패륜 행위가 아닐 수 없었기 때문이다. 이선이 내세운 주된 근거는 자신이 주해한 '뢰침(賚枕)'이란 문구에서 기인하고 있다. 즉, '조식이 조정에 들자, 황제는 견후의 비단 베개(뢰침)를 보여주었다. 조식은 눈물을 금치 못하였다. 견후는 이미 곽후(郭后)에 의해 굶어죽은 이후였다. 황제는 태자를 연회에 머물도록 명령하고 베개를 조식에게 주었다'는 문구가 그것이다.

〈낙신도〉, 청, 소신(蕭晨)

《낙신부》는 낙신과의 사랑과 슬픈 이별을 노래한 시이다. 처음에는 낙신의 아름다운 자태를 농염한 외모와 의상에 대한 묘사로 매우 고혹적으로 표현하고 있으며, 이에 휘말리는 감정의 절정을 보이다가 결국에는 신과 인간의 한계로 인하여 이별을 맞게 되는 비극을 그렸다. 이상을 추구하는 인간의 심리와 이별에 대한 절망의 감정이 세심하게 묘사되어 있다. 이 그림은 낙신이 물 위를 건너는 모습이다.

이런 기록은 참으로 불가사의한 내용이 아닐 수 없다. 조비는 어째서 자신의 아내가 쓰던 베개를 동생인 조식에게 보여주었을까? 조식이 평소 아내인 견후에게 은밀한 감정을 품어왔음을 눈치 채고 그 마음을 떠보기 위하여 베개를 보여주었던 것일까? 그리하여 조식이 사랑했던 견후의 유품을 품은 채 평생 동안 비통함에서 헤어나지 않기를 바라기라도 했단 말일까? 이선에 의하면, 조식이 북경을 떠나 제후국으로 향하던 중 우연히 낙수를 지나게 되었는데, 그곳에서 잠시 잠이 들었다고 한다. 그는 꿈속에서 견후를 만났고, 그녀는 조식에게 주옥(珠玉)을 주었다. 잠에서 깨어난 후, 조식은 비통함을 참지 못하고 시를 지었는데 그것이 바로 《감견부》라는 것이다. 하지만 이선의 주장을 뒷받침할 만한 기록은 없다.

이선의 주장 이후, 학계는 크게 두 가지 의견으로 나뉘었다. 이선의 주장에 공감하는 쪽과 공감하지 않는 쪽이다. 공감하지 않는 학자들은 조식이 결코 '불충

불의'를 저지를 인물이 아니라는 점에 주목한다. 따라서 《낙신부》 역시 형수인 견후를 위하여 지었다는 이선의 주장은 말도 안 되는 낭설이라고 반박했다. 당송과 명청의 문인들은 조식이 조비의 아내이자 한 나라의 황후인 견후에게 감히 연모의 정을 품는 것은 대역무도한 일로서 왕실의 명예와 직결되어 있으므로 전혀 사실무근이라고 보았다. 따라서 이러한 견해를 제기하기 이전에 반드시 그 진위 여부를 판별해야 한다고 주장하였다. 그래서 이들은 몇 가지 오류를 발견해내었다.

학자들은 이선의 판본에 주목하며, 본래 주해가 달려 있지 않았으나 후대에 와서 송나라 사람이 제멋대로 첨가했을 가능성을 지적하였다. 또한 일각에서는 조식과 견후를 모함하기 위한 저의가 내포되어 있다고 보았다. 설령, 조식이 견후에 대한 연모의 정을 품었다 하더라도 당시의 사회적 분위기에서 공개적으로 자신의 감정을 드러낼 수는 없었을 것이다. 게다가 '뢰침'에 대한 주해 역시 상식을 벗어난 해괴망측한 해석으로 보았다. 황제인 조비는 한 나라의 군주이자 조식의 형으로서 그렇게 경솔한 행동을 했다는 것은 납득이 가지 않는다는 주장이다. 설사 두 사람의 불륜 관계를 눈치챘다고 해도 공공연하게 드러낼 수는 없지 않은가? 게다가 조식은 형수인 견후와 상당한 연령의 차이가 있었다. 무려 10년이나 연상인 견후에게 조식이 사랑의 감정을 느꼈을 가능성은 매우 희박하다.

한편, 《감견부》의 '견(甄)'은 '견후'를 가리키는 것이 아니고, 본래 '견성(鄄城)'을 뜻하는 '견(鄄)'인데 이를 혼동하여 '감견(感鄄)'이 '감견(感甄)'으로 잘못 기재되었을 가능성을 제기하는 이들도 등장하였다. 따라서 이 시는 조비를 향한 조식의 충정을 묘사한 작품이 틀림없다고 보는 것이다.

그러나 후대에 이르러 많은 학자들은 조식의 《감견부》가 견후를 그리워하여 지었다는 견해에 의견을 같이하고 있다. 그들 중 대표적인 인물은 이상은과 포송령이다. 특히 이상은은 조식의 '감견'을 소재로 한 작품을 많이 지은 것으로 유명하다. 조식의 줄거리를 토대로 창작된 민간의 일부 전기체 소설은 더욱 복잡다단한 구성을 선보이기도 하였다.

현대에 와서 곽말약은 《조식론(曹植論)》을 통해 조식에 대한 자신의 거침없는 견해를 발표하였다. 곽말약은 '조식과 10년 연상의 형수 사이에서 발생한 이 연애 사건은 덮어놓고 부정할 수만은 없는 어려운 사안이었다'면서, 위진 시기의 남녀 관계가 비교적 낭만적이었다는 점을 지적하였다. 따라서 풍류와 예술을 즐기던 조식과 아름다운 견후의 사랑은 자연스러운 감정의 발산이었다고 보았다. 다만 사회적 명분상 은밀한 감정을 품는 것으로 만족해야 했을 뿐, 행동으로 직접 옮기지는 못하고 시를 통하여 완곡히 표현해냈다고 보았다.

사실 타고난 성향과 기질상 조식과 견후는 공통점이 많았기에 서로에게 끌리는 감정을 자제하기 어려웠을 것이다. 게다가 두 사람의 처지마저 비슷했으므로 닮은 운명에 대한 정서적인 교감은 그들을 더욱 친밀하게 만들어갔을지도 모른

〈낙신부도〉, 동진

다. 견후를 향한 애틋한 감정을 단지 문학작품 속에서만 승화시켜야 했던 조식의 애절함이 표출된 것이 바로《감견부》라는 가설은 그러기에 더욱 세인의 공감을 얻고 있다. 곽말약은 조씨 형제 간 갈등의 골이 깊어진 근본적인 이유가《감견부》에 있다고 보았으며 그로 인하여 견후마저

조식의 묘
조식의 묘는 산둥성(山東省) 둥아현(東阿縣) 어산(魚山)에 위치하고 있다. 조식은 조조의 셋째 아들로 형인 조비와의 왕위 쟁탈에서 실각하였다. 한 건안 25년 조조가 세상을 떠나자, 황제가 된 조비는 조식을 박해하기 시작했다. 사람들은 조식을 '진사왕(陳思王)' 이라고 불렀다.

피살되었다고 주장했다. 또한 작품 속에 등장하는 '군왕' 이 조식이라는 데는 동의하나 이것이 결코 군왕에 대한 충정을 의미하는 것은 아니라고 보았다.

이처럼 대부분의 의견이 나름대로 타당성을 보이고 있으나 어느 것도 딱히 정확한 역사적 사실이라고 보기는 어렵다. 대부분 추론에만 의지할 뿐 근거가 미약하기 때문이다. 따라서 조식의《감견부》를 둘러싼 학계의 논란은 당분간 계속될 전망이다.

굴원은 왜 멱라수에 몸을 던졌을까

굴원은 초나라의 대표적인 낭만주의 시인이다. 그는 자신이 살아생전 지은 시를 통해 죽음을 예견하기도 했는데, 그가 남긴 우국충정의 시어는 지금까지도 세인들의 가슴을 울리고 있다. 그는 무엇 때문에 멱라수에 몸을 던졌으며 죽음을 통해 무엇을 이야기하려 했을까?

굴원 상

굴원(기원전 339~278). 이름은 평(平), 정칙(正則)이며 자는 원(原), 영균(靈均)이다. 전국시대 초나라 사람으로 초나라 회왕의 신임을 얻어 좌도(左徒)에 올랐다. 그의 작품은 민간문학이 주된 소재가 되었고 신화와 전설을 가미하기도 했다. 후대의 문학에 많은 영향을 끼쳤다.

길게 탄식하면서 눈물을 글썽이며

　백성들의 고통스러운 삶을 슬퍼하노라

　　길은 아득히 멀고 험하기만 한데

　　나는 무엇을 찾기 위하여 이리저리 헤매는가

이 글은 정치가이자 시인이었던 초나라의 굴원이 남긴 대표적인 작품이다. 중국 역사를 빛낸 위대한 시인들 가운데 굴원은 가장 낭만주의적인 시인으로 손꼽힌다. 굴원은 어떠한 권력의 유혹에도 굴하지 않고 끝까지 우국충정의 기개를 지킨 인물이었다. 굴원은 간신들의 중상모략으로 인해 초

(楚)나라 왕의 가혹한 박해를 받아야 했으며, 초나라
가 진나라의 공격을 받아 쇠망의 길을 걷자 스스로 멱
라수에 몸을 던져 순국하였다.

《초사(楚辭)》, 굴원 저

굴원은 살아생전 많은 시를 지었는데 중국 문학사
상 굴원처럼 아름답고 비장한 우국시를 남긴 시인은
흔하지 않다. 때문에 그의 죽음은 세월이 흐른 지금까
지도 끊임없이 논란의 대상이 되고 있다. 그러나 굴원
의 죽음을 둘러싼 논쟁은 여타 죽음을 둘러싼 논쟁과
확연히 다른 양상을 보이고 있다. 자살이나 독살과 같
은 죽음의 방식에 대한 논란이 아니라, 그가 죽음을 택하게 된 배경에 논란의 초
점이 모아지고 있는 것이다.

굴원의 죽음에 관하여 청나라의 왕부(王夫)는 순수한 우국충정에서 우러난 행
동이라고 높이 평가하였다. 외세의 공격을 받아 점차 패망해가는 조국의 운명을

바라보던 굴원은 정신적으로 극심한 고통을 겪었
다. 특히 전쟁으로 인하여 돌아갈 고향마저 폐허로
변하고, 순식간에 삶의 터전을 잃고 유랑하는 백성
들의 비참한 현실에 굴원은 비탄을 금치 못했다.
그러나 간신의 말에 현혹되어 판단력을 잃은 초나
라 경양왕(頃襄王)은 막강한 진의 군대를 당해낼
수 없었다. 이러한 상황에서 굴원은 조국의 불행을
막지 못한 자책감으로 인해 스스로 목숨을 끊으며
조국을 향한 우국충정을 증명했던 것이다.

현대에 와서 곽말약은 굴원에 관한 논의를 더욱

굴자사(屈子祠)

굴원의 사당은 호남성 멱라현의 멱라강
옥사산에 위치하고 있다. 한(漢)대에 축
조되었으며, 현존하는 것은 청대 건륭 21
년에 개축된 것이다. 사당의 후원에는 정
사구(頂上丘)가 있는데 소단(騷壇)이라고
불렸으며, 굴원은 이곳에서 《이소》를 지
었다고 전한다.

발전시켰다. 굴원은 60여 세에 유랑하다 세상을 떠났다. 그의 유랑 세월은 이미 오래전부터 지속되어왔으며 결국은 자살로 자신의 삶을 마감하고 말았다. 그가 자살을 택해야만 했던 직접적인 동기를 단순한 좌절로 보는 관점은 타당성이 부족하다. 굴원은 매우 의지가 강한 인물이었다. 또한 조국과 민족에 대한 우국충정이 남달랐다. 따라서 그의 죽음 안쪽에는 좀더 심오하고 진지한 요인이 자리잡고 있었을 것이라는 게 곽말약의 주장이다.

또한, 곽말약은 '경양왕 21년, 전쟁의 형세는 나날이 심각해져 도성은 함락되고 약탈과 파괴가 자행되었다. 동정(洞庭), 왕저(王渚), 강남(江南) 등이 차례로 함락되었다. 경양왕마저 동북 지역으로 피신하였고 진성(陳城)은 가까스로 유지되었다. 이처럼 초나라는 멸망을 앞두고 있었다. 강남 땅에서 방황하던 굴원은 이러한 조국의 비참한 소식을 듣고 정신적으로 극심한 압박을 받았다. 이와 같은 상황을 만회하기에는 너무 늦어버린 절망감으로 괴로워하다가 결국 최후의 선택

굴원의 고향
초나라의 귀족이었던 굴원의 고향은 지금의 호북성 자귀시이다.

〈구가도(九歌圖)〉, 원, 장악(張渥)
이 그림은 굴원의 《구가(九歌)》를 묘사하였다.

을 하게 되었다' 는 세밀한 분석을 내놓았다.

강량부(姜亮夫)와 같은 인물은 굴원의 죽음은 공명정대한 자신의 이상을 실현하기 위한 마지막 방편이었다고 주장하였다. 강량부의 말을 증명이라도 하듯, 굴원의 시(詩) 《회사(懷沙)》에는 죽음을 앞두었던 굴원의 비통함이 잘 드러나 있다.

세상은 혼돈에 빠지고 나를 알아주는 이가 없네
나의 진심을 말할 길이 없으니 죽음을 피할 수 없구나
이로써 희망 역시 죽음을 안타까워하지 않으리
세상은 모두 혼탁해져만 가는데 나 홀로 깨끗하고
세상이 모두 취해 있는데 나 홀로 깨어 있구나

이 시 속에는 우국충정을 알아주지 않는 군주와 세상에 대하여 자신의 고결한 절개를 증명하기 위한 방법이 죽음밖에 없음을 한탄하고 있는 굴원의 심정이 잘 드러나 있다. 당시 초나라는 계속되는 전란으로 인하여 나라의 도성마저 공격당하는 등 매우 위급한 상황이었다. 그런 연유로 굴원 역시 자신의 목숨을 보전하기가 쉽지 않았을 것이다. 따라서 그의 죽음 역시 피할 수 없는 상황이었을 가능성도 전혀 배제할 수는 없다. 굴원은 자신의 최후를 스스로 결정하였고 그것은 현실 도피를 위한 선택이 아니었다.

많은 학자들이 굴원의 자살을 나약한 허무주의자의 무책임한 행동과 별개의 선택으로 평가해야 한다는 견해에 동의하고 있다. 오히려 불의와 타협하지 않으려는 굴원의 의연하면서도 굳건한 의지의 발현이라고 보았다. 굴원의 죽음을 두고 후세인들은 도덕과 이상을 실현하기 위한 용기 있는 선택이라는 평가를 내리는 데 주저하지 않고 있는 것이다.

일각에서는 굴원의 죽음을 가리켜 '시간(尸諫)'이라고 주장하기도 한다. '시간'이란 죽음으로써 군주에게 간언하는 것을 말한다. 굴원은 간신배들의 박해와 중상모략으로 평생 동안 유랑의 세월을 보내야 했다. 가슴속에 울분을 담은 채 굴원은 전국 각지를 떠돌며 한 많은 삶을 살았다. 그러나 조국을 향한 우국충정은 변함이 없었으니 스스로 목숨을 끊는 극단적인 방법을 통해서라도 판단력을 잃은 초왕을 각성시키고 기울어가는 나라를 구하고자 했는지도 모를 일이다.

초나라는 회왕(懷王)이 인질로 잡혀가는 우여곡절 끝에 경양왕이 왕위에 올랐지만 나라의 상황은 갈수록 악화되었다. 굴원은 경양왕이 즉위하기 이전부터 제나라와 연합하여 진나라를 물리칠 것을 주장해왔다. 그러나 국사에 대한 분별력을 잃은 경양왕은 인질로 잡혀 있는 아버

〈굴원 복거도(卜居圖)〉, 청, 황응심(黃應諶)
굴원의 《복거(卜居)》는 초사(楚辭) 중에서도 명작으로 손꼽힌다.

지 회왕이 이국에서 객사하도록 방치하였으며, 제나라와 단교한 후에 진나라와 우호를 맺었다. 연합작전의 기회를 잃고 스스로 적과 손을 잡은 것이다.

나라 안은 사치와 방탕이 극에 달했고 대신들은 권력을 제멋대로 남용하였다. 이처럼 나라의 안과 밖이 흥청거리는 동안 조정에는 간신배들만 넘쳐났으며 백성들의 흉흉해진 민심은 이미 조정을 떠났다. 이런 상황에서 경양왕은 진심으로 나라의 앞날을 걱정하는 굴원마저 추방시켰다. 나라를 구하려던 굴원의 노력은 물거품이 되어버렸고 경양왕의 우매함과 무능함에 크게 분노한 굴원은 죽음으로써 자신의 진심을 관철시키고자 했던 것이다.

굴원의 죽음을 '시간설(尸諫說)'로 보는 결정적인 이유는 그의 시 《이소(離騷)》 때문이다. 굴원은 이 시에서 '팽함(彭咸)이 남긴 교훈을 본받고자 한다'고 적고 있는데, 팽함은 은(殷) 왕조의 현명한 선비로서 군주에게 한 자신의 간언이 받아들여지지 않자 강물에 몸을 던져 스스로 목숨을 끊은 인물이었다. 굴원은 팽함을 자신의 시에 언급함으로써 경양왕에게 경각심을 불러일으키고자 했음을 알 수 있다.

어떤 학자들은 굴원의 타고난 성품과 죽음의 연관성에 주목하고 있기도 하며, 다른 학자들은 그의 강직한 도덕성이 자살 의지를 부추겼을 것으로 보고 있기도 하다. 위대한 시인, 굴원의 죽음은 이처럼 오늘날까지 수수께끼로 남아 있으며 그 심리적 배경을 둘러싸고 의혹은 계속되고 있다. 이 모든 연구의 목적이 굴원의 우국충정을 기리는 마음에서 비롯된 것임은 두말할 나위도 없다.

도연명의 혈통에 숨겨진 비밀

근대의 학자 진인각은 오랫동안 사람들이 의심 없이 믿어왔던 역사적 진실에 의문을 제기했다. 도연명의 혈통이 한족이 아닌 해족일 가능성이 크다고 주장한 것이다. 그의 주장은 통설을 뒤집는 것이어서 즉각 커다란 파장을 일으켰다. 진인각의 주장은 무슨 근거에서 출발했을까?

도연명 상
도연명(365~427), 이름은 잠(潛)이고 자는 원량(元亮)이다. 심양(潯陽) 시상(柴桑) 사람이며, 증조부인 도간은 대사마를 지낸 진의 개국 공신이다.

동쪽 울타리에 핀 국화를 꺾으며
유유히 남산을 바라보노라

이 시는 송대(宋代)의 유명한 시인이었던 도연명(陶淵明)의 작품이다. 도연명은 기교를 부리지 않는 평담(平淡)한 시풍을 지녔으며 질박함 속에서도 인생의 심오한 의미가 담겨진 시를 주로 지었다. 또한 그는 일찍이 권력의 비정한 속성을 간파하여 은둔 생활을 즐긴 것으로도 유명하다. 부패한 통치 계급에 대한 극심한 혐오감으로 일평생 자연을 벗 삼으며 자신의 문학적 순수성과 기개를 지켰던 것이다. 그로 인해 오늘날까지 많은 중국인의 존경과 찬탄을 한몸에 받고 있다.

도연명을 좋아하는 대부분의 중국 사람들은 그를 자신들과 같은 한족(漢族)으로 알고 있으며 누구도 그의 혈통에 대하여 의심하지 않았다. 하지만 근대의 학자 진인각(陳寅恪)은 오랫동안 사람들이 의심 없이 믿어 왔던 역사적 진실에 의문을 제기했다. 도연명의 혈통은 본래 한족이 아니며, 해족(奚族)일 가능성이 크다고 주장한 것이다. 그의 주장은 통설을 뒤집는 것이어서 커다란 파장을 일으켰다. 그렇다면 진인각은 무슨 근거로 이런 주장을 하게 되었을까.

도연명과 그의 혈통에 관련된 비밀의 열쇠를 쥐고

《도연명집》

도연명이 남긴 작품은 120여 편이 넘는다. 유명한 산문집으로는 《도화원기(桃花源記)》, 《오류선생전(五柳先生傳)》, 《귀거래사(歸去來辭)》 등이 있다. 청대의 심덕잠(沈德潛)은 그를 일컬어 '육조(六朝)시대 제1의 인물'이라고 칭송했다.

있는 사람은 도연명의 증조부 도간(陶侃)이다. 도간은 진대 대사마(大司馬)를 지낸 인물로 그가 도연명의 증조부라는 기록은 《송서(宋書) 은일(隱逸) 도잠전(陶潛傳)》, 《도연명전(陶淵明傳)》, 《남사(南史) 은일 도잠전》, 《진서(晋書) 은일 도잠전》 등의 여러 문헌에서 골고루 확인할 수 있다.

진인각이 도연명의 혈통에 대해 문제를 제기하는 부분은 다음의 세 가지이다.

첫째, 도간은 '심양(潯陽) 시상(柴桑)' 출신으로 알려져 있으나, 본래는 '파양(鄱陽)' 출신이라는 점이다. 서진(西晋)의 명장이었던 도간이 심양에 거주하기 시작한 것은 동오(東吳)를 평정한 이후부터이다. 본래 심양은 해족의 주거지로서 서진이 오를 평정하자 파양 지역 내에 살던 해족들 역시 심양으로 이주해 갔다는 것이다. 진인각은 '파양의 해족들은 용감무쌍하고 호전적이었다. 진이 오를 평정한 후에 여러 무리가 교통이 편리한 심양으로 이주하였다'라는 기록을 근거로

도간 상

귀거래사첩, 명, 문징명(文徵明)
〈귀거래사〉는 도연명의 유명한 문장으로 후세 문인들로부터 칭송과 추앙을 받은 작품이다.

도간이 해족이었을 가능성을 집중 제기했다.

둘째, 전하는 바에 의하면 도간은 당시 조정의 대신인 온교증(溫嶠曾)으로부터 '해족의 개'라는 욕설을 들은 적이 있었으며, 《세설신어(世說新語) 용지(容止)》에도 이와 유사한 내용이 기록되어 있다. 대신이었던 양해(亮害)는 평소 도간을 두려워했는데, 온교증은 '나는 해구(奚狗)에 관하니 살 알고 있다. 만약 경이 그에 대해 알게 된다면 두려워할 이유가 전혀 없다'고 대답하였다. 진인각은 이 기록 역시 도간의 출신이 해족일 가능성을 뒷받침하는 것이라고 주장한다.

셋째, 진송(晋宋) 시기의 기록에는 '그(도간)의 여러 아들은 흉폭하고 호전적이다. 전쟁을 좋아하는 해족을 닮았으니 이에 더욱 의심이 간다'는 대목이 남아 있다. 진인각은 이 부분 역시 도연명과 그의 조상들이 해족이었음을 뒷받침하는 증거라고 주장한다.

하지만 다른 학자들은 진인각의 주장에서 즉각 몇 가지 오류를 발견하였다. 우선 진인각은 '해구(奚狗)'를 단순히 해족을 지칭하는 말로 해석하고 있지만, 사실 이것은 아주 오랜 옛날부터 북방인들이 흔히 남방인을 경멸하는 의미로 쓰던 방언의 일종이라는 것이다. 따라서 '해구'가 해족을 지칭한다고 단정 지을 수 없으며, 온교증의 발언 역시 단지 도간을 모욕하기 위한 의도에 불과하다고 보았다. 게다가 도간의 후손이 '흉폭'하다는 기록은 근거가 미미할 뿐만 아니라 사실과 부합되지도 않는다. 왜냐하면 도간의 후손 중에는 그와 같은 인물이 존재했다는 구체적인 기록이 발견되지 않고 있기 때문이다.

　어떤 이들은 진인각의 주장과 별개로《진서(晉書)》의 일부 내용을 도연명의 혈통에 대한 근거로 제시하고 있다.《진서 도간전》의 기록에 의하면, '도간은 세족(世族)이 아니며 화(華)와는 풍습 면에서 매우 달랐다'라고 전한다. 이것은 즉 도간의 출신 성분이 명문 세족이 아니며 화하(華夏: 중국의 옛 이름) 지역의 풍속과는 동떨어진 이역의 풍습을 따랐음을 의미하고 있다고 볼 수 있다. 이와 같은 기록은 도연명의 혈통이 한족이라는 정설에 커다란 타격을 주는 결정적인 단서가 아닐 수 없다. 도간이 큰 공을 쌓고 높은 관직에 올랐지만 한족이 아니었기 때문에 양해나 온교중 같은 동료들의 멸시를 받았을 가능성은 크다. 따라서 도간의 후손인 도연명 역시 관직을 등지고 평생 은둔 생활을 할 수밖에 없었을 것이라는 추측이 충분히 가능해지는 것이다.

　여러 주장이 난무하긴 하지만 아직까지 도연명의 혈통을 해족으로 볼 수 있는 명확한 증거는 나타나지 않았다. 또한 정설로 굳어졌던 '한족설' 역시 '해족설'

〈도연명 음주도〉, 원

을 반박하기에는 논거가 매우 부족할 뿐 아니라 논리적이지 못하다. 도연명의 혈통에 관한 진인각과 일부 학자들의 문제 제기는 정설로 굳어졌던 한족설을 문제시했다는 데에 그 의미가 있으며, 이러한 논쟁이 구체적인 결론에 도달하기까지는 좀더 시간이 걸릴 것으로 보인다.

이백은 오랑캐였다?

중국인들이 스스로 '시성'이라 우러러 마지않는 이백도 혈통에 관한 논란을 피해가지는 못했다. 사람들은 '형형한 눈빛이 마치 호랑이의 눈동자처럼 무척이나 번쩍였다'는 역사적 기록을 근거로 이백이 서역인의 혈통을 지녔을 것으로 추측한다. 또한 그는 서역의 언어뿐만 아니라 풍습에도 능했다. 일가가 오랫동안 서역 지방을 방랑했다는 역사적 기록도 그의 오랑캐설을 강력히 뒷받침한다.

이백은 중국 역사상 가장 낭만적인 색채가 풍부한 시인으로 통한다. 전하는 바에 의하면 그의 생김새는 일반적인 중국인과 매우 달랐다고 한다. 게다가 그는 월지(서역 지방)의 언어에 능통했으며 이를 뒷받침하기라도 하듯 서역 지방에서 유랑하던 이백의 선조가 후에 중원에 진입하였다는 문헌상의 기록도 전해온다. 이로 인해 후세인들은 이백의 혈통에 강한 의문을 품게 되었다. 이백이 서역인의 자손이었다는 게 그것이다. 과연 이백은 세간의 주장대로 그는 정말 오랑캐 족속이었을까?

이백 상
이백(701~762), 자는 태백(太白), 청연거사(靑蓮居士)라고 부르기도 하였다. 출생지는 쇄엽(碎叶)이며 당대의 유명한 시인이다.

이백의 자술(自述) 및 측근의 증언에 의하면, 이백은 당(唐) 현종(玄宗)의 조부

《이태백 문집》

에 해당하는 위계를 지녔다고 한다. 이백은 작품을 통해 자신의 일가를 간접 기록하고 있는데 그 내용은 다음과 같다. '우리 일가는 원래 농서(隴西) 출신이며 선조는 한나라 때의 명장이었다. 조정에 큰 공을 세워 고관에 올랐다. 혁혁한 공으로 인하여 명성을 떨치게 되었다', '본가는 금릉(金陵)이며 대대로 귀족의 가문이었다…….'

이백의 가문에 대하여 추측할 수 있는 문서는 또 있다. 이백의 숙부 이양빙(李陽冰)은 《초당집서(草堂集序)》를 통해 다음과 같이 이백을 기록했다. '이백의 자는 태백(太白)이며, 농서 성기인(成紀人)이다. 양무(凉武) 소왕(昭王) 이고(李暠)의 9대 손이다. 관직을 세습하고 대대로 세도를 누렸으나 중엽에 큰 죄를 지어 조지(條支)로 귀양 보내졌다. 성과 이름을 개명하였다. ……신룡(神龍: 무후의 연호) 초기에 촉으로 도피하였다.'

이백의 고향
이백이 유년기를 보낸 곳이다.

이처럼 여러 문헌상의 기록에 의하면 이백은 태종(太宗) 이세민(李世民)의 종손으로 이백의 증조부는 이세민의 형이거나 아우였을 가능성이 크다. 또한 당 천보(天宝) 연간에 현종은 이고(李暠)의 손자를 '종파로 예입하여 족적에 편입시키라'는 조서를 내린 바 있다고 사료는 전하고 있다. 이는 곧 이백의 선조가 황족의 반열에 올랐다는 것을 의미한다. 그러나 기이한 것은 그 후손인 이백은 황족의 영광을 전혀 누리지 못했다는 점이다. 게다가 이백은 후에 한림원(翰林院)에 들어가 황제를 가까이할 기회가 여러 번 있었음에도 불구하고 자신의 일가가 황족에서 제외된 사실을 알리지 않았다.

말년의 이백은 매우 궁핍했다. 따라서 무슨 수를 써서라도 관직에 나가야만 하는 절박한 상황이었다. 더구나 황족의 일가가 된다는 것은 명예로운 일일 뿐만 아니라, 세도를 누릴 수 있는 절호의 기회임에 틀림없었다. 그러나 그런 상황에서도 이백은 여전히 자신의 혈통과 가문에 대하여 언급하기를 꺼렸다. 물론 이백이 젊었다면 충분히 이해할 수 있는 상황이다. 젊은 시절의 이백은 자유분방하고 호방했으며 누구에게도 기대려고 하지 않았다. 하지만 말년에는 사정이 완전히 달랐는데도 그가 궁핍한 상황 속에서도 끝까지 자신의 신분을 밝히지 않았다는 것은 실로 불가사의한 일이 아닐 수 없다.

이백의 선조와 그 당시 황제였던 이세민이 형제지간이었던 것은 틀림없는 사실이다. 하지만 형제 간의 우애가 돈독했던 것으로는 보이지 않는다. 일각에선 현무문(玄武門)사변에 연루된 이백의 선조가 황궁과 깊은 갈등을 겪고 서역으로 도피했다고 주장하기도 한다. 살아생전 이백은 이씨 일가의 시조인 이광(李廣)에 비하여 공적이 못 미치는 이릉(李陵)에 대한 공개적인 언급을 꺼렸다고 한다. 이백의 모호한 태도 역시 이씨 일가에 관한 명백한 고증을 어렵게 하고 있다.

다른 기록들 역시 애매하기는 마찬가지이다. 이백의 한 측근은 '수(隋)나라 말기에 재난이 잇따르자 살 곳을 찾아 헤매다녔다. 이름과 성을 바꿔 살았는데 후에 귀국하여 보니 족보가 유실되고 없었다'고 이백 일가에 대한 증언을 기록하고 있다. 이백은 스스로 '조지(條支)로 옮겨 개명하였으며 ……신룡 초기에 촉으로 도피하였다'는 기록을 남겼다. 하지만 의문은 계속된다. 이백의 아버지 이객이 중원을 떠나 촉으로 유랑한 이유는 무엇이었을까? 과연 계속되는 전란 때문이었을까? 혹시 고향으로 돌아갈 수 없을 만큼의 중죄를 지은 탓에 변방을 떠돌아야 했던 것일까? 이 문제를 푸는 일이 이백의 숨겨진 혈통을 캐내는 데 결정적

〈유리당(琉璃堂) 인물도〉, 오대(五代), 주문구(周文矩)

이 그림은 강녕현(江寧縣) 승임(丞任)에 소재한 유리당 집회에 모인 시인 왕창령과 이백을 묘사한 것으로 승려와 마주 보고 있는 사람이 왕창령이고 소나무에 기댄 사람이 이백이다.

인 역할을 할 것으로 학자들은 기대하고 있다.

청대의 왕기(王琦)는 이백의 아버지를 가리켜 당대의 협객이었을 가능성이 크다고 보았다. 따라서 의협심이 넘치는 그의 기질은 주위의 원한을 사기에 충분하였으며 이로 인하여 당시 최고 권력자의 눈 밖에까지 나게 되었다는 것이다. 그런 연유로 중원에서 추방되어 이름과 성을 개명하고 평생을 방랑자의 신분으로 살게 되었다는 것이다. 만약 이 가설이 사실이라면, 혹은 이 가설을 정확히 입증할 수 있다면, 이백이 일평생 관직을 등지고 은둔 생활을 했던 이유가 자연스럽게 해결된다.

하지만 이러한 가설은 역으로 이백이 한족이 아니었다는 가설을 강력하게 검증한다. 일단의 학자들은 이백이 아버지인 이객의 특이한 경력과 독특한 외모를 그대로 물려받았을 것이라고 추측한다. 이들 부자의 남다른 외모는 물론이거니와 변방의 언어에 능숙했던 점, 이국의 풍속에 익숙했던 점들을 종합하여 이백의 혈통이 한족이 아니었을 가능성을 제기하고 있는 것이다. 이객 일가가 수조(隋朝) 말기에 쇄협과 조지 등의 지역으로 귀양 보내졌다고 하나, 그 기록은 정확하지가 않다. 쇄엽과 조지 지역은 당시 중앙 정부의 세력권이 아니었기 때문이다. 따라서 이와 관련된 일부 기록은 사실과 부합되지 않는다. 다른 기록에 의하면, 이백의 아버지는 촉으로 은밀히 도피한 후에 '객(客)'이라는 이름으로 불렸다고 한다. 일반

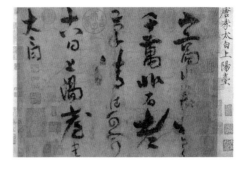

상양태첩(上陽台帖), 당, 이백

적으로 한인들은 서역인에 대한 일괄적인 호칭으로 종종 '호객(胡客)'이라는 명칭을 썼으며, 따라서 이객의 이름과 서역인에 대한 호칭 사이에 어떤 상관관계가 있을 것으로 보인다.

수조 말기 촉 지방은 서역 오랑캐와의 무역이 번성했다. 이객은 촉으로 귀양 보내진 후에 그곳에서 상거래를 하여 부를 축적하였고 막대한 재물을 모아 귀족에 편입되었을 가능성도 배제할 수 없다. 전하는 바에 의하면 이백은 '형형한 눈빛이 마치 호랑이의 눈동자처럼 무척이나 번쩍였다'고 한다. 이는 그의 외모가 한족보다는 서역인의 특징에 더욱 가까웠음을 말해주는 결정적인 증거이다. 게다가 이백은 서역의 언어에 능통했고, 그곳의 소수 민족 풍습에도 매우 밝았다. 이 모든 정황을 종합해보면 자연스럽게 이백의 뿌리가 서역에 있음을 추측하게 되는 것이다.

그러나 반론 역시 만만찮다. 여러 가지 근거와 추론에도 불구하고 여전히 이백을 한족이라고 주장하는, 혹은 그렇게 믿고 싶어 하는 이들이 많다. 그들은 고대 문헌을 해석함에 있어 '찬적(竄謫)'이란 문구의 의미를 '추방' 혹은 '유배'로 단정 짓는 것은 매우 위험하다고 주장한다. 고대에는 일반적으로 한족의 주 거주 지역에서 외역으로 이주하는 것을 '찬적'이라고 불렀다. 따라서 이백의 아버지

가 서역 지방으로 이주하게 된 것은 유배가 아닌 자발적인 이주였다고 보는 것이다. 그들의 주장에 의하면, 역사적 연대를 수조 말기로 해석하는 것도 상당히 모호한 구석이 있으며 단순히 이백 부자가 서역 언어에 능통하고 소수 민족의 풍습을 따랐다는 사실만으로 그들을 서역인이라고 단정하기는 어렵다는 것이다.

역사적으로 볼 때 중국은 당대에 들어와 영토가 확장되었으며 민족융합정책을 시행하면서 여러 소수 민족들을 하나의 '한족(漢族)'으로 흡수, 통일하였다. 이러한 상황이라면 어떠한 경로였는지는 알 수 없으나 이백 일가가 서역 지방으로 진출하였을 가능성을 전혀 무시할 수는 없다. 이백의 생김새가 서역인을 닮은 것은 우연의 일치로 보아도 무방한 일이다. 실제로 한족으로 서역인의 외모를 닮을 가능성은 얼마든지 있지 않은가?

일설에는 이백이 알려진 바와는 달리 이광(李廣)의 후손이 아니며, 사실은 서역 지방에 오래 거주했던 한족으로 비밀리에 촉땅으로 넘어간 후에 이름과 성을 개명하여 이광의 후손으로 위장하였다는 주장도 있다. 한 발 더 나아가 어떤 사람들은 이백의 혈통이 서역인과 한족의 혼혈이라고 주장한다. 역사의 기록에 의하면 이백은 서한(西漢)의 명장이었던 이광(李廣)의 적손(嫡孫)이자 이릉(李陵)의 후손이라고 한다. 당시 한 무제가 집권했던 시기에 이릉은 전쟁에서 크게 패하여 투항하였고 이에 분노한 한 무제가 중원에 있는 이릉의 아내와 일가를 모두 몰살했다는 것이다. 이릉은 후에 서역 지방의 여자를 아내로 맞이하였고, 그의 후손 역시 서역의 풍습에 따라 생활했다고 한다. 수조 말기에 심한 박해를 받자 그 후손들이 서역 지방을 유랑하였다고 하는데, 이백의 아버지가 바로 이릉의 후손에 포함된다. 그러므로 이백 역시 반은 서역인의 혈통을 지녔다고 주장할 수 있는 것이다.

이러한 가설은 이전의 여러 주장들을 절충해놓은 것으로 꽤 설득력이 있어 보

李白斗酒詩百
篇長安市上酒家眠
天子呼來不上船自稱
是酒中仙

〈태백취주도〉, 청, 개기(改琦)

당 현종 천보 연간(746)에 장안에 처음 입성한 두보(杜甫)가 당대의 유명한 애주가 8명의 개성과 예술적인 성과에 찬사를 보내며 이를 시로 읊었다고 한다. 특히 자유분방하며 거침없는 이백의 개성을 적나라게 묘사하였는데, 이 그림은 청대의 유명한 화가 개기가 그린 인물도로서 술에 취한 이백의 모습을 실감 있게 표현하여놓았다.

이나 역시 석연치 않은 점이 존재한다. 주장 자체에 많은 오류와 맹점을 보이고 있으므로 정설이라고 보기에는 힘든 것이다. '시성(詩聖)'으로 불리는 낭만파 시인 이백의 혈통을 둘러싼 후세인의 호기심은 이처럼 모순투성이며 진실은 여전히 수수께끼에 싸여 있다. 과연 이백은 중국인들이 오랑캐라 했던 서역인의 후손이었을까, 아니면 왕족의 일원이었을까?

두보의 무덤은 과연 어디에 있을까

두보는 계속되는 전쟁으로 매우 궁핍한 삶을 영위했으며, 술을 마시고 강물에 빠져 죽는 것으로 생을 마감했다. 두보가 죽자 아들 두종무는 장례 치를 돈이 없어 임시로 두보의 시신을 가매장했고 손자인 두사업 대에 이르러 비로소 제대로 매장했다. 그러나 두보가 어디에 매장되었는지를 놓고 학계는 첨예하게 논란을 벌이고 있다.

> 고관대작의 집에서 술과 고기 썩는 냄새 진동할 때
>
> 거리에는 얼어 죽은 시체가 나뒹굴고 있구나

이 글은 당대의 유명한 현실주의 시인 두보(杜甫)가 남긴 시의 한 구절이다. 두보는 생전에 나라와 백성에 대한 애정이 지극하였으며, 그의 작품은 매 편마다 남다른 우국충정의 정서가 넘쳐흘렀다. 두보는 평생을 빈곤하게 살았는데 특히 말년에 이르러 그의 생활은 더욱 궁핍하였다고 전한다. 죽음의 순간 또한 쓸쓸하기 그지없었다.

그동안 두보는 상강(湘江)의 작은 범선 안에서

두보 상

두보(712～770). 자는 자미(子美), 호는 소릉(少陵), 세칭 두소릉(杜少陵)이라고 불렸다. 당 양양(襄陽) 사람이며, 공현(鞏縣)에서 출생하였다. 엄무의 막료로서 공부원외랑(工部員外郞)의 관직을 지냈는데 이로 인하여 '두공부(杜工部)'라는 세칭을 얻게 되었다. 대력(大曆) 3년 두보는 병을 얻어 호남 상강의 범선에서 세상을 떠났다고 전한다.

《두공부집(杜工部集)》
두보의 시는 우울하고 침체되어 있
는데, 이는 현실을 반영하고 있기
때문이다. 그는 1천4백여 수의 시를
남겼다.

사망한 것으로 알려져왔다. 두보의 아들 종무(宗武)는
두보가 죽자 장례를 치를 형편이 못 되어 두보의 시신
을 임시로 강 근처에 가매장했다고 전한다. 두보가 제
대로 묻힌 것은 그 후 40여 년이 지나서였다. 손자인
두사업(杜嗣業)이 조부의 시신이 묻힌 곳을 찾아내어
다른 곳에 안장한 것이다.

그렇다면 두보의 시신이 처음 묻혔던 장소는 어디
일까? 두보에 관한 기록을 훑어보면 가장 유력한 장
소만도 4군데나 된다. 하나는 호남(湖南)의 뇌양현(耒
陽縣)이며, 그 밖에 악양현(岳陽縣), 평강현(平江縣), 하
남(河南)의 언사현(偃師縣) 등이다.

《뇌양현지(耒陽縣志)》에는 두보의 죽음이 비교적 자세히 묘사되어 있다. 기록에
의하면, '초기에 일어난 전란을 피하여 촉으로 도피한 두보는 엄무(嚴武)에게 의
지하며 지냈다. 엄무가 죽은 후 촉에 전쟁이 일어나 다시 기주(夔州)로 이주하였

두보초당
두보는 안사의 난 이후 성도를 떠나서 화
계 근처에 초당을 짓고 일생을 은둔하며
지냈고, 이 시기에 유명한 작품을 많이
남겼다.

다. 대력(大歷) 3년, 형남(荊南)에 이르러 형산(衡
山) 유람을 마친 후에 침주(郴州)로 갔다. 섭(聶) 12
랑의 도움을 받아 뇌양에 임시로 거처하였다'고
한다. 그러나 뇌양 생활도 순탄치 않았다. 뇌양에
머물던 당시 큰비가 내려 강이 범람했고 두보는
한동안 음식과 물을 구할 수 없는 처지에 놓였다.
그때 섭씨(聶氏) 현령(縣令)이 배를 타고 와서 두보
에게 쇠고기와 술을 전해주었다. 술에 취해 강가
를 배회하던 두보는 물에 빠져 익사하였고 강가에

는 단지 신발 한 켤레만이 남겨져 있었다는 것이다.

　이와 같은 기록은 《신당서》와 《구당서》를 비롯한 기타 문헌의 내용과도 비슷하다. 특히 '두보의 시신은 찾지 못했으며 단지 신발만 남아 있었다'는 기록은 대부분 정확히 일치하고 있다. 그렇다면 자연스럽게 한 가지 의문이 생겨난다. 두보의 시신을 찾지 못했는데 후손들은 무엇으로 묘를 썼을까? 유품으로 신발 한 켤레가 남았을 뿐이므로 두보의 무덤에는 신발 한 켤레만 묻혔다는 결론에 도달하게 된다.

　그렇다면 정말로 신발 한 켤레만 묻힌 것일까? 그렇다면 시신이 가매장된 곳은 어디일까? 두보의 묘는 뇌양현 성 외곽에서 북쪽으로 2리 정도 떨어진 곳에 위치해 있었다고 한다. 남송 이종(理宗) 경정(景定) 연간(1260~1264)에 세워져 명조 가정(嘉靖) 연간에 보수되었다는 기록이 전하고 있다. 당대 정처회(鄭處晦) 역시 《명황잡록(明皇雜錄)》에서 두보는 형주(衡州) 뇌양현에서 유명을 달리하였으며 성의 북쪽 뇌강 주변에 묻었다고 적고 있다. 그의 기록이 다른 문헌과 차이점이 있다면 유품이 아닌 두보의 시신이 실제로 존재하는 임시 가묘라는 점뿐이다.

　《언사현지(偃師縣志) 능묘지(陵墓志)》의 기록에 의하면, 당 헌종(憲宗) 원화(元和) 8년 두보가 세상을 떠난 지 43년이 지난 후, 손자 두사업은 언사(偃師)에서 두보의 장례를 지냈다고 적고 있다. 여기서 언사란 언사현(偃師縣) 서토루촌

두공사(杜工祠)
협서성(陝西城) 장안현(長安縣)에 위치하고 있으며 두보를 기념하기 위한 유적으로 명 가정 5년에 건조되었다.

남산시각(南山詩刻), 당, 두보
사천성 파주시 성남에 있으며 건원 2년에 쓴 것이다. 두보의 서법은 절도가 있으며 흐트러짐이 없이 단정하다.

(西土樓村)을 가리킨다. 혹은 수양산(首陽山)이라고도 일컫는 곳이다. 당시 두사업이 시인 원진(元稹)에게 조부의 묘비문을 지어줄 것을 요청했다는 기록도 있다. 여러 정황으로 보아 두사업이 조부의 묘를 옮긴 것은 사실로 보인다. 따라서 후대인들은 두사업이 언사에서 조상에 대한 제를 올렸다는 기록과 두보의 운구를 호남의 악양(岳陽)으로 발인하였다는 기록을 토대로 언사, 악양, 혹은 평강(平江), 세 지역 중의 한 곳에 두보의 가묘가 있었을 것으로 추정하는 것이다.

다른 의견도 있다. 후세에 지어진 《호남통지(湖南通志)》, 《파릉현지(巴陵縣志)》, 《평강현지(平江縣志)》 등은 뇌양에서 두보가 불의의 사고로 죽은 후, 아들 두종무는 남은 가족들을 이끌고 악주(岳州: 지금의 호남 악양)로 갔는데 부친의 가묘를 그곳에 두었다고 적고 있다. 《파릉현지》의 기록에는 '두보 가묘는 악주에 있었는데 지금은 어디에 있는지 알 수 없다. 원진은 두보가 상강 하류에서 끝내 일생을 마쳤으며, 운구는 악양으로 발인하였다고 기록하였다. 그의 기록에 따르면 두보의 묘는 악양에 있는 것이 확실하다. 원화(元和) 시기에 사업이 두보의 가묘를 언사로 이장하였는데 후에 유실되었다' 고 비교적 상세히 적혀 있다. 이런 기록이 사실이라면 악양 지역에 두보의 후손들이 남아 살고 있어야 한다. 그러나 현재 악양 지역에서는 두보의 후손들을 찾을 수 없다.

《평강현지》는 지금의 멱라강 유역인 호남 평강현 소전촌에서 두보의 무덤을 발견하였다고 기록하고 있으며, 그곳에 살았던 두보 후손들의 흔적도 찾아볼 수 있었다고 전하고 있다. 평강은 당 시대에는 창강(昌江)이라고 불렸으며, 악주의 속령이었으므로 두보의 운구를 악주 창강으로 발인하였다는 이전의 주장을 입증해주고 있는 셈이다. 《예문지(藝文志)》가 전하는 바에 따르면 청조 건륭(乾隆) 연간, 언사에 있는 농부들이 두보의 가묘를 논밭으로 개간하였는데 나중에 그곳에서 두보의 유품들이 발견되자 비로소 기념 묘지로 조성하였다고 한다.

두보가 평강에서 병사했고 평강의 소전촌에 묻혔다는 설도 제기되었다. 두보가 세상을 떠난 후에 아들인 두종무 역시 큰 병이 들어 부친의 가묘를 이장하지 못한 채 평강에서 사망하였으며, 전란의 발생으로 평강을 떠나야 했던 후손들이 두보의 묘를 지키지 못하여 유실된 것으로 추정하는 것이다. 그러나 청조 동치(同治) 연간, 언사를 찾은 장악령(張岳齡)은 《두공부묘변(杜工部墓辨)》을 통해 언사에는 두보의 묘는 물론이고 그의 후손 역시 찾아볼 수 없었다고 기록하였다. 이원도(李元度) 역시 《두공부묘고(杜工部墓考)》에 '악(岳)은 두보와는 아무런 연관이 없다. 두보의 유적은 소전(小田)에 남아 있다'고 적었다.

지금까지도 두보의 무덤을 둘러싼 학자들의 의견은 분분하며 어떤 일치도 보지 못하고 있

〈두보 설명도〉, 명, 사시신(謝時臣)

사시신(1487~1567)은 명대의 유명 화가로 두보의 시를 회화로 표현하였다.

다. 분명한 사실은 두보의 삶이 우리가 생각했던 것보다 훨씬 비참했을 것이라는 점이다. 계속되는 전란으로 생전의 두보는 매우 불안정한 삶을 살았고 역설적으로 그러한 인생역정이 오늘날 '시성'으로 불리는 데 큰 역할을 하지 않았을까.

백거이는 과연 오랑캐였을까

백거이는 조카이자 승려인 백적연의 《옥주산선원기(沃洲山禪院記)》를 편찬해주면서 스스로 적기를 '옥주산과 백씨 일가는 인연이 깊다'고 하였다. 이는 후대인들에게 백거이 자신이 서역의 오랑캐임을 인정한 것으로 받아들여지고 있다.

언덕 위에 풀이 무성하다 하여도

한 해가 지나면 시들고 다시 또 피어나네

들판의 불로도 다 태우지 못하며

봄바람이 불어오면 다시 또 돋아나네

백거이 상

이 글은 당대의 유명한 대시인 백거이(白居易)의 작품으로, 중국에서는 세 살 먹은 아이도 줄줄 외울 만큼 널리 애송되고 있는 시이다. 백거이는 살아생전 《장한가(長恨歌)》와 《비파행(琵琶行)》 등 수없이 많은 작품을 남겼으며, 말년에는 시와 술과 거문고를 벗 삼아 유유자적하다가 75세의 나이로 죽었다. 젊은 시절에 품었던 낭만주의적 경향은 세월이 흐르면서 이상주의적으로 바뀌었

자반(瓷盤)과 자연대(瓷硯台), 당 백거이의 고가는 하남성 낙양시 서북부에 위치하고 있었으며 후원과 연결된 정원이 있었다고 전한다. 위의 사진은 백거이의 고가에서 발굴된 자기로 만든 벼루와 접시다.

고, 후기에는 사회와 정치를 비판하는 글을 다수 지었다. 그러다가 말년에 이르러 사회 속에서 개인의 존재를 발견하고, 인간의 삶을 탐구하는 문학의 큰 틀을 형성했다.

그런 백거이 역시 혈통을 둘러싼 논란의 화살을 피해가지는 못했다. 혈통 논란에 있어 백거이는 다른 시인들과 그 전개 양상이 약간 다르다. 도연명이나 이백이 한족이라는 정설을 바탕으로 의문이 제기된 것과 달리, 백거이는 애초부터 그 혈통이 한족이 아니라 서역의 오랑캐 출신이라는 데 많은 이들이 의견을 같이하고 있다. 그렇게 생각하는 이유는 다음과 같은, 비교적 확실한 문헌상의 기록 때문이다.

송대(宋代)에 지어진 손광헌(孫光憲)의 《북몽쇄언(北夢瑣言)》에 의하면, 백거이의 사촌인 백민중(白敏中)이 조확(曹碻), 나소권(羅劭權) 등과 함께 재상의 권좌를 공동 집권하게 되자 최신유(崔愼猷)는 "고향으로 돌아가라. 지금 중서성(中書省)은 도처가 모두 번인(番人)이다"라고 말했다고 적고 있다. 여기서 '번인'이란 소수 이민족을 뜻하는 말로서 최신유가 백민중을 오랑캐로 간주하고 있음을 알 수 있다.

백거이를 오랑캐로 볼 수 있는 다른 증거는 또 있다. 기록에 의하면 백거이는 그의 사촌 조카인 승려 백적연(白寂然)에게 《옥주산선원기(沃洲山禪院記)》를 편찬하여준 일이 있다고 한다. 그 내용은 이러하다. '초기에 나한(羅漢)의 승려 서천축(西天竺:인도의 옛 이름) 사람 백도유(白道猷)가 거하였다. ······대화(大和) 2년 봄, 백적연이 자산(玆山)으로 유람을 왔다. ······대화 6년 여름, 백적연이 악천(樂

天)에 있는 당숙을 찾아와 간청하기에 선원기(禪院記)를 써주었는데 이러하였다. 백도유가 자산에 기거하기 시작하여 백적연 대에 이르러 자산이 흥성하였다. 오늘날 악천을 자산이라고도 불렀으니, 아! 옥주산(沃州山)과 백씨 일가는 인연이 깊구나!'

《백씨장경집(白氏長慶集)》

《백씨장경집》은 '백씨문집', '백락천문집', '백향산집'으로 불리기도 하였는데, 전해지고 있는 것은 17권으로 시 37편과 산문 34편이 들어 있다.

이 기록을 통하여 알 수 있는 사실은 백거이의 조상인 백도유가 '나한의 승려이자 서천축국인'이라는 사실이다. 백거이 스스로 '옥주산과 백씨 일가는 인연이 깊다'고 말한 것은 자신이 백도유의 후손임을 명확히 함과 아울러 의도했든 의도하지 않았든 스스로 서역의 오랑캐임을 자인하는 셈이다.

그러나 백거이를 오랑캐의 후손으로 보는 견해에 대하여 반발하는 이들도 적지 않다. 그들이 제시하는 근거는 《고공현령백부군사장(故鞏縣令白府君事狀)》의 글로, 백거이가 직접 쓴 《고공현령백부군사장》에 의하면 '백씨는 중화(中華)의 성(姓)이며, 초나라 제후의 일족이다. 당시 초의 태자 건(建)은 정국(鄭國)으로 달아났고 전쟁에서 승리한 건의 아들은 오초(吳楚) 일대에 머물며 백공(白公)이라 불렸는데 이것이 성씨가 되었다. 후에 백공은 초나라에 의해 살해당했으며 진나라로 도망친 그의 아들이 부친의 대를 이었다. 백공의 손자는 아버지의 뒤를 이어 진나라에 충성하며 큰 공을 세워 세상에 이름을 알렸다. 이로 인해 무안군(武安君)으로 책봉되었으나 후에 다시 죄를 지어 사약을 받았다. ……진시황 대에 이르러 무안군의 공을 아쉬워한 시황은 무안군의 아들 중(仲)을 태원(太原)에 책봉하였다. 그의 자손들이 후대로 내려가면서 이를 계기로 가문을 일으켰는데 바로 지금의 태원인이다. 무안군 이하 27대는 고조부에 이르기까지 사공(司空)에 봉하여졌다. ……공(公)에게는 다섯 명의 아들이 있었다. 장자의 이름은 계경(季庚)으로 양주(襄州)의 별가(別駕)였다. 둘째의 이름은 계반(季般)으로 서주(徐州) 패현(沛縣)의 현령이었다. 셋째는 계진(季軫)으로 허주(許州) 허창현(許昌縣)의 현령이었다. 넷째는 계녕(季寧)으로 하남(河南)의 참군(參軍)이었다. 다섯째는 계평(季平)으로 마을의 진사(進士)였다'는 내용이 있다.

이 문헌은 백거이 일가의 가계도가 한눈에 알아볼 수 있도록 일목요연하게 정리된 귀중한 자료이다. 이 문헌을 통해 백거이의 혈통을 입증해볼 수 있을뿐더러, 백거이의 부친인 백계경이 양주에서 행정 감독관을 보좌하는 '별가'라는 직책을 맡고 있었음도 알 수 있다. 하지만 이 기록은 한 가지 맹점을 안고 있다. 가계도에 대한 기록 자체가 백거이에 의해 쓰여져 객관성을 상실하고 있다는 점이다. 만약 백거이가 기록대로 틀림없이 한족이라면 후대에 이르러 백거이의 후손임을 자처하며 낙양(洛陽)에 살고 있는 낙양 백씨는 과연 어느 일파일까? 알려진 바에 의하면 백거이는 말년

〈낙양추색도(洛陽秋色圖)〉, 명, 구영(仇英)
이 그림은 백거이의 《비파행》을 회화로 표현한 것이다. 구영은 명대의 유명한 화가로 사람들은 그를 '구구주(仇九州)'라고 불렀다. 산수와 인물화를 잘 그렸으며 실물 모사에 능하였다.

에 관직에서 물러나 낙양의 향산사(香山寺)에 머물면서 술과 시에 취하여 유유자적한 여생을 보냈다. 따라서 그에게는 후손이 없었으며 죽은 후에는 향산의 사탑 옆에 묻혔다고 전한다. 기록대로라면 당연히 후손이 없어야 한다.

다행스럽게도 의문을 풀 수 있는 기록이 하나 전하는데 《백씨보계서(白氏譜系序)》가 그것이다. 《백씨보계서》 본기의 기록에 의하면 '유문(幼文: 백거이의 형)에게 세 명의 아들이 있는데, 경회(景回), 경수(景受), 경연(景衍)이 그들이다. …… 경수를 동생의 수양아들로 보내어 백거이의 후사를 잇게 하였다. 이로써 탄생한 것이 바로 낙양 백씨이다. 이는 사실 경수의 후손이라 할 수 있는데 백거이를 시조로 하여 오늘날까지 50여 대에 걸쳐 이어오고 있다'고 전한다. 이와 같은 기록은 낙양 백씨의 시조가 백거이이며 이들이 한족의 혈통을 가지고 있다는 것을 입증해주고 있다. 이 기록은 백거이 스스로가 자신의 혈통을 밝히고 있는 《고공현령백부군사장》에 비하여 객관적이므로 백거이 혈통에 대한 가장 유력한 근거가 되고 있기도 하다. 하지만 이것이 정녕 진실일까?

살펴본 바와 같이 백거이를 오랑캐로 보는 기록 못지않게 그를 한족의 일원으로 볼 수 있는 기록도 만만찮음을 알 수 있다. 백거이 자신은 조카였던 승려 백적연에게 써준 《옥주산선원기》와 그가 후에 남긴 《고공현령백부군사장》의 글에 자신의 혈통과 관련하여 각기 다른 입장의 기록을 남김으로써 후대인들을 더욱 혼란에 빠뜨리고 있다. 그렇다면 진실은 무엇일까?

고학힐(顧學頡)이라는 학자는 1980년대에 발표한 《백거이의 가계도에 관한 고찰(白居易世系家族考)》이라는 글에서 '백거이의 선조는 결코 한족이 아니며 서역 구자(龜玆: 신강 위구르 자치구)국의 왕족이었다. 구체적으로는 과거 돌궐의 부속국가로 서돌궐의 통치 하에 있던 10개 부락의 하나인 서니족(鼠尼族)이었다. 구자국 경내에는 백산(白山)이 있는데, 한조(漢朝)가 그 산의 이름을 본따 그곳 왕의

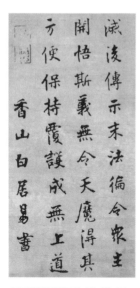

모릉경첩(楞嚴經帖), 당, 백거이

성을 백씨로 정한 뒤에 당대에 이르기까지 변함이 없었다'는 주장을 폈다.

고학힐의 주장에 주요한 근거가 되고 있는 사서는 《후한서(后漢書) 반초전(班超傳)》이다. 《후한서》에 의하면 '오늘 구자국의 시자(侍子) 백패(白霸)를 왕으로 선포하였다. ……다음해(永元 3년) 백패가 구자의 왕이 되었다'고 적고 있다. 백거이의 혈통이 초나라 제후의 일족인 백공(白公)에 있지 않고 구자국에 있음을 증명하는 결정적 기록인 것이다. 아울러 이 기록은 '백'이라는 성씨가 태동하게 된 구체적인 증거 자료가 되고 있다.

그렇다면 백거이는 어째서 훗날 《고공현령백부군사장》에 사실과 다른 기록을 남기며 자신의 혈통이 한족임을 강력히 주장했을까? 미루어 추측하건데 당시 백거이는 자신이 서역 오랑캐의 후손이라는 사실을 잘 알고 있었을 것이다. 그럼에도 불구하고 한족 행세를 해야만 했다면 그에 상응하는 이유가 존재해야 마땅하다. 하지만 이 부분에 이르러 학자들은 다시 한 번 고개를 갸웃거리지 않을 수 없다. 당시의 시대적 배경이 백거이의 행동을 더욱 납득할 수 없는 것으로 만들고 있기 때문이다.

백거이가 살았던 당(唐) 중엽은 이전과 비교하였을 때 사회적 편견이나 신분상의 모순이 크게 적용되지 않는 시대였다. 아무리 명문세가 출신이라 해도 실력이 없으면 등용되기 어려웠으며 신분상의 모순이나 사회적 제약도 그리 가혹하다고 볼 수 없었다. 특히 측천무후의 즉위 이후 무주(武周)혁명을 거치면서 출신 가문에 대한 고정관념은 희박해졌다. 널리 인재를 발굴하여 다른 어떤 시대보다

백거이 묘총
원구형인 이 묘총은 황토로 축조되었는데 매우 고박창연한 분위기를 자아낸다.

도 개방된 문호를 자랑하였다. 아울러 당조는 중원 통일의 관점에서 소수 민족을
흡수하고 존중하는 정책을 폈다. 따라서 백거이는 자신의 혈통과 출신을 굳이 감
추어야 할 이유가 전혀 없었으며, 백거이의 혈통에 대한 논란이 갈수록 수수께끼
로 빠져드는 이유는 바로 이러한 점 때문이다.

만약 백거이가 서역 오랑캐 출신으로 판명되면 중국 문학사상 자유로운 사상
을 지녔던 위대한 소수 민족 작가가 한 명 탄생하게 되는 셈이다. 그러한 결과가
실제로 이루어질지는 좀더 두고 볼 일이다.

우이당쟁의 희생자, 이상은

'우이당쟁' 이란 당 후기에 벌어졌던 유명한 정쟁으로 우승유와 이종민을 영수로 하는 우 당파와 이덕유가 이끄는 이 당파 간에 벌어졌던 정치적 다툼을 말한다. 그러나 그 당쟁은 엉뚱한 희생자를 낳는다. 평생을 시인으로 살고자 했던 이상은, 그는 도대체 '우이당쟁' 과 어떤 연관이 있는 걸까?

이상은 상
이상은(813~853 혹은 811~863). 자는 의산(義山)이며, 당(唐) 회주(懷州) 하내(河內) 사람이다. 당대 유명한 시인으로 모호한 시를 지어 중국 역사상 가장 난해한 시를 짓기로 유명하다. '무제' 라는 시가 있다.

금슬은 무단히 오십 줄이 있는데, 현 하나 기둥 하나마다 화려한 시절을 그리워하네

만나기도 어려우니 이별은 더욱 어렵다. 만발했던 백화가 동풍에 힘없이 쓰러지누나

위 글은 당 후기의 대시인 이상은(李商隱)이 남긴 무제시(無題詩)이다. 이 시에는 벼슬길에 오른 뒤 이상은이 겪어야 했던 격랑의 세월과 그로 인한 가슴 아픈 비애가 고스란히 담겨 있다. 이상은을 평생 고통스럽게 했던 것은 '우이당쟁(牛李黨爭)' 이다. '우이당쟁' 이란 당 후기에 벌어졌던 유

명한 정쟁으로 우승유(牛僧孺)와 이종민(李宗閔)을 영수로 하는 우(牛) 당파와 이덕유(李德裕)가 이끄는 이(李) 당파 간에 벌어졌던 정치적 다툼을 말한다. 아이러니하게도 역사는 당쟁과 직접 관련이 없는 시인 이상은을 우이당쟁의 최대 희생양으로 기록하고 있다. 이상은과 우이당쟁 사이에는 도대체 무슨 일이 벌어졌을까?

이상은의 불행은 영고초(令狐楚)와 가까워지면서 시작된다. 《구당서(舊唐書) 이상은전(李商隱傳)》의 기록에 의하면, 이상은은 어린 시절부터 시문에 뛰어난 재능을 보였다고 한다. 당시 하양(河陽)에 주재하고 있던 영고초는 그런 이상은을 발탁하여 휘하에 두었다. 이상은이 약관을 넘기자 그의 재능은 더욱 빛을 발하였고 영고초는 그를 늘 곁에 두었다. 이상은의 재주가 남다르자 재주를 탐내는 사람이 생겨났다. 그는 어사(御史) 직을 맡고 있던 왕무원(王茂元)이었다. 급기야 왕무원은 이상은을 사위로 맞고자 사람을 보내 청했고 이상은은 그의 제안을 받아들여 왕무원의 딸과 부부의 연을 맺는다. 그러나 왕무원과의 인연은 이상은을 영원히 고립시키는 단초가 된다. 왕무원은 이(李)당의 영수인 이덕유가 신뢰하는 인물로 우(牛)당의 영고초와는 천하에 없는 원수지 간이었기 때문이다. 왕무원의 사위가 된 이상은은 영고초를 대표로 하는 이종민(李宗

〈귀족주부대좌도(貴族夫婦對坐圖)〉, 당

이 그림은 당 후기 중급 관료의 기거 생활을 통하여 개방성과 포용성의 시대를 조명한 작품이다.

중서성지인(中書省之印), 당

〈화청궁(華淸宮) 설명도〉, 현대,
서연손(徐燕蓀)

서연손은 궁녀화의 대가로서 이상
은의 작품인 《화청궁》을 설명하기
위하여 이 그림을 제작하였다.

閹) 세력의 거센 비난을 받으며 하루아침에 배은망덕
한 자로 전락했다. 이로 인해 이상은은 영고초의 아들
인 영호도(令狐綯)로부터 극심한 박해를 받았다. 여러
차례 자신을 등용해줄 것을 영고도에게 요청했지만
번번이 거절당했음은 물론이다. 이상은의 정치적 입
지는 갈수록 좁아졌고 청운의 뜻을 펴지 못하고 평생
을 냉대와 질시 속에서 지내야만 했다.

이상은에 대한 비슷한 기록은 또 있다. 역사학자 진
인각은 《당대정치사논고(唐代政治史論稿)》를 통해 이
상은을 둘러싸고 벌어졌던 당시의 상황을 이렇게 해
석했다. '이상은은 신흥 계급 출신으로 처음에는 우
당 일파를 통하여 당시 사회 계급에 첫발을 내디뎠다.
그러다 이당의 왕씨와 혼인한 이후 갑자기 벼슬길로
나아갔다. 우당은 이상은을 배은망덕한 인간으로 몰
아붙였고 이당 역시 이상은의 절개 없는 행동을 비난
했다. 두 당파 간의 싸움은 엉뚱하게도 이상은에게 비
난의 화살이 향하는 결과를 낳았고 그 작은 사건은 평
생 이상은을 옭아매는 족쇄가 되었다.'

청대의 학자 서담원(徐湛圓)은 다른 시각에서 이 문
제를 다루었다. 서담원에 의하면 이상은은 초지일관
우당을 지지했다고 한다. '붕당은 각각 두 명의 이씨
를 대표로 하였다. 우승유는 이종민을 당의 영수로 내
세웠다. 양사복(楊嗣復), 이종민, 영고초의 우당과 이덕유의 이당은 서로 불구대천의 원수였다. 의산 이상은은 영고초의 문하생으로 원래는 우당이었다. 서주에 돌아온 이후에도 계속해서 영고초의 아들 영고도에게 자신의 문장을 주었고 태학박사를 보충하였으니, 골수 우당이라 할 수 있다.' 즉, 서담원은 이상은이 우당의 일파로 처음에는 영고초의 문하생이었으나, 그가 죽은 후에는 아들인 영고도의 수하에 있으면서 종사하였다고 본 것이다. 따라서 이상은은 한 번도 이당에 속한 적이 없었다는 설명이다.

채회문관용(彩繪文官俑), 당
당대의 장인이 주조한 문관용으로 외형적으로 돌출된 표현 기교를 사용하였다.

그러나 다른 학자인 주학령(朱鶴齡)은 이상은을 이당의 일파로 보았다. 그가 지은《전주이의산시집서(箋注李義山詩集序)》에 의하면 이당은 합리적이었으므로 이상은이 왕무원의 사위가 된 것과 당파와는 아무런 관련이 없다는 것이다. 당시 이상은의 선택은 불가항력적인 것이었음을 강조하고 있다. 장채전(張采田) 역시《옥계생년보회전(玉谿生年譜會箋)》에서 이상은의 정치색이 이당에 더욱 근접해 있었다고 보았다. 아울러 장채전은 '주씨(주학령)는 이당의 일파로 그의 견해는 이당의 기록을 근거로 한 것'이라는 점을 지적하였다.

이상은을 둘러싸고 그가 어느 당파에 속했었는지를 규명하는 일로 소모전을 벌이자 지금까지와는 전혀 다른 견해를 피력하는 학자들도 등장하였다. 그들은 《구당서 이상은전》의 신빙성을 문제 삼으며 기록의 진위를 확인할 길이 없으므로 이상은과 우이당쟁은 본래 아무런 연관이 없을 수 있다고 주장했다. 다시 말하면, 이상은은 이당과 우당 그 어느 당파에도 속하지 않았다는 이야기이다. 그들은 구체적으로 이상은과 영고씨의 갈등이 당파 간의 분쟁에서 기인한 것이 아니라는 점을 지적한다.

이상은의 뛰어난 문재를 눈여겨본 영고초는 이상은을 자신의 문하생으로 발탁하였다. 따라서 두 사람은 사제지간에 지나지 않으므로 결코 이상은과 영고초의 만남을 결당 행위로 볼 수 없다는 것이다. 영고초가 죽은 뒤 이상은과 영고도가 정치적 갈등을 빚게 된 것은 두 사람이 성격적으로 맞지 않았기 때문이라고 보았다. 당쟁과 관련 없이 이상은과 그 아들인 영고도 간의 개인적인 갈등일 뿐이라는 주장이다. 실제로 영고초가 죽자 영고도는 이상은을 냉대하기 시작했으며 두 사람은 끝내 절교하기에 이른다.

최근 들어 이상은이 양당 어디에도 속하지 않았다는 주장은 갈수록 힘을 얻고 있다. 이상은은 평생을 바쳐 학문적인 견식을 넓히려고 애썼던 문인일 뿐이라는 주장이다. 사람들과 교류함에 있어서도 그는 상대가 속한 당파에 연연하지 않았다고 한다. 나아가 그는 살아생전 어떤 결탁 행위도 한 적이 없었다. 우당의 인사에게 작품을 헌사한 적은 있으나 이당의 인사에게도 마찬가지였다고 한다. 그런 측면에서 해석하자면 영고초를 섬기다가 영고초와 날을 세우고 있는 왕무원의

〈문관도(文官圖)〉, 당

딸과 결혼을 하게 된 배경도 이해가 쉬워진다.

어쩌면 이상은은 당파의 일원으로 자신을 속박하기보다는 자유로운 사상가가 되기를 원했는지도 모른다. 이상은은 왕무원과 혈연을 맺었지만 이덕

유와도 자유롭게 왕래하였다. 영고도에 대해서도 또한 그가 자신을 냉대하지 않았다면 절교라는 극단적인 선택을 하지 않았을 것이다. 이상은은 세류를 좇아 당파를 옮겨다니기보다 이상을 실현하기 위한 도약판을 필요로 했을 가능성이 더욱 크다. 그러나 세류를 좇지 못했던 위대한 시인은 그 보상으로서 '화려한 금슬의 꿈'을 접고 비정한 정치의 소용돌이 속에 묻히고 말았다.

《요재지이》의 작가 포송령과 혈통의 비밀

일부 학자들은 포송령이 친히 작성한 《족보서》의 기록을 인용, 포송령이 몽고족이라고 주장한다. 반면에 일각에서는 아랍 민족과 관계가 있는 '포' 자를 들어 포송령이 회족의 혈통을 잇고 있다고 보았다. 분분한 논란 속으로 들어가 보자.

포송령 상
포송령(1640~1715). 자는 유선(留仙), 유천
거사(柳泉居士)이다. 요재(聊齋) 선생이라고
불리기도 한다. 산동 치천(淄川) 사람이다.

포송령은 청나라 초기에 명성을 떨쳤던 문언소설 작가이다. 그가 쓴 《요재지이(聊齋志異)》는 중국은 물론이고 널리 해외로까지 전해져 그 문학적 가치를 인정받고 있다. 포송령의 작품에 관심이 높아짐에 따라 학자들의 논쟁 또한 거세지고 있는데, 특히 포송령의 혈통을 둘러싸고 의견이 분분하다. 일반적으로 포송령은 한족으로 알려져 있다. 그러나 일부 학자들은 몽고인일 가능성을 제기하고 있으며 다른 학자들은 포송령의 혈통을 각각 색목인, 회족, 혹은 여진 사람이었다고 주장한다.

학자들이 명확한 결론을 내리지 못하는 이유

는 포송령에 관한 문헌 기록들이 대체로 모호 하기 때문이다. 포송령을 몽고족이라고 주장하 는 이들은《몽고족간사(蒙古族簡史)》의 일부 기 록을 근거로 제시한다.《몽고족간사》에는 '몽 고족의 문학가 포송령은 몽고 민족의 여러 이 야기를 채집하여《요재지이》를 펴냈는데, 사회 의 현실을 반영하는 생동감 넘치는 내용을 위 주로 편찬하였다' 는 기록이 남아 있다. 또한 이 들은 포송령이 친히 작성한《족보서(族譜序)》의

《요재지이》

《요재지이》는 포송령의 유명한 단편소설집 으로 중국 문언소설을 대표하는 최고의 작 품이다. 전 16권으로 431편이 수록되어 있 다. 생동감 있는 묘사와 폭넓은 소재를 담 고 있으며 후세에 많은 영향을 미쳤다.

기록을 인용, 포송령이 몽고족이라는 주장의 결정적인 근거로 삼는데 그 내용은 다음과 같다.

'대부분은 명나라 초기의 이주민이었으나 유독 우리 일족만이 반양(般陽)의 토 착민이었다. 조상의 묘는 읍서초(邑西招) 촌의 북쪽에 있다. 그곳에 묻힌 선조의 이름을 밝히면 하나는 노혼(魯渾)이고 다른 하나는 거인(居仁)으로 두 사람 다 원 (元)의 총관(總管)이었다. 원대에 이들이 관직에 올랐던 것은 고향에 대한 불만을 제거하기 위한 것이었다. 그러나 너무 오랜 세월이 흘러 지금은 사실의 진위를 입증할 수 없다. 전해오는 바로는 대세가 기울어 보잘것없는 고아 신세에 지나지 않았다고 하며 우리 일족이 흥성하기 시작한 것은 홍무의 시대 이후였다…….'

'반양 토착민', '노혼', '원의 총관' 과 같은 표현으로 보아 포송령의 선조인 포 노혼(蒲魯渾)이 원대 반양의 총감독관을 지냈다는 사실을 알 수 있으며, 바로 이 점을 포송령의 혈통을 입증하는 결정적인 단서로 보고 있는 것이다.

이와 같은 내용은 노대황(路大荒)의《포류천선생연보(蒲柳泉先生年譜)》에서 다 시 강조되고 있다. 원나라의 패망이 가속화될 무렵, 포씨는 한때 고아 신세가 되

어 떠돌다가 성과 이름을 바꾸고 양(楊)씨 성을 가진 사람에게 맡겨졌다. 그러다가 훗날 명 홍무(洪武) 연간에 와서 비로소 본래의 성을 되찾았다고 한다. 또한 저자인 노대황은 포씨 성을 가진 사람들을 대상으로 탐문하여 그들의 대부분이 내몽고족(內蒙古族) 출신이라는 사실을 밝혀냈다.

다른 학자들은 포송령이 회족(回族)의 후손이라는 주장을 펴고 있다. 송(宋) 이전에는 아랍이나 이란 인들 같은 소수 민족의 이름 앞에 '포(浦)' 자를 붙이는 것이 관례였으며, 이들은 이슬람교를 종교로 가지고 있는데 그중 일부도 '포' 씨 성을 가지고 있었다는 것이다. 또한 '포' 자는 본래 아랍어를 음역한 것으로 '존경'과 '아버지'라는 뜻을 갖는다고 한다. 일부 회족은 아랍 고유의 이름을 그대로

포송령의 고가
포송령의 고가는 산동성 치천현(淄川縣)에 위치해 있다. 그는 평생을 고향에 머무르며 후학을 양성하였다고 한다. 위의 사진은 포송령의 고가에 있던 서실로 그가 탄생한 곳이며 《요재지이》를 지은 곳이기도 하다.

자신의 성으로 사용하다가 원나라 대에 이르러 서서히 한족의 성을 취하기 시작했다는 주장이다.

이를 토대로 추론하자면 포송령의 조상인 포노혼(浦魯渾)과 포거인(浦居仁) 역시 회족인 아버지의 이름에서 첫 글자인 '포'만을 자신의 성으로 취했을 가능성도 전혀 배제시킬 수는 없다. '포거인'의 경우 《맹자》에 나오는 '거인유의(居仁由義)'를 인용하여 자신의 이름으로 삼았을 것으로 추측할 수 있다. 《팔민통지(八閩通志)》의 기록에 의하면 포거인은 술, 소금, 철, 식초 등을 전문적으로 판매하고 관리하는 관청인 시박사(市

舶司)에서 염철사(鹽鐵使)의 업무를 맡아 소금의 거래를 관할했다고 하며, 이러한 업무를 맡은 사람의 대다수는 회족이었다고 적고 있다. 이 기록을 통해 포거인의 혈통을 짐작하게 되며 이로써 포송령 역시 회족이라는 결론에 도달하게 된다. 《포씨족보(蒲氏族譜)》의 기록 또한 포씨 성을 가진 사람들은 모두 회족의 후손임을 강조하며 이들의 주장을 뒷받침한다.

그러나 이런 주장에 대하여 반론도 거세다.《요재지이》를 깊게 연구해온 일단의 학자들은 포송령이 작품의 소재로 삼은 불교 및 도교에 관한 폭넓은 자료, 특히 그중에서도 민간 속담이나 전설 속에 자주 등장하는 '성황(城隍)'이나 '판관(判官)', '염왕(閻王)'과 같은 소재들을 집중적으로 문제 삼는다. 왜냐하면 본래 회족과 이슬람교는 떼려야 뗄 수 없는 관계이며 오로지 하나의 유일신을 믿고 있기 때문이다. 또한 그들은 기타 종교에 대해서 매우 배타적이다. 따라서 자신의 신앙이 아닌 타 종교에 관해서 언급하지 않는 것이 규율이며 포송령이 만약 회족이었다면 결코 이러한 소재들을 취할 수 없었을 것이라고 보았다.

이외에도 포송령 스스로《요재지이》에서 '아버지로부터 불가의 스님이 태몽을 대신 꾸어주셨다는 말을 전해 들은 적이 있다. 나 자신 또한 승려와 다를 바 없는 인생을 살았다'는 기록을 남기기도 했다. 따라서 포송령 일가가 대대로 불교를 숭상했음을 알 수 있으며, 그의 혈통을 회족에서 찾는 것은 터무니없는 억측이라는 결론에 도달하게 된다.

이런 주장들과는 별개로 포송령의 조상이 원나라 시대에 서역 지방에 정착한 색목인이라는 학설도 있다. 그들이 근거로 내세우고 있는 문헌은 일본에서 발표된《요재지이 연구》라는 글이다.《요재지이 연구》에는 '포송령의 시조는 원대 반양로(般陽路)의 총감독관이었는데 명대 초기에 성을 바꾸고 은둔하였다'는 내용이 들어 있다. 책의 저자를 비롯해 포송령의 색목인설을 주장하는 학자들은 당시 원나라 조정이 색목인들에게 도로의 총감독관직을 맡겨왔음을 증거로 제시한다. 따라서 도로 감독관이었던 포노혼 역시 색목인일 가능성이 크다고 보고 있는 것이다.

그러자 반론이 제기됐다. 오랜 기간《금사(金史)》를 연구해온 학자들의 지적에 따르면 여진족 중에서는 '포노혼'이라는 이름을 가진 사람이 매우 흔하며, 또한 이것은 '포'라는 성과 '노혼'이라는 이름으로 나뉘는 것이 아닌, 그 자체가 여진족의 이름에 불과하다는 것이다. 이 같은 주장에 동조한다면 포송령이 금나라 여진족일 가능성 또한 배제하기 어렵게 되며 포송령의 혈통을 둘러싼 논란은 더욱 혼란 속으로 빠져들게 된다.

논란이 가중되자 포송령기념관을 관리하는 이들은 포송령이 한족이라는 사실에 전혀 의심의 여지가 없다는 주장을 내놓았다. 이들은《포씨세포(蒲氏世蒲)》제1편,《족보서(族譜書)》의 내용을 자세히 분석한 결과 포송령의 선조는 '반양의 토착민'이라는 사실을 새롭게 밝혀냈다. 여기서의 '반양'이란 한족의 전통 주거지인 한대(漢代)의 반양현(般陽縣)을 말하는 것으로 반양현은 명나라 홍무 원년에 다시 치천현(淄川縣)으로 바뀌었다고 한다. 현재의 반양현은 산동 치박시(淄博市)를 가리킨다.

포송령에 대한 논란은 결국 그의 조상인 포노혼과 포거인에 관한 문헌 고증 작업으로 이어졌고, 그들이 한족의 오랜 토착민이라는 사실을 재확인하는 것으로 일단락되고 있는 양상이다. 강희(康熙) 27년, 당시 포송령의 나이 49세에 완성된 이《족보서》는 현재 포송령의 혈통을 입증하기 위한 가장 명확한 자료임에 틀림없다. 하지만 논란의 여지는 여전하다. 복건(福建)에서 편찬된《포씨족보》의 기록은《족보서》와 다른 견해를 보이고 있기 때문이다. 따라서 논란은 좀처럼 사라지지 않을 전망이다.

요재 이야기 그림들, 청

《요재지이》는 요괴와 신선, 귀신 등 기이한 소재를 이용하여 인간으로 둔갑한 귀신과
선한 인간과의 사랑을 아름답게 그려내었다. 이 그림은 책 속에 등장하는 이야기를
묘사한 것으로 인물의 표현이 생동감 있으며 장면 묘사가 뛰어나다.

5장 작품 열전

─문학작품에 얽힌 미스터리

손무와 《손자병법》

우리는 통상적으로 《손자병법》의 저자를 손무로 알고 있다. 그러나 일각에서는 이러한 역사적 정설에 강한 의문을 제기한다. 비슷한 시기에 두 명의 손자가 존재했다고 보는 사람들이 있는가 하면, 병법에 등장하는 표현의 오류를 들어 《손자병법》이 기록된 시기를 후대로 보기도 한다. 과연 역사적 진실은 무엇일까?

손무 상

손무의 자는 장경(長卿)이며, 전완(田完)의 후손이다. 춘추시대 제나라 악안(樂安) 사람이다. 전완의 5대손인 전서(田書)는 큰 공을 세웠는데, 제경공은 그에게 손(孫)씨 성과 식읍 '악안'을 하사하였다. 손무의 《손자병법》은 중국 최초의 병서로 알려졌다.

손무(孫武)를 언급할 때 일반적으로 가장 먼저 떠올리는 고사는 여자 병사를 훈련시킨 일화이다. 고사의 발단은 이렇다. 어느 날, 오나라 대신 오자서(伍子胥)는 손무의 뛰어난 병법을 전수받기 위해 그를 오나라로 초청하였다. 오나라를 방문하게 된 손무는 직접 군사 훈련을 맡아 진행했는데 그 과정 중의 하나가 여자 병사를 훈련시키는 일이었다. 오나라 왕이 보는 앞에서 여자 병사들을 훈련시키던 손무는 궁녀 출신의 여군들이 자신의 지휘에 불복하자 대오 중의 두

명을 대표로 불러 사살하였다. 이 광경을 지켜본 병사들은 다시는 난동을 부리지 않았다. 뿐만 아니라 나중에 그들은 최강의 정예 부대가 되었다고 전한다. 이 고사는 사마천의 《사기》에 나온 내용이다.

그 밖에도 사마천의 《사기 손무자열전(孫武子列傳)》에는 손무에 관하여 다음과 같은 기록이 전한다. 손무는 춘추시대 제나라 사람이며 선조의 성은 본래 전(田)씨였다고 한다. 손무의 조부가 전쟁에서 공을 세운 뒤에 제경공(齊景公)에게서 손(孫)씨 성을 하사받았고 그 후부터 손씨로 불렸다는 것이다. 손무는 병법을 깊이 연구하여 전쟁의 규율을 총괄, 정리하는 일에 매달렸다. 그러다가 춘추시대 말기에 이르러 마침내 《손자병법(孫子兵法)》 전 13편의 저서를 완성하게 되었던 것이다.

전략과 전술의 사상을 체계적으로 정리해놓은 《손자병법》은 중국은 물론이고 세계적으로도 명성이 자자하며 군사학적 사료로서의 가치가 매우 높은 것으로 평가받아왔다. 병법의 대가였던 손무는 살아생전 자신을 가리켜 '병법의 성인', '동양 군사학의 시조'라고 칭하였다고 한다. 굳이 손무의 자찬이 아니더라도 《손자병법》의 탁월한 군사학적 가치는 실로 타의 추종을 불허한다. 《사기》의 기록에

의하면 오나라 왕은 손무의 병서를 본 이후 손무를 총애하였고, 결국 패주로서의 위치를 확립하는 데 많은 도움을 받았다.

그러나 이와 같은 내용이 진정 역사적 사실

손오자연진교미인전(孫五子演陳敎美人戰)

일까?

송조에 이르러 《손자병법》에 강한 의문을 제기
하는 사람들이 하나둘씩 생겨났다. 학자인 진진손
(陳振孫)과 협적(叶適)이 그들이다. 그 이후 《손자
병법》의 원작자를 둘러싸고 학자들은 꾸준히 의혹
의 시선을 거두지 않고 있다. 세월이 흘러 청대의
요제항(姚際恒)은 《손자병법》의 원작자와 완성 시
기 등에 관한 근본적인 의문을 제기하였다. 학자
들은 특히 《손자병법》의 원작자로 알려진 손무라
는 인물에 대해 주목하고 있다.

오자서 상

오자서(?~기원전 484). 이름은 원(員)이
며 자는 자서이다. 춘추시대 초나라 사람
이다. 초나라 대부(大夫) 오사(吳奢)의 차
남이며 오상(吳尙)의 동생이다. 초 평왕 7
년(기원전 522) 오사와 태자 건(建)이 반
란을 일으키자, 초 평왕은 오사와 오상을
살해하였다. 오자서는 오나라로 도주하
였고, 합려가 즉위한 후에 군사를 나누어
함께 초나라를 공격하였다. 공을 세운 오
자서는 신(申)에 봉하여졌고 신서(申胥)
라고 불렸다. 오왕 부차가 즉위한 이후,
오자서는 서서히 퇴락하여 결국 자살하
였다.

청판(淸版) 《손자병법》

고증에 의하면 춘추시대에는 두 명의 손자가 있
었다고 한다. 춘추시대 오나라의 손무와 전국시대
중기 제나라의 손무가 바로 그들이다. 공교롭게도
두 명의 손무는 각자 자신의 병서를 완성시켜 후
세에 전한 것으로 밝혀졌다. 따라서 《손자병법》은
오나라 손자의 《병법》과 제나라 손자의 《병법》 두
권이 각기 존재했다는 것이다. 하지만 후세에 전
해오는 병서는 오로지 한 권뿐이다. 안타깝게도
두 사람의 병서 중 한 권이 역사 속으로 유실된 것
이다. 이 부분에 이르러 자연스럽게 한 가지 질문이 생겨난다. 그렇다면 현존하
는 병서의 작자는 두 명의 손자 중 누구의 작품일까?

이를 두고 학자들이 분분한 의견을 내놓았는데 일각에서는 《손자병법》의 원본
을 손무가 작성하고 손빈(孫臏)이 나중에 이를 완성시켰을 것으로 추정하였다.

또 다른 학자들은 손무와 손빈이 동일 인물이라고 주장하면서 '무'는 이름이고 '빈'은 아호로 해석하기도 했다. 현대의 사학자인 전목(錢穆)은 손무는 본래 한 사람이며 다만 그가 오나라와 제나라를 가리지 않고 두루 활동하였기에 후세에 가서 각기 다른 인물로 오인되었다고 주장하였다.

그러나 1972년에 우연히 무덤 한 기가 발굴되면서 《손자병법》에 관한 논란은 안개 속으로 빠져들었다. 산동(山東)의 은작산(銀雀山)에서 고대의 무덤을 발굴하던 중에 다수의 죽간이 발견되었는데 이를 통해 최초로 《손자병법》과 《손빈병법》이 공개되었던 것이다. 이때 발견된 두 가지 판본은 두 명의 손자가 존재했을 가능성을 확인시켜주는 중요한 단서가 되었으며, 이러한 발굴은 《손자병법》을 둘러싼 논란에 혼란을 가중시켰다. 학자들은 즉각 무덤의 연대를 고증하였고 그 결과 뜻하지 않은 결과와 맞닥뜨렸다. 무덤의 조성 시기가 서한 초기로 밝혀졌기 때문이다. 따라서 《손자병법》이 완성된 시기를 추정하는 일은 여전히 모호하게 되었으며 《손자병법》의 '손자'가 과연 '손무'를 지칭하는지조차 수수께끼에 휩싸이게 되었다.

이를 토대로 일부 학자들은 다시금 손무가 《손자병법》을 지었다는 기존의 가설을 반박하기에 이르렀다. 일각에서는 춘추시대의 대표적인 사서인 《좌전(左傳)》의 내용을 들어 사실상 《손자병법》과 손무가 관련이 없다고 주장하였다. 《좌전》에는 오왕의 정벌에 관한 내용은 있으나 정작 손무에 대한 언급은 발견할 수 없다. 《좌전》이 동시대의 역사적 사실을 기술하고 있다는 점에서 《좌전》에 손자의 기록이 언급되지 않았음은 납득할 수 없는 일이며, 따라서 손무는 춘추시대에 존재하지 않았을 가능성이 크다고 보는 것이다.

《사기》의 기록도 세인들의 도마에 올랐다. 사마천은 손자와 손무를 별개의 인물로 구분하고 손무의 용병술과 손빈의 용병술을 각각 기술하였다. 그러나 《손

손무 상

자병법》에 관한 기록은 상세한 반면에 손빈의 병법 이론은 다소 모호한 기술로 일관하고 있다. 진무는 이 부분에 주목하며 사마천의 기록에 오류가 있음을 지적하였다. 즉, 사마천이 손빈이라는 인물에 대하여 명확하게 알지 못하는 상태에서 애매한 기록을 남겼다는 것이다.

학자들이 사마천의 기록에 특히 의문을 제기하는 이유는 《손자병법》에 등장하는 표현 때문이다. 《손자병법》은 주로 전국시대의 상황을 기록하고 있다. 따라서 전국시대에 흔히 사용되었던 '형명(形名)'이라든가 '패왕(覇王)'과 같은 단어가 자주 등장하고 있음을 볼 수 있다. 이처럼 병서의 내용 대부분은 전국시대에 관용적으로 쓰이던 병법에 대한 기술을 위주로 작성되어 있다. 그러나 일부 내용은 신뢰할 수 없는 단어 사용을 보이고 있다.

춘추시대에는 '대부(大夫)'를 지칭하는 말로 '주(主)'를 사용하였는데, 병서에서는 나라의 군주를 지칭하는 단어로 쓰이고 있는 것이다. 군주를 '주'로 지칭했던 것은 '삼가분진(三家分晉)' 시대 이후의 상황이라는 점에서 의혹을 사고 있다. 또한 춘추시대, 각 제후국들이 벌인 전쟁의 규모가 그다지 크지 않았음에도 불구하고 병서는 '천량(千輛)'에 달하는 병차(兵車)'와 '10만의 군사' 등을 언급하고 있다. 전쟁에 관한 이런 표현은 '전국시대'의 전쟁에 해당되는 묘사이다. 뿐만 아니라 병서 중에 빈번하게 등장하는 '오(五)'는 전국시대에 유행하였던 '오행(五行)'을 의미하는 것이다. 이 밖에도 춘추시대는 군주가 친히 정벌에 나서는 것이 통상적인 관례로 장수와 함께 병사를 이끌고 전쟁에 참여하였으나, 병서에는 오히려 전국시대의 상황을 묘사하고 있는 대목이 더 많이 발견되고 있다. 고증에 의하면 '시노(矢弩)', '알자(謁者)', '문자(門者)', '사인(舍人)' 등과 같은 명칭 역시 전국시대에 와서야 사용되던 용어로 밝혀졌다. 이와 같은 세부적인 사항을 조목조목 분석하면 《손자병법》은 손무에 의해 기록되지 않았으며 후세인들이 그의 이름을 도용하여 날조하였을 가능성이 커지는 것이다.

그 밖에도 《손자병법》이 손무와 그의 동료들의 공저라는 주장도 제기되었다. 손무는 오나라 왕이 중원의 패주가 되는 것을 보좌한 후에 고향으로 내려가 이때부터 후학을 양성하였는데, 그 기간 동안 군사적 사상을 전수하고 병법을 완성시켜나갔다. 후학들은 군사 학습 이론과 작전 기술의 방법을 연마하는 동시에 손무가 병서를 채록하는 일을 도왔을 것이라는 주장이 그것이다.

그럼에도 불구하고 일부 학자들은 여전히 《손자병법》이 손무의 저작임을 믿어 의심치 않는다. 대사학자인 사마천이 《사기》를 기록함에 있어 손무와 손빈을 혼동했다는 가설은 쉽게 납득이 가지 않기 때문이다. 따라서 《좌전》이 손무에 대한 기록을 실수로 누락시켰을 경우를 추정해볼 수도 있다. 《손자병법》에서 발견되는 후대의 문자 역시 편찬 과정에서 이해를 돕기 위하여 후

《손자병법》 죽간, 서한
《손자병법》 죽간은 1972년 산동성 임기시(臨沂市) 은작산(銀雀山) 한묘(漢墓)에서 발굴되었는데, 현재 산동박물관에 전시되어 있다.

세인들이 첨부했을 가능성이 크다. 이러한 첨삭은 손무의 원작을 훼손하지 않는 범위 내에서 허용되었을 것이다. 손무의 병서에 첨삭의 작업이 가해졌던 것은 당시 시대적 배경과 문자의 변천 과정상 어쩔 수 없는 일이었다고 보는 것이다. 이런 작업은 원본의 내용을 벗어나지 않는 범위 내에서 허용되었을 것이므로《손자병법》의 저자는 손무가 틀림없다고 주장하고 있다.

20세기 이후 82편의 《손자병법》이 새롭게 등장하였다. 학자들이 《손자병법》을 바탕으로 일반인들이 읽기 쉽게 82편의 다이제스트 판을 완성했던 것이다. 그러나 다이제스트 판본은 역대 사서의 기록과 위배되는 부분이 상당수 존재한다는 평가를 받고 있다.

채문희와 《호가십팔박》에 얽힌 미스터리

적장의 첩이 되어 흉노로 끌려갔던 채문희는 12년간 잉여의 세월을 보내며 《호가십팔박》을 지어 자신의 심정을 달랜다. 고향을 그리워하는 마음이 구구절절 녹아 있는 《호가십팔박》은 세간에 널리 애송되기에 이르렀고 평소 채문희의 사정을 딱하게 여겼던 조조에 의해 본국으로 돌아온다. 이러한 역사적 사실에도 불구하고 학자들은 채문희가 지은 《호가십팔박》의 일부 내용을 문제 삼으며 강한 의혹을 제기했다.

《호가십팔박(胡笳十八拍)》의 원작자로 알려진 채문희(蔡文姬)는 동한(東漢)시대의 문학가 채옹(蔡邕)의 딸로서 매우 다재다능했던 여인으로 알려져 있다. 안타깝게도 그녀의 일생은 불운의 연속이었다. 어린 시절부터 부모를 따라 피난길에 올라야 했으며, 나이가 차 하동(河東)의 위중도(衛仲道)에게 시집갔으나 2년도 안 되어 남편이 죽는 바람에 과부가 되었다.

채문희 상
이름은 염(琰)이고 자가 문희(文姬)이다. 채옹의 딸이며 동한 진유어(陳留圉) 사람이다.

그러나 그러한 불행은 시작에 불과했다. 당시 중국은 크고 작은 전란이 끊이지 않았는데 그 와중에 채문희도 포로 신세가 되어 흉노로 잡혀가게 된다. 채문희의 재능을 알아본 흉노의 좌현(左賢) 왕모돈(王冒頓)은 그녀를 자신의 수하에 두고 애첩으로 부렸다. 자포자기에 빠진 채문희는 흉노의 좌현과 함께 12년의 세월을 보내면서 두 명의 아들을 낳았다. 그녀의 유명한 작품《호가십팔박》은 바로 이 과정에서 탄생한다. 고향에 대한 한 맺힌 그리움과 이별의 슬픔이 담겨 있는《호가십팔박》은 중원에 알려지면서 많은 사람들에게 애송되기 시작했다.

당시 중원은 조조에 의해 통일된 이후, 잠시 평화와 번영의 시기를 보내고 있었다. 채옹의 오랜 친구였던 조조는 그의 재능을 높이 샀는데, 그의 딸이 흉노에게 잡혀간 사실을 알고 매우 동정하였다. 방법을 찾던 조조는 흉노족에게 많은 재물을 보내어 채문희를 구해주기에 이르렀다. 조조 덕분에 중원으로 되돌아온 채문희는 동사(董祀)에게 개가, 새로운 삶을 시작하면서 비로소 파란만장했던 일생 가운데 편안함을 찾는다.

하지만 이것이 역사적 진실일까?

역사적으로 이기(李頎), 한유(韓愈), 왕안석(王安石), 엄우(嚴羽), 이강(李綱), 황정견(黃庭堅), 나관중(羅貫中)은 물론이고 현대의 사학자인 곽말약 같은 당대의 쟁쟁한 학자들이《호가십팔박》의 원작자를 일관되게 채문희로 보았다. 특히 곽말약은 채문희의《호가십팔박》을 일컬어 굴원의《이소(離騷)》이래로 역사상 가장 서정적이고 문학적 가치가 뛰어난 작품이라고 극찬한 바 있다. 그러나 반론도 만만찮다.

《호가십팔박》과 채문희의 일생을 연구하던 일부 학자들은 강한 의혹을 제기하고 있다.《호가십팔박》의 원작자는 다른 인물이며 채문희와는 아무런 연관이 없다는 것이 그들의 일관된 주장이다. 주문장(朱文長), 왕세정(王世貞), 호응린(胡應麟), 심덕잠(沈德潛) 같은 학자들이 이와 같은 주장을 적극 피력했으며 현대의 학자 류대걸(劉大杰)도 반대 입장을 분명히 하고 있다. 특히 류대걸은 구체적인 증거를 내세워 채문희의 《호가십팔박》 지은이 설을 강하게 부정하고 있는데 그 내용은 다음과 같다.

류대걸은 우선 《호가십팔박》에 묘사된 내용 일부가 역사적 사실과 부합되지 않는 점에 주목하였다. 《호가십팔박》은 오랜 세월에 걸쳐 이어진 한나라와 흉노족 간의 전쟁을 배경으로 창작된 시이다. 그러나 시 속에 등장하는 남흉노족은 동한 말기에 이미 한나라의 속국이었으며 때문에 작품 속에 드러난 비극적인 정조와는 일치하지 않다. 그

《문희귀한도(文姬歸漢圖)》, 남송
흉노에게 잡혀갔던 문희가 한나라로 돌아오게 된 고사는 후에 많은 이들의 그림이나 시의 소재가 되었다.

밖에도 동한시대를 배경으로 한 역사적 사실이나 사회적 분위기가 실제 역사와 위배되는 부분이 상당수 존재한다고 한다.

'밤이면 농수(隴水)의 물소리를 들으며 흐느껴 우노라. 날이 밝으면 장성(長城)을 바라보지만, 길은 멀고 아득하기만 하구나' 라든지 '변경 위로 누런 먼지 날아오르며 나뭇잎은 시들어만 가는구나' 등의 시구도 고개를 갸웃거리게 한다. 당시 포로가 되어 채문희가 끌려간 지역은 하동(河東)의 평양(平陽)으로 '장성' 이나 '농수' 와는 상당히 동떨어져 있었으며 '변경' 과 같은 단어는 더더욱 적절치 못한 표현이기 때문이다. 이렇듯 실제 채문희가 잡혀갔던 지역과 작품 속에 등장하는 지명 간에는 일치하는 부분이 없다.

하지만 류대걸의 주장에 대하여 반론의 여지는 얼마든지 있다. 채문희가 흉노에게 잡혀 있는 동안 변방은 오랑캐들의 출몰이 횡행하던 시기임에 틀림없으며, 시의 일부 내용을 제외한 나머지 대부분의 표현들이 당시의 시대상을 그대로 반영하고 있기 때문이다. 게다가 당시 흉노족의 활동 범위는 매우 광범위하였으며

〈문희귀한도〉, 남송

채문희가 잡혀간 곳이 반드시 '평양'이라는 증거 역시 존재하지 않는다. 또한 예술 창작의 특성상 문학적 표현의 자유를 인정한다면 당시 역사적 사실과 지명이 일치해야 할 이유가 없다는 게 반박론자들의 주장이다.

그러자 《호가십팔박》이 채문희의 작품이 아니라고 주장하는 학자들은 또다시 강력한 재반론 자료를 제시했다. 그들이 제시한 증거는 《호가십팔박》의 저록(著錄)과 정인(徵引)이 없다는 점이었다. 류대걸은 특히 《후한서(后漢書)》, 《문선(文選)》, 《옥태신영(玉台新咏)》과 같은 권위 있는 문집에 《호가십팔박》이 누락되어 있음을 예로 들었다. 나아가 류대걸은 진(晋)의 《악지(樂志)》는 물론 송(宋)의 《악지》에서도 《호가십팔박》에 관한 기록이 발견되지 않은 사실을 지적하면서, 당시의 모든 작품을 수록하고 있는 이들 문집이 왜 하필이면 채문희의 작품만은 제외하였는지 증명하라고 상대 진영을 압박했다. 류대걸에 의하면 육조(六朝)시대의 시를 연구하는 이들조차도 《호가십팔박》에 관해 아는 바가 전혀 없으며 심지어는 《채염별전(蔡琰別傳)》에서도 《호가십팔박》에 관한 기록을 발견할 수 없다는 것이다. 류대걸은 이런 점들을 종합한 결과 당대 이전에는 《호가십팔박》이란 작품이 발표된 적이 없으며 당나라 이후에 《호가십팔박》이 널리 유행하였을 것이라는 견해를 강력히 제기하였다.

하지만 긍정론자들은 여전히 고개를 갸웃거린다. 채문희의 《호가십팔박》이 예교를 숭상했던 당시의 사회적 분위기에 위배되었던 탓에 문집의 수록에서 제외되었을 가능성을 전혀 무시할 수 없다고 본 것이다. 당시 시풍은 주로 완곡한 표현을 즐겨 사용하였다. 따라서 채문희의 시를 언급하는 일은 당시 문인들 사이에

〈문희귀한도〉, 남송, 진거중(陳居中)
이 그림은 《호가십팔박》의 33번째 구절로 모자가 이별하는 정경을 나타낸 것이다.

서 금기시되었을 가능성이 크며 이로써 민간에서만 구전되었을 가능성이 높다. 그녀가 한동안 오랑캐의 여자 노릇을 했다는 사실을 문인들이 치욕적으로 받아들였을 가능성도 높다.

일각에서는 《호가십팔박》이 후대의 문집에서 제외된 이유를 우연의 일치로 보고 있다. 창작된 모든 작품이 문집에 수록되기도 힘들뿐더러 세월이 흐르는 동안 문집이 유실되었을 가능성도 크기 때문이다. 일례로 육조시대의 수많은 문헌들은 유실되어 기록조차 남아 있지 않지만 중국의 문학사상 육조의 문학이 차지하는 비중을 결코 무시할 수 없는 일이며, 채문희의 작품 역시 같은 맥락으로 접근하고 있는 것이다.

반대론자들은 《호가십팔박》의 내용 분석을 통해 문제점을 제기한다. 개인적인 감정 표출에 중점을 두었던 동한시대 시가의 특징과 달리 《호가십팔박》은 완벽한 외형미를 추구하고 있기 때문이다. 따라서 《호가십팔박》은 고박한 정취를 추구했던 동한시대의 시풍과는 동떨어져 있으며 그로 인해 섣불리 채문희의 작품으로 단정할 수 없다는 생각이다. 한 발 더 나아가 학자들은 '아침이면 살기가 변방 문에 부딪치고, 밤이 되면 삭풍이 변방 달과 함께 불어오노라' 같은 시구가 그

형식적인 측면에 있어 당대의 시가와 매우 흡사한 형태를 지녔다는 걸 알게 되었다. '루난간(漏闌干)'과 같은 표현 역시 당대로 접어들어 비로소 등장했던 어휘였다. '밤이면 농수의 물소리를 들으며 흐느껴 우노라'와 같은 표현은 북조의 민가를 계승하고 있으며, 압운의 형식 면에서도 당대 문인들이 즐겨 사용하던 방식을 그대로 답습하고 있다. 따라서 《호가십팔박》은 어떤 이유로든 동한시대의 문학으로 볼 수 없다는 주장이다.

그러나 이런 주장에 대한 반론도 만만찮다. 시가에 다재다능한 재주를 보였던 채문희가 자신만의 독특한 개성을 살려 《호가십팔박》을 창작했을 가능성 또한

《호가십팔박》 도책, 송, 이당(李唐)
'문희귀한(文姬歸漢)'이란 이름으로도 유명하다.

무시할 수 없기 때문이다. 또한 비록 채문희가 당시의 언어로 시를 지었다고 해도 후대를 거듭하면서 구전된 시가에 윤색이 가해졌을 가능성도 완전히 배제할 수 없다. 이런 일은 역사적으로 그 선례가 매우 흔한 것이어서 《호가십팔박》역시 원본과 다르게 다른 시풍으로 변색되었을 가능성이 농후하다.

이런저런 논란에도 불구하고 최근에 이르러는 《호가십팔박》을 채문희의 작품으로 보는 견해가 지배적이다. 1천2백 자에 달하는 전체 시구 중에서 완벽한 대구를 이루고 있는 부분은 단지 두 개의 연에 불과하기 때문이다. 나머지 전체적 분위기와 풍격은 동한 문학의 특징과 일치하고 있다. 따라서 단편적인 사실만을 확대 해석하여 《호가십팔박》이 채문희의 작품이 아니라고 주장하는 것은 매우 편파적인 견해라고 보는 것이다.

제갈량과 《후출사표》

촉나라 승상이었던 제갈량은 위나라 공략을 앞두고 《출사표》를 지어 비분강개를 드러낸다. 이듬해 제갈량은 다시 《출사표》를 지어 올리는데 그것이 이름하여 《후출사표》이다. 그러나 후대인들은 《후출사표》에 강한 의혹을 제기하고 있다. 문장이 전과 다를뿐더러, 제갈량이 굳이 《후출사표》를 지어 바칠 아무런 이유가 없었기 때문이다.

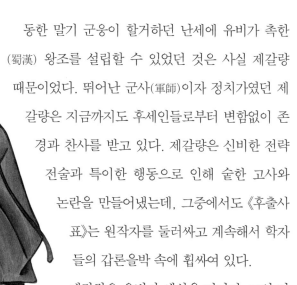

동한 말기 군웅이 할거하던 난세에 유비가 촉한 (蜀漢) 왕조를 설립할 수 있었던 것은 사실 제갈량 때문이었다. 뛰어난 군사(軍師)이자 정치가였던 제갈량은 지금까지도 후세인들로부터 변함없이 존경과 찬사를 받고 있다. 제갈량은 신비한 전략 전술과 특이한 행동으로 인해 숱한 고사와 논란을 만들어냈는데, 그중에서도 《후출사표》는 원작자를 둘러싸고 계속해서 학자들의 갑론을박 속에 휩싸여 있다.

제갈량은 유비가 세상을 떠나자, 그의 아들 유선(劉禪)을 도와 조위(曹魏) 정권을 향한

제갈량 상

6차에 걸친 북벌을 감행하였다. 역사는 제갈량이 기원전 227년, '기산(祁山)'으로 출발하기 전에《전출사표》를 유선에게 바쳤다고 기록하고 있다. 그리고 이듬해 두 번째 출정을 앞두고 비장함을 담아 '나라를 위하여 온힘을 다 바쳐 죽을 때까지 멈추지 않고 싸우겠다'는 내용의《후출사표》를 작성하기에 이른다.

그러나 이러한 역사적 배경에도 불구하고《후출사표》의 출처는 매우 애매하다. 유송(劉宋)의 배송지(裴松之)는《삼국지》의 주석을 다는 과정에서 동진(東晉)

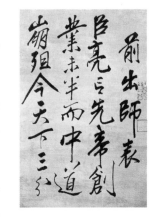

행서(行書)《전출사표》첩, 남송,
악비(岳飛)

의《한진춘추(漢晉春秋)》에서 제갈량의《후출사표》를 인용하였는데,《한진춘추》의 구체적인 출처는《묵기(默記)》로 알려져 있다. 그러나 당시 권위 있는 역사서 중에《후출사표》를 수록하고 있는 문헌은 상기의 두 기록이 전부이며 이를 제외하고는 찾아보기 어렵다.

이를 근거로 일부 학자들은《후출사표》의 진위 여부에 강한 의문을 제기하였다.《후출사표》를 연구한 학자들은《후출사표》에 드러난 제갈량의 심리 상태가《전출사표》와는 현격한 차이를 보이고 있다는 점에 주목한다.《전출사표》는 북벌을 앞둔 제갈량의 고무된 감정과 승리에 대한 자신감으로 사기충천해 있다. 원문 중에는 '폐하께서는 신에게 적들을 토벌하고 나라를 부흥시키라는 명령만 내려 주십시오. 만약 신이 성공하지 못한다면 죽을죄로 다스려 벌하여 주십시오. 선제의 혼령 앞에 이와 같이 고합니다'라는 내용이 포함되어 있다.《전출사표》를 지어 황제에게 바칠 당시 제갈량의 심정은 이처럼 결연한 의지로 가득 차 있었다. 그러나《후출사표》는《전출사표》에서 보였던 확신과 의지가 모두 사라지고 온통 침울한 정서로 뒤덮여 있다.

삼고모려도(三顧茅廬圖), 명, 일
명(佚名)

《제갈충무후병법(諸葛忠武侯兵
法)》

역사적 배경도 《후출사표》에 의문을 더해준다. 제갈량이 《후출사표》를 지어 바친 의도는 북벌의 정당성을 내세우기 위한 것이었다. 하지만 역사의 기록에 의하면 당시 촉한의 분위기는 이미 충분히 북벌을 지지하는 분위기였다. 따라서 제갈량이 굳이 《후출사표》를 지을 이유가 전혀 없었던 것이다. 아울러 《후출사표》는 역사적 사실과 일치하지 않는 부분이 많으며 일부 인명의 표기에도 오류가 발견되었다. 《후출사표》는 '조운(趙云), 양군(陽群), 마옥(馬玉), 염지(閻芝), 정립(丁立), 백수(白壽), 유합(劉頜)' 등이 목숨을 잃었다고 적고 있는데 이는 건흥(建興) 6년 11월의 상황을 말하고 있는 것이다. 그러나 《촉지(蜀志) 조운전(趙云傳)》에 의하면 조운이 죽은 것은 건흥 7년이었다. 뿐만 아니라 양군, 마옥, 염지, 정립, 백수, 유합 등의 인명은 실존 여부를 확인할 만한 기록이 전혀 없다.

가장 결정적인 근거는 《출사표》에 드러난 문체의 차이점이다. 《전출사표》가 정중하면서도 고상한 풍격을 갖추고 있다면, 《후출사표》는 한눈에 보아도 용렬하고 케케묵은 어휘를 답습하고 있음을 발견할 수 있다. 두 편의 풍격이 이처럼 상반된다는 점에서 학자들은 동일인이 작성한 글이 아닐 수 있음을 조심스럽게 제기하기 시작했다.

일각에서는 《후출사표》를 지은 원작자가 구체적으로 장엄(張儼)이라고 보기도 한다. 그러나 장엄 역시 제갈량과 함께 북벌의 정당성을 지지하며 승리를 낙관했던 인물 가운데 하나로《후출사표》에 드러난 비관적인 어조와는 거리가 멀다고 보는 견해가 지배적이다. 한편에서는 제갈량의 손자인 제갈각(諸葛恪)이 《후출사표》를 위조했을 가능성을 제기하기도 한다. 제갈각은 오나라 왕 손권(孫權)이 죽은 후에 대장군으로 임

성도무후사(成都武侯祠)

명되었으며 야심이 큰 인물이었다. 그는 병권을 장악하기 위하여 위나라와의 전쟁을 재촉하였지만 이를 반대하는 세력에 의해 계획이 무산될 지경에 놓였다. 따라서 제갈각은 제갈량의 《출사표》를 모방하여 위나라를 공격하기 위한 명분을 정당화하고자 하였는지도 모를 일이다.

그러나 대부분의 학자들은 이런 의견을 일축하는 분위기다. 설령 제갈량의 손자인 제갈각이 조부의 문체를 모방했다고 해도 침울한 분위기로 일관할 이유가 없었기 때문이다. 조운의 죽음을 언급한 것도 이해되지 않는 부분이다. 그러나 여전히 의문은 남는다. 이미 《출사표》를 한 차례 쓰고 난 제갈량이 《후출사표》를 다시 쓸 이유가 없었기 때문이다. 결국 《후출사표》가 후대인에 의해 창작되었을 가

고릉중삼고당(古陵中三顧堂)
동한 말기 제갈량은 남양(南陽)에 은거하였다고 전한다.

능성을 전혀 배제할 수 없지만 그렇다고 제갈량과 무관하게 볼 수도 없는 것이 현재의 상황이다. 논란이 분분한 가운데 《출사표》는 여전히 세인들의 가슴을 적시고 있다.

《청명》은 과연 두목의 시일까

두목이 남긴 수많은 시들 가운데에서도 《청명》은 아름다운 문장과 낭만적인 시풍으로 인해 가장 널리 읽히는 시이다. 그러나 애석하게도 《청명》은 원작자 논란에 휘말려 있다. 《청명》의 시풍이 두목의 기존 시들과 현저하게 다를뿐더러, 여러 문집에 누락되어 있기 때문이다. 그 이유는 무엇일까?

청명이 되니 비가 흩뿌리고 길가에 지나는 이는 넋을 잃었네

　　묻노니 어디에 술집이 있는가? 목동은 손으로 행화촌을 가리키네

이 시는 당대의 시인 두목(杜牧)이 지은 《청명》이며 지금까지도 많은 이들에게 애송되고 있다. 세월이 흐르는 동안에도 특유의 청아함과 생동감으로 변함없는 찬사를 받고 있는 것이다. 특히 수없이 많은 주점들이 다투어 '행화촌(杏花村)'이란 이름을 모방하고 있다는 사실만으로도 두목의 시가 사

두목 상
두목(803~852). 자는 목지(牧之)이며 두우(杜佑)의 후손이다. 말년에 범천에 기거하며 유려한 기풍의 시를 지었다.

두목의 《청명》 설명도 중의 하나

람들에게 어떤 영향을 끼쳤는지 짐작할 수 있다.

그러나 학자들은 이와 같은 사실에 대하여 회의적이다. 《청명》의 원작자를 두목으로 볼 수 있는 근거가 미약하기 때문이다. 당 후기에서 북송(北宋)에 이르기까지 두목의 시를 수집하고 편찬해왔던 학자들은 그 어디에서도 '청명'이란 제목의 시를 찾아볼 수 없었다고 전한다. 이로 인해 사람들은 《청명》의 원작자가 두목이 아닐 가능성을 제기하기에 이르렀다. 《청명》이 수록된 최초의 문집은 남송(南宋)시대 류극장(劉克庄)이 편찬한 《분문찬류당송시현천가시선(分門纂類唐宋時賢千家詩選)》으로 《청명》이 수록되어 있는 유일한 문집이기도 하다. 하지만 류극장의 선집 역시 의혹에 싸여 있으며 그다지 신뢰를 얻지 못하고 있다.

《청명》의 시풍이 기존 두목의 작풍과 부합되지 않는 부분도 논란이 되고 있다. 두목은 평소 시가를 지을 때 '의미를 위주로 하였고 기풍은 보조 역할에 지나지 않는다'고 주장하였으며 '나는 시를 쓸 때 매우 고심하며 고절함을 추구하고자 한다. 기이한 것을 따르지 않고 유행에 연연하지 않는다'면서 자신의 창작 성향을 언급한 바 있다. 이러한 기록은 두목의 《답장충서(答庄充書)》와 《헌시계(獻詩啓)》 등에서 고루 찾아볼 수 있다. 따라서 우리는 두목이 고원한 정신세계를 표방하면서도 호방한 필력을 추구해왔음을 가늠해볼 수 있다. 역대 문학평론가들 역시 두목의 작품 성향은 '호방하면서도 화려하고, 퇴폐적이면서도 아름다운 시풍을 지녔다'고 극찬한 바 있다. 두목은 이상은과 함께 대표적인 유미주의 시인으로 손꼽히고 있다. 이러한 시풍을 따른다면 《청명》은 두목의 작풍과는 다소 거리감이 느껴지는 게 사실이다.

그러나 《강남통지(江南通志)》에는 이와 상반된 견해가 담겨져 있다. 지주(池州)의 자사(刺史)로 부임한 두목이 지은 시 중에 '청명이 되니 비가 흩뿌리네'라는 시구가 있음을 지적하며 실제로 지주의 성 외곽에서 그리 멀지 않은 서쪽에 행화촌이 있었다는 것이다. 또한 성 부근에 두호(杜湖)라는 지명의 호수도 있었다고 통지는 기록하고 있다. 하지만 통지는 대체로 그 고장의 개성을 화려하게 포장하

장호호(張好好) 시첩, 당, 두목

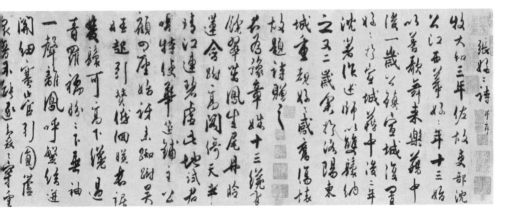

〈두목의 《청명》 설명도〉, 청, 전혜안(錢慧安)

기 위한 방편으로 유명한 인물의 명성을 인용하는 일이 종종 있었다. 따라서 《강남통지》역시 예외일 수는 없다. 이러한 통지의 기록만으로는 두목이 《청명》의 원작자라는 사실을 입증하기는 어렵다.

만약 《청명》이 두목의 작품이 아니라고 해도 의문은 여전하다. 《청명》이 후대에 이르러 갑자기 두목의 작품으로 둔갑하게 된 배경이 모호하기 때문이다. 또한 실제 원작자가 누구인지를 밝혀야 하는 새로운 논란에 직면해야 한다. 따라서 《청명》의 원작자를 찾는 일은 《청명》이 두목의 시인지 아닌지를 증명할 수 있는 가장 빠른 척도이기도 할 것이다.

가장 유력한 설은 남송인의 작품이라는 주장이다. 그 이유는 《청명》의 시풍이 남송시대의 시가와 유사하기 때문이다. 또한 중국 문학사상 '우분분(雨紛紛)'이나 '욕단혼(欲斷魂)'과 같은 시구는 주로 나라의 쇠망을 앞두고 우국의 처량한 심정을 완곡하게 표현하기 위한 상투적인 수법으로 사용되었다. 학자 문백륜은 류극장이 편집한 《천가시(千家詩)》의 상태가 조잡한 탓으로 수많은 작품의 서명이 제대로 기록되지 않았다고 보았다. 이 과정에서 《청명》도 그 저자가 모호해졌다는 주장이다.

두목의 시가 총망라된 《범천문집(樊川文集)》은 총 20권으로 이루어져 있으며 두목의 외조카인 배연한(裵延翰)이 작품의 순서와 배열을 정하여 편찬을 완성하였다. 배연한은 문집의 서문에 죽은 두목의 유언을 기록해 두었다. 임종이 다가오자 두목은 "이제야 비로소 부족하다는 것을 깨닫게 되었으며 그동안 수집해놓은 글을 스스로 검열하는 과정에서 많은 양의 작품을 불태우게 되었다. 마지막까지 남은 것은 단 지 열두어 작품 뿐이다"라고 털 어놓았다. 유언 에서 볼 수 있듯 이 두목이 엄선 된 작품만을 선 별하여 문집에 수록할 것을 후

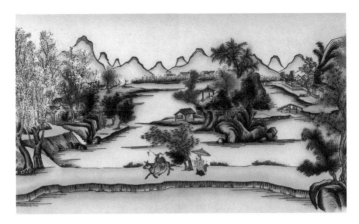

《〈청명〉 설명도》, 청, 전혜안
두목의 《청명》을 회화로 묘사한 작품이다.

손들에게 부탁했다는 것을 알 수 있다. 이처럼 엄격한 자체 검열과 심사 과정을 통과한 작품은 그가 평생 써온 시의 3분의 1에도 미치지 못하였으며 그가 쓴 시 는 다수가 후세에 전해지지 못했다. 《청명》 역시 이러한 과정에서 그 출처가 모호해졌을 가능성도 다분하다.

두목의 수많은 회고시는 당시 그가 강남에 오랜 기간 자사로 부임해 있으면서 느낀 세태를 묘사하고 있다. 따라서 누군가 두목의 명성을 도용하여 《청명》을 지었을 가능성도 무시할 수 없다. 대중적이면서도 아름다운 정서를 담고 있는 《청명》은 남녀노소를 불문하고 널리 애송되는 시임에 틀림없으며 두목 역시 이미 원작자로 사람들의 뇌리에 오랜 세월 동안 각인되어왔다. 따라서 세월이 흘러도 《청명》은 두목의 시로 남을 가능성이 크다.

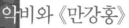

악비와 《만강홍》

많은 사람들에게 애국심과 투쟁 의지를 불러일으키며 애송되어오고 있는 악비의 시 《만강홍》. 그러나 학자들은 《만강홍》이 악비의 시라는 사실에 대하여 대단히 회의적 이다. 시 속에 등장하는 지명도 일치하지 않을뿐더러 악비가 죽은 뒤 4백여 년이 흘러 비로소 세상에 빛을 보았기 때문이다. 악비와 《만강홍》을 둘러싼 역사적 논란 속으로 발을 들여놓아보자.

노기가 충천하여 난간에 기대서니 오던 비도 그치네

부릅뜬 눈을 치켜 하늘을 우러러보며 길게 포효하니

장수의 가슴에 피가 끓는다

30년의 공명(功名)은 먼지 같구나

8천 리를 달려온 구름과 달

어느 한시인들 한가로운 적이 있었을까?

소년의 머리가 희어지니 공허하고 절통하구나

정강(靖康)의 치욕을 아직 설욕하지 못했으니

악비 상

악비(1103~1142). 자는 붕거(鵬擧), 송나라 상주(相州) 탕음(湯陰) 사람이다. 의용군 모집에 참여하여 공적을 쌓았으며 후에 '악가군(岳家軍)'이라 불리는 군대를 총지휘하였다. 소흥 4년, 양양 등 6군을 수복하고 청원군 절도사가 되었다. 소흥 10년, 북벌에 참가하여 제주, 정주, 낙양 등지를 점령하였다. 고종은 이 시기에 12개도의 군에게 철수 명령을 내렸고, 11년 여름 악비의 병권을 빼앗았지만 중앙의 명령에 따르지 않은 악비는 억울한 누명을 쓰고 죽었다. 효종 때 '무목(武穆)'이란 시호를 하사받았으며, 영종(寧宗) 시기에 '악왕(鄂王)'으로 추대되었다.

신하된 자의 한을 어찌 하루인들 잊을 리가 있을까?

전차를 몰아 하란산(賀蘭山)을 뚫고 돌파하리니

배가 고프면 오랑캐의 살을 뜯고

목이 마르면 흉노의 피를 마시리

가장 선두에 나서서 예전의 산하를 되찾아

천자 계신 궁궐에 고개 숙이리라

이 글은 '만강홍(滿江紅)'이란 제목의 시로 오랜 세월 동안 인구에 회자되어오고 있다. 숱한 전쟁을 겪어야 했던 중국의 역사를 돌이켜볼 때 이 시가 얼마나 많은 사람들에게 민족 해방과 투쟁 의지를 고취시켜왔을지 쉽게 짐작하게 된다. 또한 사람들은 지금까지 시의 원작자가 송나라의 민족 영웅인 악비(岳飛) 장군이라는 사실에 이견을 두지 않았다.

그러나 이러한 통념에 반기를 든 새로운 주장이 제기되었다. 이미 고인이 된 근대 학자 여가석(余嘉錫)은 《사고제요변증(四庫提要辨證)》의 일문인 《악무목유문(岳武穆遺文)》에서 《만강홍》의 원작자가 악비라는 기존의 상식에 강한 의문을 제기하고 나섰다. 여가석의 주장에 의하면, 《만강홍》이 기록된 최초의 문헌은 명대 가정(嘉靖) 15년(1536), 서계(徐階)가 편찬한 《악무목유문》이다. 악비가 세상을 떠난 1142년 이후로 송나라와 원대의 문헌에서 《만강홍》에 대한 언급을 한 번도 찾아볼 수 없었으며 심지어는 서문이나 발문(跋文)에서도 이 시를 다룬 적이 없었다. 그러다가 4백 년이나 지난 명대에 와서 갑자기 유명세를 타기 시작하였는데 여가석은 바로 이 점에 주목한 것이다.

서계가 근거로 삼고 있는 문헌은 1502년 절강(浙江) 제학부사(提學副使)인 조관(趙寬)이 수록한 악비의 묘비문으로, 납득할 수 없는 점으로는 조관 역시 이 시

악비좌상(岳飛坐像)

절강 항주시 악왕 묘에 전시되어 있다. 악비상 위에는 친필로 쓴 '나의 산하를 수복하자(還我河山)'라는 문구가 걸려 있다.

의 출처와 원작자에 관하여는 전혀 언급하지 않았다는 점이다. 이런 연유로 《만강홍》에 대한 의혹은 더욱 증폭되었다. 뿐만 아니라 악비의 아들인 악림(岳霖)과 그의 손자 악가(岳珂)가 편찬한 《악왕가집(岳王家集)》에도 《만강홍》은 단 한 줄도 언급되어 있지 않다. 31년이 흐른 후, 다시 선보인 새로운 판본에서도 이 작품은 여전히 제외되어 있었다.

《악왕가집》은 악비의 직계 후손인 악림과 악가가 전력을 기울여 악비의 유고작들을 수록한 문집이었다. 그럼에도 불구하고, 폭넓은 대중의 사랑을 받았던 《만강홍》 같은 작품을 누락시켰다는 것은 쉽게 납득이 가지 않는 부분이다. 따라서 《만강홍》은 악비의 명성을 도용하여 명나라 사람이 지은 위작으로 볼 수 있으며, 사실상 악비와는 아무런 연관이 없는 시라는 게 여가석의 일관된 주장이다.

악왕 묘

악왕 묘는 절강 항주에 위치하고 있다. 여기는 본래 악비의 무덤이 있었는데, 나중에 증축하였다고 한다. 묘 안의 대전에는 '정충보국(精忠報國)'이라는 글자가 새겨져 있는데, 악비의 어머니가 어린 악비를 가르치던 글이라고 한다.

사학자 하승도(夏承燾) 역시 여가석의 견해에 동조하며 《만강홍》이 악비의 작품이 아니라고 주장했다. 하승도는 '전차를 몰고 하란산을 뚫고 돌파하리니'라는 시의 구절에 주목하며, 시어 중 하란산은 지금의 감숙성(甘肅省) 하투(河套)의 서쪽 지방이라는 점을 밝혀냈다. 남송시대에 하란산은 금나라의 속령이 아닌 서하(西河) 이역의 지방이었다. 당시 악비는 군사를 이끌고 황룡부(黃龍府), 즉 지금의 길림성(吉林省) 경내 지역

악왕 묘 정전(岳王墓正殿)
악왕 묘 정전에는 '심소천일(心昭天日)'이라는 현판이 걸려 있다.

을 공격하고 있었다. 이는 실제로 악비가 활약했던 지역과 가사에 등장하는 지명 간에는 아무런 연관성이 없음을 시사하고 있는 것이다. 명조 시기에는 북방의 타타르족(내몽고 유목민족)이 하란산을 경유하여 감숙성과 량주(涼州) 일대를 수시로 침범하곤 했는데, 명대 홍치(弘治) 11년 명나라의 장수 왕월(王越)이 하란산에 출몰한 타타르족을 격파하였다고 전한다. 하승도는 이와 같은 사실을 근거로《만강홍》을 송대가 아닌 명조 중엽의 작품으로 보았으며 '전차를 몰고 하란산을 뚫고 돌파하리라'는 구절은 당시 이역의 오랑캐를 격파하기 위한 항전의 구호였을 가능성이 높다고 보았다.

시의 내용과 풍격의 불일치에 의문을 제기하는 사람들도 있다. 대만의 학자 손술우(孫述宇)는 악비의 작품 성향과《만강홍》이 다르다는 점에 주목했다. 악비의 또 다른 작품인《소중산(小重山)》과 비교했을 때, 전자가 강인한 어조로 비분강개한 정서를 담고 있는 영웅적인 시가에 속한다면 후자는 다소 우울한 어조로 실의에 찬 정서를 드러내고 있으므로 두 작품 간에 괴리가 크다고 보았던 것이다. 정서상 한 사람이 비슷한 상황에서 각기 다른 심정을 노래할 수는 없는 노릇이기 때문이다.

그러나《만강홍》이 틀림없이 악비의 작품이라고 주장하는 학자들도 적지 않

다. 그들은 우선 원본의 출처가 모호한 것과 관련하여 이는 역사상 수많은 문학 작품들이 당대에는 빛을 발하지 못하였으나 후대에 와서 오히려 그 진가를 인정받는 경우가 많았으며 이는 문학사상 매우 흔한 사례에 해당한다고 지적하였다. 게다가 역사적, 사회적 환경에 따라 작품의 수록은 제한받게 마련이므로 창작된 모든 작품이 후대에 전해진다는 것은 현실적으로 불가능한 일이라고 보았다. 하물며 악비는 반대파의 모함을 받아 집에서 보존하던 개인 문고를 모두 몰수당하고 남송 정권에 의해 검열과 조사를 받은 적이 있었다. 비록 후에 다시 환수되기는 하였으나, 원본의 훼손이 전혀 없었다고 볼 수는 없는 노릇이다.

이처럼 문인의 작품이 유실되거나 훼손되는 일은 동서고금을 막론하고 흔히 있는 일이었다. 악비의 작품이 명조대에 와서야 민간에 널리 퍼져나가기 시작했던 이유는 악비가 죽은 후에도 10여 년간이나 진회(秦檜) 및 그 일당들이 세력을 잡고 있었기 때문이다. 원조는 민족억압정책을 실시했으므로 《만강홍》과 같은 강렬한 민족주의와 저항 의식을 담은 작품이 대중에 알려지는 것을 두려워하였다. 이런 연유로 《만강홍》은 송대와 원대에 걸쳐 철저하게 그늘에 가려져 있다가 명조에 와서야 비로소 민간에 급속도로 퍼져나갔던 것이라고 추측할 수 있다. 이런 추론은 매우 논리적이어서 충분히 설득력이 있다고 보는 게 학계의 일반적인 견해다.

일부 학자들은 '하란산(賀蘭山)'이란 지명을 두고 논쟁을 거듭하고 있다. 《만강홍》의 악비 지은이 설을 지지하는 학자들은 하란산을 두고 단순히 지리학적으로 접근하기보다는 그것이 총칭하고 있는 의미를 따져봐야 한다고 지적하였다. 예를 들어, 고대 시가 중에 자주 등장하는 '장안(長安)'이나 '천산(天山)'은 그 의미하는 바가 매우 넓었다. 고증에 따르면, 서하(西夏)와 북송(北宋)은 예로부터 전쟁이 끊이지 않았기에 정부는 연안을 다스리기 위하여 범중엄(范仲淹)을 파견하여 변경 진압과 서하 수비에 전력을 기울였다고 한다. 따라서 진종(眞宗), 인종(仁宗) 시기에 변방의 시국은 잠시 안정 국면에 접어들었다. 악비가 이러한 정세에 어두웠을 리가 없으며《만강홍》중의 '하란산'이란 표현은 단지 의미상 적지를 가리키고 있을 뿐 실제로는 황룡부를 지칭하고 있다고 보았다.

악비를 지은이로 보는 학자들은 작품의 상반된 시풍에 대해서도 반격의 고삐를 늦추지 않고 있다. 문학사상 문인들의 작품이 동시에 두 가지 풍격을 지니고 있는 경우는 그 예가 적지 않다는 게 그들의 공통된 의견이다. 예를 들어 소식(蘇軾)의《적벽부(赤壁賦)》는 웅장하고 호방한 기풍으로 유명한 서사시이지만, '다가가 살펴보니 양화(楊花)가 아니로다. 점점이 흩날리는 것이 이별의 눈물이로다'와 같은 섬세한 정조의 표현도 서슴지 않고 있다. 따라서 악비의 두 작품인《만강홍》과《소중산》의 풍격이 비록 상반된다고 해서《만강홍》을 악비의 작품이 아니라고 단정할 수는 없다고 보는 것이다.

긍정적 성향의 학자들은《만강홍》과 악비의 관련성을 입증하기 위하여 구체적인 창작 연대를 고증하기 시작했다. 악비가 30세 되던 무렵(1133)에 군사권을 장악하게 되었던 사실에 주안점을 두어, 당시 악비가 '영예로운 임무를 맡게 되었으니 막중한 책임감을 느끼며 이

악왕 묘 내의 악비 묘

악비 묘 내에 진회(秦檜) 부부가 무릎을 꿇고 있는 동상

비장함과 감개무량함을 《만강홍》에 담았을 것'으로 추정하고 있는 것이다. 또한 '30년의 공명이 먼지와 같구나'라든지 '8천 리를 달려온 구름과 달'이라는 표현은 군사를 이끌고 각지를 전전하던 악비가 30여 세가 되어 '행군의 여정을 따져보니 8천 리에 이른다'고 말한 사실과도 일맥상통한다. 악비가 강주(江州)의 수비를 맡은 것은 30여 세 무렵이었는데 마침 그곳은 가을에 접어들어 자주 비가 내렸다고 한다. 이러한 계절적인 정황 역시 《만강홍》의 계절적인 감상과 맞아떨어지고 있는 것이다.

이상의 예에서 살펴보았듯이 다수의 부정적인 의견에도 불구하고 1133년 9월 하순, 구강(九江)에 도착한 악비가 자신의 진솔한 감정을 실어 《만강홍》을 지었을 거라는 추론이 가능해진다. 그러나 안타깝게도 학계는 끊임없는 분석과 고증 작업을 계속하면서도 《만강홍》의 지은이를 악비로 규정할 만한 명확한 결론은 이끌어내지 못하고 있다.

하지만 논란에도 불구하고 《만강홍》이 갖고 있는 역사적 의미는 다른 곳에 있다. 세월이 좀더 흘러, 《만강홍》이 악비의 명성을 도용한 작품이라는 결론이 내려진다 해도 시가 갖고 있는 강렬한 애국심과 불굴의 민족정신은 후대를 거듭하여도 변함이 없을 것이라는 점이다.

《수호전》의 원작자는 시내암일까, 나관중일까

대부분의 사람들은 《수호전》의 원작자를 시내암으로 알고 있다. 하지만 반드시 그렇지만도 않아 보인다. 나관중과의 공동 창작설을 주장하는 학자가 있는가 하면 심지어 시내암이 허구의 인물이라고 주장하는 사람도 있다. 최근에는 백회본(百回本) 《수호전》의 저자인 곽훈이 《수호전》의 원작자일 가능성도 대두되고 있다. 말도 많고 탈도 많은 《수호전》의 논란 속으로 들어가보자.

봉건주의 통치 계급의 죄상을 폭로하고 양산박의 영웅적인 활약을 통해 민중의 정신을 고취하였던 《수호전(水滸傳)》은 말이 필요 없는 당대 최고의 고전 가운데 하나이다. 소설의 시간적 배경은 북송 말기이며 내용은 송강(宋江)을 비롯한 일단의 호걸들이 양산에서 의적을 결성하여 양산박(梁山泊)이라 일컫는 것으로 시작된다.

시내암 저 《수호》도, 당대, 안소상(晏少翔)

소설은 반란군이 결성되는 동기와 그들의 활약상, 세월이 흘러 몰락하기까지의 과정을 흥미진진하게 다루고 있으며, 약자를 대변하고 부패한 관료들을 통쾌하게 응징한 점에서 민중의 열렬한 사랑을 받

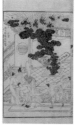

〈충의수호전〉

았다.《수호전》의 모태가 되는 것은 송대의 백화소설인《수호고사》화본(話本)과 원대의《수호》잡극이며, 오늘날 전해지고 있는《수호전》은 이 두 가지 판본을 기초로 새롭게 재창조되어 최종 완성된 것이라고 볼 수 있다.

　　하지만 원작이 시종일관 흥미진진한 구성과 내용으로 독자들을 사로잡은 것에 비해 원작자는 명쾌하게 알려져 있지 않다. 원작자로 알려진 인물은 명나라 초기 인물인 시내암(施耐庵)이지만 판본과 이본이 많은 만큼 꾸준히 논란의 대상이 되어왔다. 이것은 비단《수호전》만의 문제는 아닐 것이다. 민간 전승의 고사나 전설 등에 문인들이 살을 붙여 재창조한 작품이나 창작 연대가 너무 오래 경과된 작품의 경우, 원작자를 확인하기 어려운 경우가 대부분이다. 그중에서도《수호전》에 대한 원작자 논란은 어느 작품보다 치열하게 전개되어왔으며 새로운 학설이 대두될 때마다 혼란은 더욱 가중되었다.

　《수호전》의 원작자가 시내암이라는 주장에 대하여 강력하게 반론을 제기하는 학자들은 그 대안으로 나관중을 든다. 이와 같은 주장이 힘을 얻어온 이유는 나

〈수호인물도〉, 청

관중과 시내암이 동시대 인물에 속하며 둘 다 대작가라는 점 때문이다. 조금 더 구체적으로 들어가보면, 나관중의《삼수평요전(三遂平妖傳)》을 고증한 결과, 그중 21편의 찬사(贊詞) 중 13편이《수호전》에 수록되어 있었고 학자들은 이를 통해 나관중이《수호전》의 원작자일 가능성이 크다고 보았다. 혹자는《수호전》이 시내암과 나관중의 공저라고 주장하기도 한다. 학자들의 고증에 의하면

《충의수호전(忠義水滸傳) 백권(百券)》에서 '시내암 찬(撰), 나관중 편차(編次)'이라는 기록을 발견했다는 것이다. 이외에도 천도외신(天都外臣) 판본의 《수호전》에서도 '시내암이 수집하여 기록하였으며 나관중이 찬수(撰修)하였다'는 기록이 엿보인다.

〈수호인물도〉, 청

이 두 가지 판본 중의 하나가 《수호전》의 모태가 되었으며, 오늘날 우리가 알고 있는 최초의 《수호전》으로 탄생했다. 이는 결코 부인할 수 없는 역사적 사실이다. 하지만 의문은 계속된다. 일단의 관심 있는 사람들이 《수호전》이 발표된 연대를 고증한 결과, 최초의 판본이 등장한 시기가 가정(嘉靖) 연간으로 밝혀졌기 때문이다. 이는 명나라가 멸망한 이후, 백여 년 이상 경과된 시기이며 따라서 《수호전》이 원말 명초에 창작되었을 가능성은 희박해지는 셈이다. 문제는 시내암이 원말 명초 인물이라는 데에 있다. 명초의 인물인 시내암이 명조의 각종 사회 제도와 조직 편제, 행정에 관하여 훤히 꿰뚫고 있다는 점도 《수호전》의 창작자로서 그를 의심하게 만드는 대목이다.

시내암설과 나관중설이 일대 격전을 치르는 동안 한쪽에서는 다른 의견이 제기되었다. 《수호전》의 원작자가 시내암이 아니라는 주장이 강하게 제기된 이후 최초의 판본으로 알려진 백회본(百回本) 《수호전》의 저자인 곽훈(郭勳)이 《수호전》의 원작자일 가능성이 유력하다고 보는 시각이 늘어가고 있는 것이다. 이러한 주장의 배경에는 시내암이 실존 인물이 아닌 가상의 인물일지도 모른다는 생각이 깔려 있다. 명조 가정(嘉靖) 시기에는 소설의 원작자들이 자신의 실명을 밝히지 않는 것이 관례였기 때문이다. 따라서 《수호전》에 서명된 시내암 역시 본명이 아닐 가능성이 크다. 당시 지식인들이 실명 대신 가명을 사용한 이유는 문자

시내암 고궁

시내암의 이름은 자안(子安)이고 내암, 언단(彦端)은 그의 자이다. 강소 흥화(興化) 사람으로 원말에 전란이 일어나자 절강 항주로 피난 갔으며 나중에 흥화로 다시 돌아왔다. 소주(蘇州) 사람이라는 설도 있으며, 말년에 흥화로 이주했으며 회안(淮安)에서 사망한 것으로 알려졌다.

옥(文字獄: 지식인을 탄압하기 위한 정책)의 박해를 피하기 위해서였다. 또한 소설과 소설가를 바라보는 당시의 좋지 않은 시대적 배경도 가명을 사용한 이유 가운데 하나이다. 지식인들에게 있어 소설이란 단지 말세의 천박한 풍속일 뿐이었으며 문인들은 소설을 짓는 것을 저속하다고 여겨 멀리하였다.

역사에 남을 명작을 쓰고도 떳떳하게 이름을 남기지 못했다는 것은 또한 역사의 아이러니가 아닐 수 없다. 어쩌면 시내암은 혹은 시내암이라는 가명을 사용한 원작자는 훗날 자신의 소설이 이렇듯 뜨거운 논란거리가 될 줄은 상상도 하지 못했을 것이다. 어찌 됐건 책을 읽으며 나름대로 저자를 점쳐보는 것도《수호전》을 읽는 재미 가운데 하나가 아닐까?

6장 역신 열전

—새로운 세상을 열기 위해 투쟁한 위인들

주공은 과연 조카의 자리를 훔쳤을까

주공의 섭정을 두고 역사는 왕위 찬탈이냐 아니면 선왕의 유지를 따른 것이냐, 의견이 분분하다. 사관은 '왕위 찬탈'이라는 기록을 남겼으나 후대 학자들의 평가는 비교적 관대하다. 그 이유는 무엇일까?

주공(周公)은 역사상 가장 뛰어난 정치가 가운데 한 사람으로 정평이 나 있다. 그는 주(周)나라 무왕(武王)의 아우이며 무왕이 서주(西周) 왕조를 건립하는 데 많은 공헌을 한 인물이다. 무왕 사망 후, 태자 송(誦)이 왕위를 계승하여 성왕(成王)이 되자 숙부의 신분으로 국정을 처리하였다. 성왕의 나이가 너무 어렸기 때문이다. 그러나 사료는 이를 가리켜 주공이 '왕위를 찬탈했다'고 기록하고 있다. 나아가 나중에 정권을 반환하였다는 기록을 덧붙임으로써 당시 사관들이 주공의 행동에 곱지 않은 시선을 보

주공 상
주공의 이름은 단(旦)이다. 문공(文公), 숙단(叔旦)이라고 불렸으며, 주 무왕의 아우이다. 무왕이 죽자 어린 성왕을 대신하여 섭정하였다.

냈음을 알 수 있다. 그 시절, 주공과 성왕 사이엔 도대체 무슨 일이 벌어졌을까?

먼저 관련 문헌을 살펴보기로 하자.《좌전(左傳) 희공(僖公) 26년》은 '주공과 주나라 왕실은 고굉지신(股肱之臣)의 관계였으므로 성왕을 보좌하였다'고 기록하고 있다.《상서(尙書) 대전(大傳)》은 '주공은 왕의 거처에 머물며 정치를 논했다'고 당시 상황을 좀더 상세하게 밝혔다. 이상과 같은 내용만 보더라도 주공과 왕들의 관계가 어떠했는지 능히 짐작할 수 있다. 문헌상에 드러난 '왕(王)'은 문왕(文王)을 지칭하는 것으로 당시 사람들은 문왕을 '영왕(寧王)' 혹은 '영고(寧考)'라고 불렀다. 여기서 문왕은 주나라를 세운 주공의 아버지가 된다.《상서(尙書) 강고(康誥)》의 기록에는 '왕께서 말씀하시길, 맹후(孟侯)는 짐의 아우 봉(封)이다'라고 적은 대목이 있다. '봉'이란 주공과 어머니가 같은 형제인 강숙(康叔)을 지칭하는 것으로 여기에 나오는 '왕'이란 곧 주공을 가리킨다.

이상 열거된 문헌에서 알 수 있듯이 주공은 자신을 가리켜 스스로를 '왕'이라 불렀음을 알 수 있다. 주공은 명목상 조카인 성왕을 보필하는 것처럼 격식을 차렸지만, 사실상 왕으로 행세함으로써 조카인 성왕의 제위를 무시하고 '왕위 찬탈'을 자행했던 것이다. 그럼에도 불구하고 주공은 대대로 칭송을 받아왔다. 도대체 그 이유가 무엇일까?

학자들은 몇 가지 견해를 내세웠다. 그중 하나는 주공이 '가짜 황제' 행세를 했을 가능성이다. 당시 주나라는 국가의 통치권이

주공 묘
주공의 묘는 산동성 치박시(淄博市)에 위치하고 있으며, 후세인들이 주공을 기념하기 위하여 만들었다.

제대로 수립되지 않았으며 여러 가지 제도들도 정비되지 않아 매우 혼란스러웠다. 이처럼 미비한 국가 제도 탓에 주 왕조는 심각한 위기를 맞고 있었다. 특히 동쪽 지역이 완전히 평정되기 전이었으므로 새로운 왕조의 존립에 커다란 위협이 되었다. 따라서 주공은 어린 성왕을 대신하여 자신이 나설 수밖에 없는 상황이었을 것이다. 여기서 주공의 심정을 조금이나마 추측할 수 있는 문헌 기록이 있다. 《상서(尙書) 금등(金縢)》에 의하면 하루는 주공이 태공(太公)과 소공(召公)에게 '나는 군주가 아니다. 나는 나를 선왕(先王)이라고 말하지 않겠다'고 말한 적이 있다고 한다. 이 말은 '만약 내가 어린 성왕을 대신하여 섭정을 하지 않는다면, 제후들은 즉시 반란을 도모할 것이고 그렇게 되면 애써 이룩한 선왕의 위업을 지속적으로 달성하지 못할 것이다. 나는 죽어서도 선왕의 얼굴을 볼 면목이 없다'라는 의미로 보아도 무방할 것이다.

생전에 무왕이 '후계자를 정하는 것은 형제를 우선으로 하겠다'고 말한 사실이 있는 점도 성왕을 대신할 수밖에 없었던 주공의 어깨를 가볍게 해주었을 것이다. 당시 주공은 무왕의 말을 듣고 매우 놀랐으며 '눈물로 읍소'하며 자신이 결코 천자의 자리에 오르려는 야심이 없음을 전달했다고 한다. 이를 근거로 한다면 주공이 '왕위를 찬탈했다'는 일각의 주장은 설득력이 없다.

그럼에도 불구하고 여전히 많은 사람들이 주공의 야욕을 의심하며 '왕위를 찬탈했다'고 주장한다. 《순자》는 '주공이 성왕과 무왕을 제거하여 천하를 차지하였다. ……거만한 뜻을 오래전부터 품어왔다'고 기록하였다. 《순자》의 기록에는 주공의 업적을 폄훼하려는 부정적인 시각이 깔려 있다. 《사기(史記) 연소공세가(燕召公世家)》와 《노주공세가(魯周公世家)》 또한 태공과 소공이 주공의 섭정에 대하여 불만을 품고 있었다는 기록을 전하고 있다. 이를 통해 주공과 태공, 소공 세 사람 사이에 어떤 식으로든 보이지 않는 갈등이 존재하고 있었음을 짐작할 수 있다.

주공이 천자의 권위를 빌려 권력을 행사한 기간은 7년이었다. 섭정을 시작했던 주공은 7년 뒤성왕에게 왕권을 반환하는 것이다. 만약 주공의야욕이 사실이라면 어째서 한 번 차지한 왕권을성왕에게 쉽게 넘겨주었을까? 주공이 쌓은 위업을 긍정적으로 평가하는 시각에서 보자면 주공의섭정은 종묘사직을 위해 불가항력적인 선택이었다. 그러나 여기에도 의문은 존재한다. 성왕이 국가의 중대사를 결정할 만큼 성장한 이후, 주공은즉시 정권을 돌려주었어야 하지 않을까? 몇 년이나 더 시간을 끈 이유는 무엇일까? 실제로 어떤야욕이 있었던 것은 아닐까?

봉오문정(鳳烏紋鼎), 서주

섬서성(陝西省) 봉상현(鳳翔縣)에서 출토된 것으로 주공의 동 정벌에 관한 내용이기록되어 있다.

기록을 좀더 훑어보면 주공에게 개인적 야욕이전혀 없었다고 보기 어려운 점이 많다. 주공의 야욕이 구체화되자 민심은 주공에게 좋지 않게 기울었다. 주공이 왕을 대신하기 시작한 후, 태공과소공은 점차 주공의 본심을 의심하기 시작했다.주공의 동생인 관숙(管叔)과 채숙(蔡叔)은 더욱 거세게 반발하였고 결국 군사를 일으켜 모반을 꾀

〈상서, 대고〉

주 성왕 시기에 주공 단(旦)은 동 정벌에 나섰다. 당시 주군을 이끌고 공격에 나섰던 지방을 간략하게 적고 있다. 그는 무강(武庚)및 삼숙(三叔)을 대파하고 주 왕조통치의 기틀을 다졌다.

하였다. 실제로 관중(섬서성 위하 유역의 일대) 지역에서는 난이 일어나기도 하였다. 뒤를 이어 서토인(西土人: 감숙성과 섬서성 일대)들 역시 크고 작은 난을 일으켰다. 예상을 뒤엎고 사태가 악화되자 주공은 즉각적으로 태도를 바꾸었다. 우선 군사를 파병하여 관료의 난을 평정하고, 다음으로는 소공과 권력을 분배하여 그의 불

만을 잠재웠다. 역사는 이때 주공의 행동에 대해, '섬(陝)의 서쪽 통치권을 소공에게 넘기고, 섬의 동쪽 통치권은 자신이 맡았다'고 기록하고 있다.

그 후 주공은 장자를 제후로 책봉하고, 차남에게는 주 왕실의 수비를 맡기는 등 차례로 권력의 세습을 꾀하였다. 하지만 학계에서는 처음부터 주공이 이러한 상황을 의도했던 것이 아니라는 견해가 지배적이다. 형이었던 무왕의 언행도 주공에게 여러 차례 영향을 끼쳤을 것으로 보인다. 무왕이 재위하던 시기에 그는 수시로 주공의 업적을 치하했으며, "현재 주공의 지위는 그가 세운 공에 비하여 결코 지나친 것이 아니다"라고 말하고 자신이 죽은 후에 주공에게 왕위를 물려줄 의사가 있음을 공공연하게 밝혔던 것이다. 주공의 입장에서 보자면 형이 죽은 뒤에 어린 조카를 대신하여 권력을 쥐게 된 것은 어쩌면 당연한 일이었는지도 모른다. 게다가 당시의 관점에서는 형제가 왕위를 세습하는 것이 크게 이상하지 않은 일이었다. 따라서 대부분의 학자들은 주공이 정권을 잡았던 것을 '왕위 찬탈'로 평가한 것과 관련하여, 당시의 상황을 정확히 알지 못한 채 쓰여진 기록 혹은 주공을 모략하기 위한 기록으로 보고 있다.

논란에도 불구하고 역사가 주공의 치적을 높이 받드는 이유는 그의 공적 때문이다. 주공은 7년의 통치 기간 동안, 서주 왕조가 지닌 제도의 미비점을 개선하고 근본적인 문제를 해결함으로써 왕조 번영의 기틀을 마련하였다. 그럼에도 불구하고 역사는 여전히 주공의 섭정을 두고 왕위 찬탈이냐, 아니면 선왕의 유지를 따른 것이냐로 의견이 분분하다. 이러한 의혹을 완전히 규명하기 위해서는 좀더 진일보한, 객관적인 역사적 연구가 요구된다.

서복은 과연 봉래산에 도착했을까

지금으로부터 약 2천2백 년 전, 수십 척의 배들이 물살을 헤치며 중국의 작은 항구를 출발했다. 진시황의 명을 받아 불로장생초를 구하러 떠나는 서복 일행의 배였다. 배 안에는 수천 명의 동남동녀들이 타고 있었다. 그들의 최종 목적지는 어디였으며 그들은 훗날 어떻게 되었을까?

서복(徐福)은 진시황 시대의 인물이다. 역사는 그가 진시황의 명을 받고 불로초를 구하기 위해 동해를 건너 일본으로 갔다고 기록하고 있다. 이와 같은 기록은 중국과 일본 양국 학자들의 호기심을 동시에 자극해 왔다. 과연 이러한 기록이 사실일까? 사실이라면 서복은 어디에 정착했을까? 그는 왜 약속을 저버리고 돌아오지 않았을까?

소전체십이자전(小篆体十二字磚)
강대한 조국의 태평성세를 과시하려는 진시황의 의도가 드러나 있으며 모든 백성들은 진 왕조의 자손임을 천명, 나라의 부국강병을 염원하는 내용이 담겨 있다.

서복에 관해 최초로 언급하고 있는 기록은 사마천의 《사기(史記)》다. 《진시황본기(秦始皇本紀)》, 《준남형산열전(准南衡山列傳)》과 《봉선서(封禪書)》 등의 목차에서도 서복이 영생불로의 약을 구하기 위해 바다를 건넜다는 기록을 찾아볼 수 있다. 하지만 《사기》의 기록은 단지 '진시황은 서복

서복의 범선이 출발했던 지점

에게 동남동녀(童男童女) 수천 명을 데리고 바다를 건너 선인의 약을 구해 오라고 명령하였다. 넓은 바다로 나간 서복은 왕에게 돌아오지 않았다. 백성들은 떠나간 이들을 그리워하며 비통함을 금치 못했다'고 간략하게 적고 있을 뿐, 서복이 최종적으로 당도한 목적지가 어디였는지에 관해서는 기록이 없다.

사마천과 달리 후대의 학자 서진(西晉)의 진수(陳壽)는《삼국지 오서(吳書)》를 통해 '서복 일행이 목적지로 삼은 담주(覃洲)는 바다 한가운데 있으며, 전하는 바에 따르면 진시황은 서복으로 하여금 동남동녀 수천 명을 끌고 바다를 건너게 하였는데 그것은 봉래산의 명약을 구하기 위한 것이었다. 그러나 서복은 담주에 도착한 후에 돌아오지 않았다'라고 서복이 도착한 곳을 구체적으로 기록하고 있다. 그렇다면 자연스럽게 한 가지 질문이 생겨난다. 도대체 담주란 어느 곳을 지칭하는 지명일까?

추측할 수 있는 기록이 있다. 동진(東晉)의 갈홍(葛洪)이 지은《침중기(枕中記)》의 기록에 의하면 담주를 '동해의 동북안(東北岸)'이라고 적고 있으며 당대의《괄지지(括地志)》또한 담주는 '동해의 중간에 있다'고 기록하고 있다. 이와 달리 일각에서는 서복이 최종적으로 도착한 곳이 대만(台灣)일 가능성이 크다고 보고 있으며 미주 대륙이라고 추정하는 이들도 있다. 의견이 분분한 가운데 가장 유력한 것은 일본 정착설이다. 그렇다면 어떤 연유로 일본 정착설이 대세로 굳어진 것일까?

서복의 일본 정착설이 민간에 널리 퍼져나가게 된 시점은 당송 이후이다. 즉, 중·일 간의 교류가 빈번해지기 시작하면서부터이다. 서복이 일본으로 건너갔다고 최초로 주장한 사람은 오대 후주(后周)의 의초(義楚) 승려라고 할 수 있는데, 의초는 자신의 저서《의초육첩(義楚六帖) 성곽(城廓) 일본(日本)》에서 '일본국은 왜국(倭國)으로 칭하기도 하며 동해에 위치하고 있다. 진나라 때 서복이 5백의 동남과 5백의 동녀를 이끌고 일본에 도착하였다. 서복은 이곳을 봉래(蓬萊)라 하였으니 그 자손은 모두 진(秦) 씨의 후손이 되었다' 라는 서복과 관련된 구체적인 기록을 남겼다.

　하지만 의초의 기록 역시 신빙성은 턱없이 부족하다. 의초가 일본인들에게서 들은 말을 그대로 옮겨 적었을 뿐이기 때문이다. 그러나 의초의 기록 이후, 서복이 일본에 정착했다는 설은 기정사실화되어 널리 민간에 퍼져나갔다. 구양수(歐陽修)도 비슷한 견해를 보였는데 그는 명나라 초기에 남경에 온 일본의 공해(空海) 승려가 태조에게 바친 문장 가운데 '서복사(徐福寺)라는 절이 일본의 웅야봉(熊野峰) 앞에 있다' 는 구절을 발견한 적이 있다는 기록을 남겼다. 청나라 말 사절단으로 일본에 파견된 여서창(黎庶昌), 황준헌(黃遵憲) 역시 서복의 묘를

시황 상천대(上天台), 진

지금의 협서 서안시(西安市)의 서쪽 외곽 아방촌(阿房村) 남쪽 부근에 대규모 묘가 발굴되었는데 폭은 31미터에 달하고 높이는 20미터에 이른다. 현지 주민들은 '시황 상천대' 라고 부른다. 진시황 시기의 관망대였을 것으로 추정된다.

방문하고 돌아와 시를 남겼다는 기록이 전해온다.

서송석(徐松石)은《일본 민족의 기원(日本民族的淵源)》이란 저서를 통하여 중국의 동남 연안에 살던 주민의 일부가 선진(先秦) 전국 시기에 바다 건너 일본으로 이주해 갔는데, 그들 중에 서복의 동남동녀가 포함되어 있었다는 견해를 제기한 바 있다. 학자들은 이것을 토대로 한층 더 논의를 진행시켰는데, 일본에 도착한 서복은 일본 왕조를 건립했으며 신무천황(神武天皇)이 바로 서복이라는 주장을 제기하기도 하였다.

이와 같은 주장은《일본 신무개국에 관한 새로운 고찰(日本神武開國新考)》에서 다루고 있는 내용이다. 따라서 마백비(馬百非) 역시 '서시(서복)가 일본으로 건너

진시황 상

진시황(259~210), 재위 기간은 기원전 246~210년이다. 중국 최초의 황제로 동방의 6국을 통일하였고 서복으로 하여금 봉래의 신선약을 구해 오라고 배를 내주었다.

갔다는 사실은 중·일 양측의 학자가 최초로 수긍한 일이다'라고 중·일 양국의 공감대가 이미 형성되어 있었음을 명시한 바 있다. 고대 중국과 일본이 서로 해상 왕래를 했다는 점과 당시 해선의 규모, 고대 문물의 발굴 등을 근거로 상당히 많은 사람들이 근대 이후 서복의 일본 정착설을 확신하는 분위기가 팽배해졌다.

하지만 일부 학자들은 이러한 주장에 이의를 제기하였다. 당시의 원시적인 항해 기술로는 해상의 변화무쌍한 기후 변화와 풍랑을 예측할 수도 이겨낼 수도 없었으므로 기껏해야 중국의 해안이나 항구 혹은 연해 부근의 작은 군도에 머물렀을 가능성이 크다고 보았다. 이를 증명이라도 하듯《진대 방사 서복의 일본 탐문(秦代方士徐福東渡日本新探)》

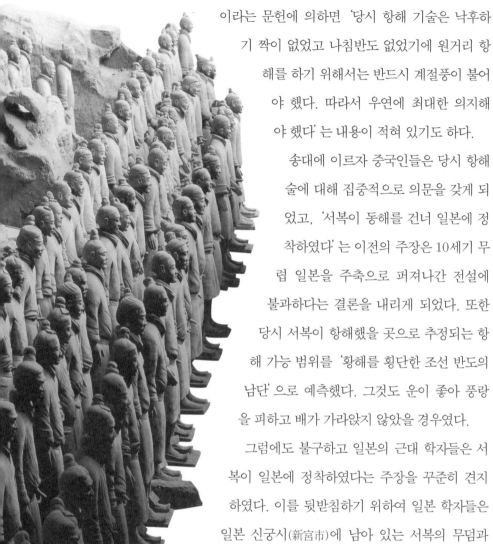

이라는 문헌에 의하면 '당시 항해 기술은 낙후하기 짝이 없었고 나침반도 없었기에 원거리 항해를 하기 위해서는 반드시 계절풍이 불어야 했다. 따라서 우연에 최대한 의지해야 했다'는 내용이 적혀 있기도 하다.

송대에 이르자 중국인들은 당시 항해술에 대해 집중적으로 의문을 갖게 되었고, '서복이 동해를 건너 일본에 정착하였다'는 이전의 주장은 10세기 무렵 일본을 주축으로 퍼져나간 전설에 불과하다는 결론을 내리게 되었다. 또한 당시 서복이 항해했을 곳으로 추정되는 항해 가능 범위를 '황해를 횡단한 조선 반도의 남단'으로 예측했다. 그것도 운이 좋아 풍랑을 피하고 배가 가라앉지 않았을 경우였다.

그럼에도 불구하고 일본의 근대 학자들은 서복이 일본에 정착하였다는 주장을 꾸준히 견지하였다. 이를 뒷받침하기 위하여 일본 학자들은 일본 신궁시(新宮市)에 남아 있는 서복의 무덤과 그의 유품을 근거로 제시한 바 있다. 아울러 매년 8월 신궁시에서는 서복을 기리는 성대한 제례의식이 치러

시황 병마용(兵馬俑), 진

진다고 한다. 이것과 관련된 상세한 기록은 《일본명승지지(日本名勝地志)》,《이칭일본전(異稱日本傳)》,《동문통고(同文通考)》에 자세히 나와 있다.

일본 아순하(阿順賀) 신사(神社) 내부의 서복궁(徐福宮)

최근에 와서야 일본 학자들은 이 같은 기록에 스스로 의문을 제기하기 시작했다. 그들은 진이 멸망하고 6국이 건립될 당시 연제(燕齊)의 수많은 유민들이 바다를 건너 일본으로 피난 온 것을 역사적으로 인정하면서도, 서복과 동남동녀까지 그 안에 포함되어 있는 것은 아니라고 보았다. 실제로 일본의 고서 《일본서기(日本書紀)》, 《고사기(古事記)》, 《신찬성씨록(新撰姓氏錄)》 등은 진시황 시기에 많은 중국인들이 폭정을 피하여 일본으로 유입되었다는 사실을 언급하고 있다. 목궁진언(木宮泰彦) 역시 《일본과 중국의 문화교류사(日華文化交流史)》에서 전국시대의 유물로 보이는 선진 동기(銅器)들이 일본에서 출토되고 있는 것을 근거로 중국인들의 일본 유입설을 인정하고 있다. 하지만 그들 가운데 서복 일행이 포함되었을 가능성은 희박하다고 보는 게 일반적인 견해이다.

강상파부(江上波夫)는 《고고학에서 바라본 외래 문화의 영향(考古學見外來文化的影響)》이라는 저서에서 서복의 일본 정착설을 근거 없는 낭설이라고 일축했으며 송조윤(宋趙倫) 역시 《중일 민족문화 교류사(中日民族文化交流史)》를 통해 서복의 일본 정착설을 강하게 부정했다. 한 발 더 나아가 그는 서복은 근본적으로 일본과는 아무런 관련이 없으며, 일본 신궁시에서 발굴된 서복의 묘와 유품 역시 날조된 것이라고 주장하였다. 여러 정황을 근거로 분석해볼 때 불로장생약을 구

하기 위해 출발한 서복 일행이 일본에 정
착했다는 민간 전설은 단지 낭설에 불과
하다는 것이다.

일본 서복사(徐福祠)

그러나 여전히 일부 학자들은 서복의
일본 정착설에 대해 미련을 버리지 않고
있다. 그들의 주장에 따르면 서복은 지금
의 신궁시 동북에서 멀리 떨어진 파다수

포(波多鬚浦)에 상륙했다고 한다. 그곳은 현재 '진가(秦家)' 혹은 '진수포(秦鬚
浦)' 라고 불리며 진씨의 후손들이 아직도 많이 거주하고 있다는 것이다. 태평양
연안과 근접해 있는 파다수는 예로부터 선박의 출입이 잦은 항구와 근접한 지역
으로 이곳에서 서복의 유품이 다량으로 발견되었으며 학자들은 이를 근거로 서
복의 정착을 기정사실화하고 있다.

옛 중국인 거주지를 근거로 서복의 일본 정착설을 주장하는 이들도 있다. 동한

채회동거(彩繪銅車), 진
이것은 진대의 청동 마차로 진시황 능에서 출토되었다. 두 개의 바퀴에 4필의 말이 끌고 있으며 원형의 덮개로 덮여 있다.
진시황이 외출할 때 타고 다닌 마차와 같은 종류이다.

(東漢) 영제(靈帝)의 증손이 지은 것으로 알려진 《일본서기(日本書紀)》와 《속일본기(續日本紀)》는 일본에 귀화한 사람들에 관한 내용을 주로 다루고 있는데, 고시군(高市郡) 회전촌(檜前村)은 당시 귀화 중국인들의 최대 군락지였다고 한다. 이것을 근거로 사람들은 회전촌이야말로 서복이 정착했을 가장 유력한 지역으로 보고 있다. 지리학적인 조건을 따져보았을 때 파다수포는 오히려 서복의 항해 노선과는 동떨어져 있다는 것이다. 하지만 앞의 예에서 살펴보았듯 이들의 주장 역시 근거가 터무니없이 부족하다.

그렇다면 서복은 과연 어디로 갔을까? 그는 일본에 도착하기는 한 걸까? 만약 일본에 정착했다면 그 후 서복은 어떻게 되었을까? 혹시 태평양 연안을 떠돌다가 태풍을 만나 전원 몰살한 것은 아닐까? 불로장생을 향한 진시황의 무모한 욕심과 수천 명의 선남선녀를 데리고 미지의 봉래산으로 향한 서복의 항해는 오늘도 계속되고 있다.

측천무후를 질타한 낙빈왕의 격문

중국 역사상 가장 걸출한 여자 황제로 통하는 측천무후. 하지만 그녀를 벌벌 떨게 만든 인물이 있었으니 그는 바로 초당사걸(初唐四杰)로 일컬어지는 낙빈왕이다. 낙빈왕은 측천무후가 권력을 휘두르며 황실을 탄압하자 그녀를 타도하기 위해 일어난 반란에 가담, 대담한 격문으로 세상을 깜짝 놀라게 했다.

이 나라는 도대체 어느 누구의 천하란 말인가

이 글은 천하의 여걸 측천무후를 덜덜 떨게 만든 낙빈왕(駱賓王)의 격문 가운데 일부이다. 그러나 낙빈왕은 장수가 아니었다. 이처럼 대담한 문장을 지어 세상을 놀라게 한 낙빈왕은 당나라 초기에 활약했던 시인으로 '초당사걸(初唐四杰)'의 하나로 불리던 인물이었다.

남달리 조숙했던 낙빈왕은 일찍이 재능을 인정받았으나 평생을 하급 관리로 지냈다. 당시 황제를 자처하던 측천무후는 왕실과 귀

낙빈왕 상
낙빈왕(640~684). 당 의오(義烏) 사람이다. '초당사걸'의 하나로 시가와 문장에 능하였다. 웅건하고 힘이 넘치는 품격의 작품을 주로 남겼다.

족에 대한 무자비한 숙청을 단행하고 있었다. 나아가 자신의 세력인 무(武)씨 일가를 대량으로 발탁하였다. 광택(光宅) 원년(684), 측천무후 정권에 대한 불만이 최고조에 달했을 무렵, 낙빈왕은 서경업(徐敬業)이 주동한 양주병변(揚州兵變)에 합세했다. 그 기간 동안 낙빈왕은 유명한 《토무조격(討武曌檄)》의 기초를 마련하였다. 《토무조격》은 측천무후의 추악한 행위를 비난하고 있으며, 야욕에 사로잡혀 군사를 일으킨 의도를 꼬집고 있다. 대담하게도 그는 결구서 '오늘날 이 나라는 도대체 어느 누구의 천하란 말인가'라고 권력 실세인 측천무후를 질타하고 있다.

그의 문장은 민간에 널리 퍼져 커다란 파문을 일으켰다. 격문을 읽은 측천무후는 노발대발하며 당장 누가 쓴 것인지를 밝혀내라고 엄명했다. 격문을 지은 이가 낙빈왕임을 알게 된 대신들은 그의 재주를 안타깝게 여겼다. 그래서 대신들은 "낙빈왕은 본래 출중한 재주를 타고난 사람인데 이와 같은 상황까지 몰락하고

측천무후
측천무후(624~705). 재위 기간은 690~705년에 이른다. 중국 역사상 가장 걸출한 여자 황제였다.

말았으니 그것은 바로 재상의 과오이옵니다"라고 낙빈왕을 두둔하였다고 한다.

학자들 사이에 문제가 되고 있는 부분은 낙빈왕의 최후이다. 양주병변은 3개월 만에 실패로 돌아갔기 때문이다. 당대(唐代)의 치운경(郗云卿)은 《낙빈왕문집서(駱賓王文集序)》를 통해 '문명(文明: 당 예종의 연호, 684년) 시기에 사업(嗣業)과 광릉(廣陵)에서 군사를 일으킬 것을 모의하였으나 실패하여 도피하였다'고 기록하고 있다. 후에 《신당서(新唐書) 낙빈왕전(駱賓王傳)》은 위의 기록을 인용하면

서 '빈왕의 망명에 관해서는 알고 있는 바가 없다'고 기술하였다. 이로써 낙빈왕의 최후를 둘러싼 추측이 난무하게 되었다. 낙빈왕이 측천무후의 명에 의해 실제로 옥에 갇히고 죽음을 맞았는지, 아니면 도피하여 살아났는지 그 기록이 명확하지 않기 때문이다.

대세를 이루는 의견은 양주병변이 실패로 끝난 후 낙빈왕이 피살되었다는 견해이다. 《구당서 낙빈왕전》, 《자치통감》, 《신당서 이적전(李勣傳)》 등이 이와 같은 견해에 동조하고 있다. 서경업의 양주병변이 실패한 후 낙빈왕과 일행은 바다 건너 고려로 도주할 준비를 했다고 한다. 그러나 풍랑을 만나게 되어 출발에 차질이 생겼고 서경업의 부하 장수인 왕나상(王那相)이 낙빈왕을 살해했다는 주장이다.

《자치통감》에는 '을축(乙丑)년, 왕나상은 해릉에 도달한 경업과 경유(敬猷), 낙빈왕의 머리를 내리쳤다'는 좀

측천무후 금간(金簡), 당
금간 정면에 새겨진 63개의 글자는 해서(楷書)이며 그중에서 측천무후가 만든 글자가 5개이다.

더 자세한 기록이 남아 있다. 낙빈왕의 측근 인사인 송지문(宋之問)이 쓴 《제두심언학사문(祭杜審言學士文)》에도 '낙빈왕의 가족들이 전부 추방당했다'고 적혀 있다. 이상의 근거로 미루어 볼 때 낙빈왕 자신은 물론이고 일가족 모두가 사건에 연루되어 몰살했을 가능성이 크다.

당대의 장작(張鷟)은 《조야첨편(朝野僉篇)》에서 '낙빈왕 《제경편(帝京篇)》에서 말하길, 서경업이 양주에서 군사를 일으켰으나 대패하여 강물에 투신하여 죽었다'고 기록하고 있다. 이 글은 낙빈왕의 자살설을 뒷받침하고 있으나 증거가 부족하여 신빙성이 없다.

다른 견해는 낙빈왕이 무사히 살아남아 출가하였을 것이라는 추측이다. 《낙빈왕문집서》를 보면 '군사를 일으켰으나 실패하여 도피하였다'는 기록이 분명히 존재한다. 이는 당시 낙빈왕의 행방이 묘연했음을 암시하고 있다. 민간의 전설역시 이를 뒷받침한다. 관군은 양주병변의 주모자인 서경업과 낙빈왕을 잡아들이기 위해 혈안이 되었지만 결국 실패하였다. 관군 장수들은 측천무후의 질책을 피하기 위해 서경업과 낙빈왕 닮은 사람을 죽이고 가짜 낙빈왕의 머리를 수도로 올려 보냈다. 낙빈왕과 서경업은 도피에 성공하여 승려가 되었고 그 뒤 영영 세상에 나타나지 않았다.

　낙빈왕의 출가설을 처음으로 제기한 사람은 당조의 맹계(孟棨)로 그는 자신의 저서 《본사시(本事詩)》에 이와 관련된 기록을 남겼다. 송지문은 항주(杭州) 영은사(靈隱寺)에 놀러 갔다가 달빛에 취해 '재를 넘으려는 매 한 마리, 산이 높은 것을 근심하네. 임금이 계신 궁궐은 굳게 잠기어 적막에 싸였네'라는 시를 한 수 지었다고 한다. 그러자 어디선가 갑자기 나타난 노승이 그의 시에 화답하는 의미로 즉시 10구시(十句詩)를 완성하였는데, 그 정교한 대구가 구구절절이 오묘하여 범상한 승려로 보이지 않았다고 한다. 송지문이 크게 감탄하자 노승은 황급히 사라졌고, 다시 찾아가서 여러 번 만나려고 했지만 끝내 종적

양주(揚州) 당성(唐城) 유적
당대에 양주는 장안, 낙양과 함께 3대 도시로 남방의 경제·정치·문화·교통의 중심지였다.

을 감추고 나타나지 않았다는 것이다. 송지문은 나중에야 그 노승이 낙빈왕이었다는 것을 알게 되었다고 적고 있다.

민간에는 좀더 구체적으로 낙빈왕이 지금의 강소(江蘇) 남통(南通) 일대로 피신했다는 설이 전한다. 명대인 주국정(朱國禎)이 지은 《용당소품(涌幢小品)》의 기록에 의하면, 명조(明祖) 정덕년(正德年)에 남통성 동쪽에 있는 낙빈왕의 묘를 발견하였는데, 무덤 내부에 수장된 의복이 새것과 다름없었다고 한다. 이 무덤은 나중에 랑산(狼山)으로 이전되었는데, 지금은 유실되어 사라졌다.

이적(李勣) 상
《신당서 이적전》의 기록에 의하면 낙빈왕은 이적(원명 徐茂功)의 장손인 서경업과 군사를 일으켰으나 관군에 의해 피살되었다고 한다.

청대의 진희진(陳熙晉)이 지은 《낙림해집전주(駱臨海集箋注) 부록(附錄)》에 의하면, 옹정 연간에 자칭 이적(李勣)의 17대 손인 이우도(李于濤)가 자신의 집안에 대대로 전해 내려오는 족보를 내세워 다음과 같은 견해를 제기하였다고 한다. '낙빈왕은 양주병변이 실패하자 서경업의 아들과 함께 백수탕(白水蕩)에 숨어 은거하였고 후에 낙빈왕은 숭산(崇山)에서 객사하였다. 또한 낙빈왕의 무덤은 서경업의 아들이 보수했다……'

낙빈왕의 최후를 둘러싼 의혹은 현대에 이르기까지 이처럼 피살설과 도피설이 팽팽히 맞서고 있다. 낙빈왕의 피살을 주장하는 사람들은 《신당서 낙빈왕전》을 제외한 거의 모든 정사의 기록이 낙빈왕이 피살되었음을 입증하고 있다고 주장한다. 특히 낙빈왕 일가가 모두 쫓겨났다고 기록한 송지문의 글은 낙빈왕 피살설의 가장 결정적인 근거가 되고 있다. 왜냐하면 일반적으로 죄인을 추방한 이후 죽이는 게 관례였기 때문이다. 송지문이 낙빈왕의 측근이었다는 점도 가장 강력한 증거 자료가 되고 있다.

송지문과 낙빈왕이 영은사에서 우연히 만나 시를 주고 받았다는 《본사시》의 고사는 황당할 뿐만 아니라 믿을 게 못 된다는 게 현재 학자들의 주장이다. 송지문과 낙빈왕이 우연히 만나기도 쉽지 않을뿐더러, 설령 만났다고 해도 한 눈에 서로를 알아보지 못했다

〈낙빈왕 《영아(詠鵝)》 설명도〉, 청, 운수평(惲壽平)
낙빈왕의 작품 중에서 가장 많이 인구에 회자되고 있는 작품 《영아》를 표현한 그림이다.

는 건 이해할 수 없는 상황이기 때문이다. 반면 관군이 낙빈왕과 서경업에 걸린 현상금을 탐내어 가짜 머리를 내걸었을 가능성 또한 충분하다고 학자들은 보고 있다. 일각에서는 관군들이 낙빈왕의 도피를 돕기 위해 수도로 가짜 머리를 올려 보냈을 가능성도 제기하고 있다.

이처럼 낙빈왕에 대한 논란이 지속되는 것은 상대적으로 당시 그만큼 측천무후의 권력이 막강했기 때문일 것이다. 권력에 맞섰던 낙빈왕의 격문은 민초들에게 엄청난 파급 효과를 낳았으며 결국 705년 측천무후를 몰아내는 정변의 도화선이 되었다. 그러나 낙빈왕이 치러야 했던 대가는 컸다. 가족을 모두 잃었을 뿐만 아니라, 그 자신도 피살이든 자살이든 출가든 비참한 결과를 받아들여야 했기 때문이다.

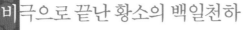

비극으로 끝난 황소의 백일천하

황소의 죽음을 둘러싼 의혹은 여전히 미스터리이다. 어떤 기록은 그가 스스로 목숨을 끊었다고 전하기도 하고, 또 어떤 기록은 조심스럽게 출가설을 제기하기도 한다. 부패한 정치권력에 대항하여 10년간이나 민중 봉기를 이끌었던 황소, 그가 꿈꾸었던 세상은 과연 어떤 것이었을까?

당조 말기에 대규모 반란을 주도했던 황소(黃巢)는 본래 소금을 거래하던 상인이었다. 관리들의 횡포가 심해지자 분연히 떨쳐 일어서 봉기를 이끌었으며 곳곳에서 관군을 격파, 파죽지세로 장안(長安)을 공략했다. 관군은 성난 농민군을 막아내지 못했고 결국 성을 내주었다. 장안 입성에 성공한 황소는 10여 년이라는 오랜 투쟁에 종지부를 찍고, 국호를 대제(大齊), 연호를 금통(金統)이라 정하고 새로운 나라를 열었다.

그러나 황소가 세운 나라는 채 백일을 채

황소 상

황소(?~884). 당 조주(曹州) 원구(冤句) 사람이다. 중화 4년, 봉기군이 패하자 산동의 태산 랑호 계곡에서 피살되었다고 전한다. 일설에는 자살이라고 보는 견해도 있으며, 승려가 되었다는 설도 있다.

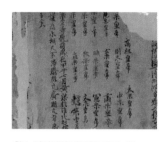

황소 기의기잔편(起義記殘片), 당
당 고종에서 당 희종에 이르기까지 18황
제의 묘호(廟號)를 기록한 《묘법연화경
(妙法蓮花經)》의 후반부이다. '황소가 회
북(淮北)에서 황제라 자칭하고 상양을 승
상으로 하자 천하가 발칵 뒤집혔다. 광명
(光明) 원년으로 개원하였다'라고 기록
되어 있다.

우지 못하고 무너졌다. 당 희종(僖宗) 중화 4년, 관
군은 흩어진 세력을 모아 힘을 보강한 후 재차 공
격에 나섰고 장안은 다시 함락되었다. 그 뒤 황소
의 최후는 베일에 가려져 있다. 역사는 피살과 자
결이라는 두 가지 상반된 견해를 보이고 있으나
어느 것도 확실히 증명된 것은 없다.

《구당서 황소전》은 주동자 황소가 당군과의 전
투 와중에 피살되었다고 기록하고 있다. 황소는
봉기군의 세력이 약화되자 태산으로 도주하였고,
시보파(時溥派)는 대장 장우(張友)와 상양(尙讓)을 보내어 모든 봉기군을 체포하
도록 명령했다. 잔여 세력을 이끌고 퇴각하던 황소는 산동(山東) 태산의 랑호(狼
虎) 계곡으로 숨어들었는데, 황소의 부하인 임언(林言)이 황소를 피살하고 황소
의 동생인 황업(黃鄴), 황규(黃揆) 등 일곱 명의 머리를 베어 그의 아내와 함께 서
주(徐州)로 보냈다고 전한다. 《희종기(僖宗紀)》와 《시보전(時溥傳)》 역시 이와 유
사한 기록을 담고 있으며 사마광 역시 《자치통감(資治通鑑)》을 통해 이러한 기록
을 다시 인용하였다.

《신당서 황소전》에는 전투에 패한 황소가 스스로 목숨을 끊으려고 했으나 미
수에 그치자 외조카인 임언에게 자신을 죽여 달라고 부탁했다는 내용이 적혀 있
다. 다소 기술의 차이는 있으나 황소가 피살되었다는 점에서 내용이 일치하고 있
다. 시보파가 보낸 진경유(陳景瑜)와 상양의 군사가 랑호 계곡까지 황소를 추격
해 오자, 황소는 임언에게 "나는 나라의 간신들을 미워하여 더러운 조정을 정화
시키고자 하였다. 그런데 뜻을 이루지 못하고 이처럼 퇴각하게 되었으니 가슴이
미어질 뿐이다. 차라리 네가 나의 머리를 베어 천자에게 바친다면 군사도 살리고

부귀를 얻을 수 있을 것이다. 결코 다른 사람에게 이 일을 맡기고 싶지 않다"고 간청했다는 것이다. 임언이 차마 행동에 옮기지 못하고 망설이자 황소는 하는 수 없이 자결을 선택하지만 뜻대로 되지 않는다. 임언은 비통해하며 칼로 황소를 내리쳤고 어차피 죽음을 피할 수 없는 황소의 형제와 그의 처까지 몰살시켰다. 그런 다음, 그들의 머리를 상자에 담아 조서와 함께 시보파에게 보냈다고 전한다.

한편 일부에서는 출가한 황소가 승려가 되었다는 견해를 제시하고 있다. 위기의 순간, 가까스로 도망친 황소가 머리를 깎고 출가하여 목숨을 부지했다는 것이다. 이런 주장을 담고 있는 글은 송대의 《하남소씨문견후록(河南邵氏聞見後錄)》으로 기록에는 '당(唐) 중화(中和) 4년 6월, 시보가 황소의 머리를 올려 보냈지만 가짜였다. 황소가 아직 살아 있다는 것을 알게 된 상양은 서둘러 태산으로 향했고 랑호 계곡을 포위하였다. 상양의 군대에 둘러싸인 황소는 스스로 머리를 깎고 승려로 위장하여 탈출하였다'는 내용이 적혀 있다.

그러나 《하남소씨문견후록》의 기록은 후대 학자들 사이에 인정을 받지 못하고 있다. 기록 자체가 모순으로 가득 차 있기 때문이다. 가장 문제가 되는 것은 시간이다. 임언이 랑호 계곡에서 황소를 죽인 후 그의 머리를 베어 서주로 보낸 것이 사실이라면, 가장 빠른 말을 타고 달린다 해도 족히 사흘은 쉬지 않고 달려야 도착할 수 있는 거리이다. 태산과 서주 간의 거리는 매우 동떨어져 있으며 서주에서 다시 수도까지 도착하려면 무려 3, 4천 리에 이르는 먼 길을 달려야 한다. 아무리 쉬지 않고 말을 달려도 대략 20여 일이 소요되는 것이다. 때는 6월, 초여름이었으니 상자 안에 담긴 머리는 이미 부패하여 누구의 머리인지 식별하기가 불가능해진다. 하물며 상자 안에 6, 7인에 달하는 황소 형제들의 머리가 함께 있었다면, 황소와 얼굴이 비슷한 형제를 황소라고 오인할 수도 있지 않겠는가? 따라서 시보파가 보낸 머리가 황소가 아닐 가능성은 더욱 커진다.

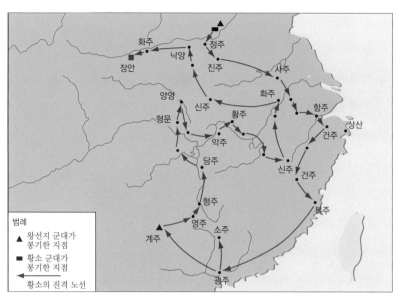

황소와 왕선지의 봉기도

건부(乾符) 2년 (875), 황소가 이끌던 봉기군은 왕선지와 함께 군사를 일으켰다. 다음해 왕선지와 군대를 분산하여 각자 독립적으로 전투에 임하였다. 5년, 왕선지가 죽자 나머지 군사를 모아서 스스로를 '황왕(黃王)'이라 칭했으며, '충천대장군'이란 호칭을 얻었다. 장강을 건너 강남을 거쳐 절강, 복건의 산맥을 넘어 남으로 내려온 후 광주를 공격하였다. 6년, 계림전투를 벌여 호남, 북에 이르렀고 신주에서 당의 명장 장린(張璘)을 사살하였다. 다시 채석에서 회북으로 진격하였다. 광명 원년(880) 낙양을 점령한 지 얼마 후에 다시 장안을 공격하였다. 중화 3년(883), 장안에서 퇴각한 황소는 태산 랑호 계곡으로 들어간 뒤 행방이 묘연해졌다.

관료의 입장에서 기록된 사료의 경우 황소에 관한 사안은 매우 민감할 수밖에 없는 내용이다. 따라서 신(新), 구(舊)《당서》를 비롯한 《자치통감》 등의 기록은 사실의 진위를 의심할 수밖에 없다. 이와 같이 정사 실록의 기록을 전적으로 신뢰할 수 없는 경우에는 때때로 야사와 민간의 기록을 참고하여 고증하기도 한다. 후대에 이르러 황소의 승려설이 더욱 힘을 받는 이유는 바로 이러한 점 때문이다.

승려설에 관한 기록은 《하남소씨문견후록》뿐만 아니라 다른 문헌에서도 종종 발견된다. 특히 《오대난이기(五代亂離紀)》에는 목숨을 부지한 황소가 은둔 생활을 이어가다가 승려가 되어 여러 편의 시를 남겼다는 비교적 자세한 기록이 남아 전하고 있다. 조금 더 구체적인 자료도 있다. 황소가 머물렀던 사찰로 유명한 낙양(洛陽)의 남선사(南禪寺)를 방문한 소박(劭博)은 벽화에서 승복을 입은 황소의 그림을 발견했다는 기록을 남겼다. 장단의(張端義)가 지은 《귀이집(貴耳集)》 또한 '황소는 후에 승려가 되었는데 큰 사찰에 머물면서 선도(禪道)를 펼치고 사원을 추앙하였다' 고 기록되어 있다. 황소의 무덤이 있다고 전해오는 남송 시대 설두산(雪竇山)으로 읍관(邑官)이 사람을 보내어 매년 제사를 지내주었다는 기록도 남아 전해진다.

그러나 좀더 신중하게 접근해야 한다고 주장하는 학자들도 있다. 송대의 조여시(趙興時)는 황소가 지은 것으로 알려진 두 편의 시가 사실은 위작(僞作)일 가능성이 크다고 주장하였다. 《빈퇴록(賓退錄)》의 기록에 의하면 황소의 시는 당대의 시인인 원진(元稹)의 《지도사(智度師)》를 병합하여 완성한 것이라고 한다. 그러나 그는 황소가 사찰에 은거했을 것이라는 추측까지 부인하지는 않았다.

봉기군의 압도적인 지지와 추앙을 받으며 당당하게 장안에 입성했던 황소는 한때 '충천대장군(衝天大將軍)' 으로 불리며 화려한 날을 보냈다. 그러나 천하를 채 백일도 되지 않아 그의 손아귀를 빠져나갔다. 황소의 최후를 밝히는 작업은 어쩌면 부패한 권력에 대항했던 민초들의 삶을 고증하는 작업인지도 모른다.

농민의 나라를 허하라, 이자성의 최후

이자성은 산시성 옌안 출신의 농민이었다. 1628년 대기근이 닥치자 굶주린 무리를 이끌고 반란군에 가담했다. 1636년 수령이 되었으며 승승장구, 명나라 전복을 눈앞에 두었으나 청군의 기습 공격으로 패퇴했다. 역사는 그의 죽음을 자살 혹은 살해당한 것으로 각기 기록하고 있으나 최근 승려로 생을 마감했다는 새 주장이 제기되고 있다. 과연 이자성은 어떻게 최후를 맞았을까. 그 진실은 무엇일까.

이자성의 초상

사람들은 이자성(李自成)을 가리켜 '이틈왕(李闖王)'이라고 불렀다. 틈왕의 '틈'은 말(馬)이 거침없이 문을 뛰쳐나온다는 뜻으로 용맹한 장수를 가리키는 단어였다. 이자성은 21세 때 자기 아내를 빼앗은 관리를 죽이고 그 후로 고향을 떠나 전국 각지를 떠돌았다. 그는 가는 곳마다 백성들의 참담한 현실을 목격했고 권력의 횡포에 맞서 탐관오리를 응징하고 양민을 편안하게 하는 일에 앞장섰다. 반란이 일어나자 따르는 무리를 이끌고 반란군에 가담했으며, 1636년 마침내 반란군의 총지휘관이 되었다.

반란군을 이끌고 전투를 벌이던 이자성은 1643년 시안을 점령하여 이를 거점으로 삼았으며, 관제를 정비하고 화폐를 발행하였다. 이제 남은 목표는 북경을 점령하여 명나라를 완전히 무너뜨리는 일이었다. 명나라 숭정제는 심리적 부담을 이기지 못하고 스스로 목숨을 끊었으며 명나라 조정은 와해되었다. 기회를 잡은 이자성은 농민군을 휘몰아 북경으로의 진입을 명령했다. 그러나 역사는 결정적인 순간에 이자성을 외면한다. 명나라의 장수 오삼계(吳三桂)의 구원 요청을 받은 청군이 불시에 이자성의 농민군을 기습한 것이다. 이자성의 군대는 수많은 사상자를 낸 채 북경 서쪽으로 퇴각할 수밖에 없었다. 그날의 패퇴 이후, 이자성은 비참한 최후를 맞이한다. 관군과 청군에게 쫓기다가 1645년 호북의 산중에서 살해당한 것이다. 하지만 그것이 역사적 진실일까?

세월이 흐르면서 이자성의 최후를 둘러싼 의혹은 갈수록 증폭된다. 급기야 민간을 중심으로 여러 가지 설이 생겨나기에 이르렀는데 그중에서도 설득력 있는 설은 두 가지이다. 이자성이 승려로 귀적하였다는 설이 하나이며 다른 하나는 위기에 처한 그가 스스로 목숨을 끊었다는 설이 또 하나이다. 이자성의 출가설을 가장 먼저 제기한 사람은 건륭(乾隆) 연간 풍주(澧州)의 지주(知州)였던 하린(何璘)으로 그는 《풍주지림(澧州志林) 서이자성전후(書李自成傳后)》의 저자이기도 하다. 그는 이자성이 봉기 실패 후 '홀로 도주하여 석문(石門) 협산(夾山)의 승려가 되었다'고 기록하였다. 나아가 이자성의 법명은 '봉천옥(奉天玉)'이었으며 협산사에 머물렀다고 주장하였다. 협산사 내에는 비석과 탑, 시문(詩文) 등과 같은 승려 '봉천옥'의 유품이 전해오고 있으며, 사찰의 서남쪽 15미터 떨어진 곳에서 발

이자성 능원
이자성 능원은 지금의 호북성 통산현 구궁산에 위치하고 있다. 퇴각하던 이자성은 패잔병을 이끌고 호남을 전전하다가 순치 2년 5월 초, 호북산 통산현 구궁산에 정착하였다고 전한다.

정 세조의 옥새와 옥인, 청
순치 18년, 복림이 자금성 양심전에서 서거하자 하북성 준화(遵化) 효릉(孝陵)에 묻고 묘호를 '세조'라고 칭하였다. 위의 옥인에는 세조 황제의 시호가 새겨져 있다.

견된 무덤총에는 틈왕(闖王)의 것으로 보이는 무덤 40여 좌가 전한다는 것이다.

하린은 협산을 직접 방문하여 협서인(陝西人) 출신의 한 승려를 만났으며 그를 통해 이자성에 관한 정보를 얻었다고 한다. 그 승려는 자신이 '봉천옥'의 시중을 직접 들었다고 주장하면서 하린에게 그림 한 장을 꺼내 보여주었다. 그림의 주인공은 문헌의 기록에 전하는 이자성의 모습과 매우 흡사하였다. 이자성은 스스로를 '봉천창의대원사(奉天倡義大元師)' 혹은 '봉천옥(奉天玉)'이라고 부르며 죽을 때까지 협산사에 머물렀다는 것이다. 1681년 판각된 《매화백운(梅花百韻)》 목각판의 기록 역시 하린의 주장을 뒷받침한다. 기록에 의하면 말투와 행동거지를 살펴보았을 때 봉천옥은 평범한 승려와는 사뭇 다른 분위기를 풍겼다. 봉천옥의 제자인 야불(野拂)이 지은 비문(碑文) 및 관련 자료들 역시 하린의 주장이 옳다는 것을 입증해주고 있다.

이자성이 승려가 된 동기로 사람들은 형세가 불리했기 때문이라고 추측한다. 당시 농민 봉기군의 주적은 명군이 아닌 청군이었다. 이자성 군대의 당면 과제는 관군에 대항하는 것이 아니라 우선 청의 세력을 몰아내는 일이었다. 따라서 연합군 내의 여러 무장 세력들은 청군에 대항하기 위하여 힘을 모아야 할 필요성이 있었다. 이 부분에 이르러 이자성은 심리적 부담을 껴안게 된다. 청을 몰아내기 위해서는 누구보다도 강력한 세력인 호남의 하등교(何騰蛟)와 연합해야 했는데 당시 하등교는 당(唐) 왕인 주율건(朱聿鍵)을 옹립하고 있었다. 따라서 하등교와 연합하게 된다면 반드시 그의 지휘에 따라야 했다. 하지만 하등교는 당 왕의 신하였고, 이자성은 이미 황제나 다름없는 신분에 있었다. 대의명분상 황제가 신하의 명령에 따를 수는 없는 노릇이었다. 게다가 당왕 역시 숭정(崇禎) 황제를 죽음에 이르게 한 이자성과의 연합을 달가워하지 않았다.

결국 이자성은 막다른 선택을 할 수밖에 없었다. 민감한 시국을 타개할 방법으로 자신이 죽었다는 헛소문을 퍼뜨린 것이다. 그가 그런 선택을 할 수밖에 없었던 것은 자신의 안위보다 나라를 먼저 생각했기 때문인지도 모른다. 계획은 성공했고 이자성의 아내 고(高)씨는 이자성의 계략에 따라 마침내 하등교와의 연합을 성공적으로 이끌어냈다. 명분과 실리를 모두 취득한 이자성은 남은 생을 은둔하며 승려로 살게 되었던 것이다.

그러나 이런 주장에 대하여 반론도 만만찮다. 반론이 제기되는 이유는 이자성의 승려설을 뒷받침하는 하린의 기술 곳곳에 도사린 허점 때문이다. 가장 의심이 가는 부분은 하린이 보았다는 봉천옥의 초상화이다. 봉천옥의 초상화는 실제 이자성의 외모와는 전혀 다르며 《매화백운》의 기록 역시 매우 주관적이고 독단적인 기술로 일관하고 있다는 점이다.

그렇다면 이자성이 최후를 마친 곳은 과연 어디일까?

일설에는 통산현(通山縣) 구궁산(九宮山)에서 이자성의 최후를 목격한 사람이 있다고 전해지기도 한다. 청나라 기록인 《청세조실록(淸世祖實錄)》은 '이자성은 도주하려고 했으나 병사 20명과 함께 촌민에게 포위당하여 탈출할 수 없었다. 이자성은 스스로 목숨을 끊었다. 이자성의 시신을 식별하려고 했지만 부패하여 알아낼 수가 없었다'고 적고 있다. 청 순치(順治) 2년 5월의 기록에서도 이자성의 최후를 엿볼 수 있다. 당시 이자성은 강남을 전전하다가 청군에 의해 퇴로가 막히자 호북(湖北)으로 향했다. 호북에서 또다시 패한 이자성은 구궁산으로 도주, 황토(黃土) 동굴에 몸을 숨겼으나 정구백(程九伯)의 함정에 빠져 결국 죽음을 당했다고 한다.

명나라 말기 예수회 신부였던 탕약망(湯若望) 역시 이자성이 '하남을 넘어 호북으로 도주했다가 호북의 농민에게 맞아 죽었다'는 기록을 남겼다. 이자성을 사살한 정구백은 청 황실에게 세운 공로를 인정받아 포상까지 받았다고 전한다. 그러나 설령 이자성이 구궁산에서 죽은 기록이 사실이라고 해도 여전히 의문은 풀리지 않는다. 왜냐하면 구궁산은 호북 지역과 호남의 통성, 두 군데 모두 존재하는 지명이기 때문이다. 구궁산의 위치가 정확하지 않은 이상 이자성이 그곳에서 죽었다는 주장 또한 신빙성을 잃게 된다.

오늘날 학계에서는 호남 통성의 구궁산을 이자성이 죽은 곳으로 인정하는 분위기이다. 통성 구궁산 일대 토착민들 사이에서 이자성의 죽음과 관련된 일화 한 토막이 전해 내려오는 것도 이채롭다. 조상 대대로 구궁산 일대에 터를 잡고 살아온 속(續), 료(廖), 양(楊), 요(姚) 등의 성씨를 가진 토착 현지인들의 주장에 의

하면, 이자성이 죽은 후에 손자인 이과(李過)가 조부의 시신을 회수하여 나공산(羅公山: 통성 구궁산의 다른 이름) 아래 묻고 나서 이자성의 흔적을 남김없이 없앤 뒤에 떠났다는 것이다. 이와 같은 이야기는 《통성현지병사(通城縣志兵事)》에도 기록되어 있으며 이는 학자들 사이에서 이자성의 최후를 입증해주는 유력한 근거로 받아들여지고 있다.

이자성은 진정 나공산에 묻혔을까? 답은 이자성 본인만이 알고 있을 것이다.

호북성 통산현 이자성 묘비

이수성의 투항서를 둘러싼 논란

'멸청흥한'의 이념을 내걸고 투쟁하던 태평천국 후기의 대표적인 인물 이수성은 포로가 된 이후, 돌연 자신의 행동을 뒤집는 《자술서》를 발표하여 과거 10여 년 동안 힘겹게 이룩한 위대한 공적에 치명적인 오점을 남긴다. 과연 《자술서》는 이수성 스스로 작성한 것일까, 아니면 누군가에 의해 위조된 것일까?

충왕(忠王) 이수성(李秀成)은 태평천국 후기의 대표적인 인물로 당시의 시대적 상황을 평가할 때 늘상 논란의 대상이 되는 인물이다. 태평천국을 이끌던 이수성은 경성이 청나라 군대에 포위당하자 증국번(曾國藩)이 이끄는 상군(湘軍)에 포로가 되어 하루아침에 감옥에 갇히는 신세가 되고 만다. 게다가 그는 이제껏 태평천국이 표방해오던 '멸청흥한(滅淸興漢)'의 이념을 내던지고 돌연 《친공(親供)》을 발표하기에 이르렀는데, 이것이 바로 후세인들이 말하는 《이수성자술(李秀成自述)》

이수성 상

이수성(1823~1864). 청(淸) 광서(廣西) 등현(藤縣) 사람이다. 도광(道光) 28년(1848), 배상제회(拜上帝會)에 가입하였다. 함풍 원년(1851) 태평군에 참가하여 남경을 태평천국의 수도로 정하였다. 군사, 지휘, 점검, 지관부 승상을 역임하였고, 함풍 8년 후군주장(后軍主將)에 부임하였다. 9년, 충왕(忠王)으로 봉해졌다. 동치 2년(1863), 군대를 이끌고 천경성을 수비하였다. 천경이 함락된 이후에 포로로 잡혔고 증국번에 의해 피살되었다.

(이후《자술서》로 표기)의 의문이다.

《자술서》는 5, 6만 자에 달하는데 이로 인해 이수성은 과거 10여 년 동안 그가 힘겹게 이룩한 위대한 공적에 치명적인 오점을 남기며 천하의 역도로 낙인찍히게 되었다. 변심한 이수성을 향한 질시와 비난은 아주 오랜 세월 동안 끊이지 않고 이어져왔다. 그러나 학자들은 당시 청 정부 측이 공개한 것이라는 점에서 이수성 자술서의 진위에 강한 의문을 제기하기 시작했다. 비록 이수성의 이름을 빌려 발표되기는 하였지만 단지《자술서》하나로 이수성이라는 인물 전체를 평가한다는 것은 공정하지 못하다고 보는 것이다.

투항서의 원본은 한동안 세상에 공개되지 않았다. 이수성은 감옥에 있었으므로 증국번이 사람을 시켜 그가 쓴《자술서》를 개작한 후에 필사본을 군의 상부 기관에 보냈다고 한다. 이렇게 필사한 원본은 후에 구여당(九如堂)에 의해 판각되었는데 이를 '구여당본(九如堂本)'이라고 부른다. 그 뒤 증국번은 이수성의 원본을 외부에 공개하지 않았으며, 심지어는 상부 기관에 보고도 하지 않고 자신의 집안에 비밀리에 숨겨 두었다. 그의 후손들 역시 이수성의 원본에 관하여 언급하는 것을 꺼려 철저한 보안 아래 엄격하게 관리하였다. 최초의 증국번 판각본이 발표되자 사람들은 판본의 진위 여부에 많은 의문을 가졌으며, 이수성의 투항서에 관하여 근본적인 의혹을 제기하는 사람들이 늘어났다.

〈후납마도(堠拉馬圖)〉, 청 / 〈연자기도 (燕子磯圖)〉, 청
이 두 폭의 그림은 태평천국 충왕 사당 내에 전시되어 있다. 함봉 3년(1853)의 그림이다.

《태평천국혁명친역기(太平天國革命親歷記)》에 여영리(如呤唎)는 '1852년, 태평군이 남경을 점령하기 이전 만청(萬淸) 정부는 이미 태평군의 명의를 도용하여 《천덕공장(天德供狀)》을 날조하였다.
정부는 태평군의 우두머리를 인질로 잡고 반역군의
대장이 작성한 문건인 양 조작하였다. 이와 같은 예를
든다면 《자술서》역시 이수성의 친필본이라고 확신하
기에는 여러 모로 의심되는 점이 많다. 이 역시 포로
로 잡아들인 반역군 중에서 영향력 있는 인사의 이름
을 도용하였을 것이며, 이는 양강(兩江)의 총감독인
교활한 증국번의 계략에 의해서 날조되었을 가능성이
크다'고 기록하였다. 이 기록에서 알 수 있듯이 이수
성의 투항서 역시 조작되었을 가능성이 크며 이수성
이 포로로 잡혀갔다는 것마저도 거짓일 소지가 충분
하다.

　1944년, 광서(廣西) 통지관(通志館)인 여집의(呂集
義)는 호남(湖南) 상향(湘鄕)에 있는 증국번의 본가를
수차례 방문하였는데 그 결과 숨겨진 이수성의 투항
서를 찾아내기에 이르렀다고 한다. 그는 증국번의 후
손들을 끈질기게 설득한 후에 마침내 증씨 집안에 대
대로 전해 오는 숨겨진 장서 여러 권 중에 이수성 투
항서의 원본을 발견하였다. 여집의는 새롭게 발견한
원본에 14장의 참고 사진을 곁들이고 5만여 자를 보
충하였으며, 이를 다시 기존의 '구여당본'과 함께 묶
어 《충왕이수성자술원고교보본(忠王李秀成自述原稿校
補本)》을 발표하였다.

증국번 상

증국번(1811～1872). 원명은 자성
(子城)이다. 자는 백함(伯涵), 호는
조생이다. 도광(道光) 연간에 진사
(進士)를 지냈고, 27년 내각학사(內
閣學士) 겸 예부시랑(禮部侍郞)에 올
랐다. 함봉 4년, 상군(湘軍)을 이끌
고 태평군을 공격하였다. 10년, 양
강(兩江) 총감독관과 흠차대신에 올
랐다. 동치(同治) 3년 이후에 동생인
국전(國荃)이 천경을 함락시키자 일
등 제후의 작위를 받았다. 태자태보
(太子太保)에 봉해지고 이홍장(李鴻
章)과 함께 상해에서 강남 제조총관
을 합작하였다. 1872년, 남경에서
사망하였다.

태평천국 성보(聖寶)

충왕 이수성 용포(龍袍), 청

그 후, 나이망(羅爾網)은 여집의가 발표한 보충본을 연구하여 그 유명한 《충왕이수성원고전증(忠王李秀成原稿箋證)》을 펴냈다. 나이망은 증국번의 후손들이 공개한 자술서의 원본을 전문가의 감정을 받아 원본상의 어휘나 용어, 필체 등을 면밀히 분석해본 끝에 이것이 이수성의 친필 원본임을 밝혀내었다. 그는 원본의 필체와 방제운(龐際云)에 수장된 이수성의 친필 답사 28자와 일일이 필적을 대조하는 작업을 통한 고증 끝에 의심의 여지가 없다는 결론을 내리기에 이르렀다.

밝혀진 원본에는 금전(金田)의 흥기에서 천경(天京)이 함락당하기까지 14년에 이르는 태평천국의 모든 세부 과정과 사건들이 매우 세밀하게 기록되어 있었다. 이는 당시 증국번이 개입하여 조작했다고 볼 수 없는 내용이었다. 그 밖에도 원본에는 태평천국의 각종 제도와 이념 등이 상당히 구체적으로 기록되어 있으므로 외부인이 날조했다고 볼 수 없었다. 게다가 이수성 본가의 토속적인 방언의 색채가 매우 강하게 드러나 있었다. 이 점이야말로 이 원본의 가장 큰 특징으로, 이처럼 주도면밀한 부분까지 증국번이 조작했다고 보기는 어려운, 너무나 완벽한 자술서라는 평가를 받고 있다. 따라서 나이망의 견해는 학계에 폭넓게 수용될 수 있었다.

20세기에 접어들어 1980년대 이후, 학계는 이수성 투항서의 진위 여부를 놓고 재차 논쟁을 벌인 바 있다. 영맹원(榮孟源)은 증국번에 의해 판각된 필사본은 원본이 아님을 거듭 강조하였는데, 일단 이수성의 친필 원본에 수정을 거친 후 다시 개작한 혐의가 짙다고 보았다. 그 근거로 첫째, 문헌상의 기록에 의하면 이수성은 이 자술서를 완성하는 데 총 9일이 소요되었다고 전한다. 따라서 5, 6만 자에 달하는 자술서를 매일 조금씩 나누어 작성하였다면 상식적으로 그날 그날 나누어진 흔적이 있어야 하는데, 기존의《자술서》의 영인본은 하나로 연결되어 있다. 만약 이것이 원본임에 틀림없다면 전문(全文)에 쪽수를 구분한 흔적이 남아 있거나 혹은 9권으로 나뉘어져 있어야 한다는 것이 그의 주장이다. 따라서 이것은 이수성의 친필이 아니라 이수성이 9일에 걸쳐 매일 조금씩 작성한 원본을 압수하여 증국번이 한꺼번에 필사했을 가능성이 크다고 보았다.

둘째, 당시 이수성이 작성한 친필 원본은 5만여 자에 달한다고 확인된 바 있다. 그러나 기존의 영인본은 단지 3천6백여 자에 불과하다. 따라서 이수성의 친필 원본이 훼손되었거나 조작되었다는 오해를 사기에 충분하다. 만약 실수로 누락된 것이라면 내용상 앞뒤 맥락이 맞지 않아야 정상이다. 그러나 영인본은 매장마다 표시된 쪽수의 배열이 바를 뿐만 아니라, 전후의 맥락이 완전하게 일치하고 있다. 이것은 누군가 계획적으로 위조한 흔적이 분명하며, 증국번이 이수성 원본의 중요 내용을 삭제한 후에 다시 조작한 필사본임이 분명하다.

셋째, 형식면에서도 문제점은 발견되고 있다. 예를 들어 원본에는 '상제(上帝)'나 '천왕(天王)'과 같은 용어가 등장하고 있는데 태평천국 당시에는 사용하지 않던 단어들이다. 또한 태평천국 시대에는 '청(淸)'자의 사용을 금지한 적이 없는데 영인본에서는 '청(靑)'을 '청(菁)'으로 대체하고 있다. 이것은 엄격한 규율이 제정되었던 태평천국의 규정을 위반한 것이며 너무나 많은 오자(誤字)가 발견되고 있다는 것 역시 의심의 여지가 있다.

진욱록(陳旭麓)은 이와 같은 영맹원의 주장을 반박하고 나섰다. 그는 일반적으로 절과 장을 구분하는 오늘날의 문장 방식을 이수성의 당대에까지 적용시켜 판단하는 것은 옳지 않다고 보았다. 이수성 또한 당시 사회에서 성행하는 문장 방식에 이미 익숙해 있던 인물이기 때문에 태평천국이 제정한 새로운 격식보다는 몸에 익은 이전의 방식을 고수할 수도 있다고 보았다. 따라서 이것은 문제가 될 것이 없는 매우 사소한 오류에 불과하다고 하였다.

또한 증국번의 계략 아래 원본이 조작되었다는 영맹원의 견해는 상식적으로 납득이 가지 않는 부분이 많다고 보았다. 만약 위작을 결심했다면 증국번은 상부 기관에 이 사실을 보고하여 좀더 손쉽게 완성시키는 방법을 택했을 것이다. 그런데 그가 혼자서 가짜 필사본을 만들어 굳이 후손에게 남겼을 이유가 전혀 없다고 본 것이다.

전원용(錢遠鎔)은 전혀 새로운 관점에서 다음과 같은 견해를 제기하였다. 영인 본은 단지 이수성의 친필이 아닐 뿐, 내용상으로는 완전무결하다고 보았다. 또한 증국번이 이수성의 원본 내용을 수정한 것은 사실이지만, 훼손시키거나 도용한

〈이홍장의 소주 수복도〉, 청

동치 2년(1863) 10월 19일, 이홍장은 대군을 직접 이끌고 소주를 공격하였다. 20일, 이수성은 만여 명에 이르는 군대의 포위망을 뚫기 위해 죽을힘을 다해 싸웠으나 23일에 패배하고 말았다.

것이 아니라고 하였다. 그러나 나이망은 전원용의 이러한 견해에 동의하지 않으며 자신의 주장을 굽히지 않았다.

중국 내에서 《자술서》의 진위에 대한 논쟁이 끊이지 않자 익명의 한 해외 학자는 1978년 다

태평천국 충왕의 사당, 청
충왕 사당은 강소성(江蘇省) 소주시(蘇州市) 류문(類門) 내에 위치하고 있으며, 현재 소주박물관으로 개축되었다.

음과 같은 글을 발표하였다. '증국번은 매우 용의주도하고 간계한 인물이므로 자신이 원하는 바를 달성하기 위하여 당시 포로로 잡혀 있던 태평군의 이수성을 이용하려 들었을 것이 틀림없다. 이용 가치가 있는 인물을 그대로 둔다는 것이 더욱 불가사의한 일이 아닐 수 없다. 증국번은 이씨를 회유하여 투항 의지를 담은 자술서를 쓰도록 한 후, 전문가를 시켜 동일한 필체를 만들어냈으며 다시 태평천국에 타격을 줄 수 있는 내용을 첨가하여 완성시켰다. 그 후에 포로에 대한 관용을 베푸는 척하며 편집된 자술서를 공개하였다. 또한 증국번은 이수성의 자술서를 개작한 것과 관련하여 신경과민 증상을 보였다. 그는 절대로 외부에 이 자술서를 공개하지 않도록 후손들에게 신신당부하였다고 한다. 이것은 상해에 거주하는 증국번의 후손에게서 직접 들은 내용이다⋯⋯.'

그러나 이 자료 역시 이수성의 자술서를 주제 삼고 있는 수많은 논문 중의 하나에 불과하며 위의 내용과 상반된 의견을 제시하는 국외의 학자들도 적지 않다. 그들은 기존의 《자술서》가 이수성의 친필본이라는 데 대하여 대부분 일치된 의견을 보이고 있다.

이수성은 숱한 전쟁에서 영웅적인 업적을 쌓았고, 후에 태평천국의 정치, 경제, 군사 부분에 걸쳐 매우 중대한 영향을 미친 인물이다. 그가 남긴 자술서의 진위를 밝히기 위한 논쟁이 반세기 동안이나 끊이지 않고 있는 것은 곧 그의 공적에 대한 반증일지도 모른다.

7장 기타 인물 열전

—중국 역사의 한 페이지를 장식한 인물들

공자는 사생아였다?

논란의 발단은 최초 사마천의 《사기 공자세가》에 기록된 '야합이생(野合而生)', 즉 남녀가 은밀하게 사통하여 아이를 낳았다는 문구에서 비롯되었다. 후대 학자들은 이를 가리켜 첫째와 둘째 부인에게서 아들을 얻지 못했던 공자의 아버지가 자손을 남기기 위해 모종의 음모를 꾸몄을 수 있다고 해석하기 시작한 것이다. 하지만 이런 주장은 곧 다른 반론에 부딪친다.

중국의 위대한 사상가이자 교육가인 공자(孔子)는 역대 중국 위인들 가운데서도 가장 으뜸가는 성인(聖人)이다. 공자의 사상은 2천5백 년이 지난 지금까지도 중국은 물론 전 세계에서 위대한 정신적 자산으로 추앙받고 있으며 인간의 삶 곳곳에 영향을 끼치고 있다. 하지만 역사상 공자만큼이나 논란이 끊이지 않았던 인물도 드물다. 논란의 핵심은 그의 사상이나 철학적 사유가 아닌 출생을 둘러싼 비밀에 있다. 그렇다면 공자를 둘러싼 논쟁의 발단은 무엇이며 감춰진 진실은 무엇일까?

논란의 발단은 문헌상의 기록인 '야합이생(野合而生)', 즉 남녀가 은밀하게 사통하여 아이를 낳았다는 문구에서 비롯되었다. 대사학자인 사마천(司馬遷)이 공자의 일대기인 《사기(史記) 공자세가(孔子世家)》에, '공구(孔丘)가 태어나고 그의 아버지인 숙량흘(叔梁紇)이 죽자, 방산(防山)에 묻었다. 방산은 노(魯)나라 동쪽

성적도책(聖迹圖册), 명, 일명(佚名)

산동성(山東省) 곡부시(曲阜市)에 위치한 공자의 사당에 전시되어 있는 연속화 중의 하나이다. 비단에 채색화를 그려 넣었는데 모두 36폭에 달한다. 매 폭마다 공자의 일대기를 간략한 설명과 고사를 곁들여 소개했고 각기 소제목을 가지고 있다. 고풍스럽고 질박한 화폭에 부드럽고 우아한 화풍을 지니고 있으며 공자의 행적을 기록한 매우 중요한 자료로 평가받고 있다. 그림에는 신화적인 요소가 강하게 첨가되어 있다.

에 있는 땅이다. 공자가 자신의 아버지 무덤이 어디에 있는지 물었으나, 어머니 안정재(顔征在)는 가르쳐주지 않았다' 라는 기록을 남기면서 논란이 증폭되기 시작한 것이다. 이 문장을 근거로 후대 사람들은 공자의 어머니가 '숙량흘과 야합하여 공자를 낳았기 때문' 에 아들인 공자에게 아버지 무덤의 위치를 가르쳐주지 못한 것이라고 생각하게 되었다.

사마천의 글에 대하여 정현(鄭玄) 역시 비슷한 입장을 취했다. 후한시대 경학자(經學者)인 정현은 《예기(禮記) 단궁(檀弓)》에 사마천의 '공구가 아버지의 무덤에 의문을 품었으나, 어머니는 꺼리는 바가 있어 감추고 말하지 않았다' 라는 문구에 대하여 다음과 같이 자신의 의견을 피력했다. 즉 공구의 아버지는 안정재와 야합하여 공자를 낳았고, 이를 수치스럽게 여긴 어머니 안씨가 공자에게 아버지에 관한 언급을 회피하고 아무런 답변을 하지 않았다는 것이다. 한 걸음 더 나아

공자 상

공자(기원전 551~479), 이름은 구(丘)이고, 자는 중니(仲尼), 춘추시대 노나라 사람이다. 지금의 산동성 곡부(曲阜) 출신이다. 공자의 조상은 원래 송나라에 살다가 후에 노나라로 도피하였다. 공자의 부친인 숙량흘은 66세 되던 해에 성년이 되지 않은 안정재와 혼인하였다. 부부가 산동 곡부의 동남 지역에 있는 니산에 들어가 아들을 점지해 달라고 빈 끝에 공자를 낳았다고 전한다.

가 정현은 공자 역시 이와 같은 사실을 깊이 인식하고 자신의 출생에 관해 감추고 발설하지 않았다고 보았다.

공자에 관한 정현의 주장은 고문을 잘못 해석하는 과정에서 비롯되었다는 견해도 만만찮다. 사마천의 문장 가운데 하나인 '불지기부묘빈우오부지구(不知其父墓殯于五父之衢)'라는 문구를 해석하는 과정에서 무덤 '묘(墓)'자 뒤를 임의로 끊어서 본래 쉼표를 알 수 없는 문장을 '불지기부묘'와 '빈우오부지구', 두 개의 문장으로 나눈 탓에 얻어진 결과라는 것이다. 고대 문헌은 문장 부호 표시가 되어 있지 않으므로 쉼표를 문장의 어디에 두는가에 따라 다른 의미로 변질될 소지가 충분하며, 후대의 이러한 주장은 상당한 설득력을 얻는다.

동일한 문구를 놓고 청대 옹정(雍正) 연간의 《단궁(檀弓)》은 해석을 달리 하고 있다. 즉, '불지기부묘빈우오부지구(不知其父墓殯于五父之衢)'를 나누지 않고 하나로 연결하였는데 이로써 제2의 해석이 가능해진다. 후자의 새로운 해석에 따르면 다음과 같이 추론할 수 있다. 공자가 세 살 되던 해, 아버지 숙량흘이 죽고 후에 어머니마저 세상을 떠나게 되자 공자는 부모의 무덤을 합장하려고 하였다. 그러나 공자는 노나라 성 외곽 동부에 묻혀 있는 아버지의 묘가 어떤 장례 절차에 따라 안장되었는지 알지 못했다. 당시의 장례 풍속으로는 한 번 안장을 마친 무덤은 두 번 다시 이장할 수 없었으나, 가매장을 뜻하는 소위 '구장(丘葬)'된 무덤은 다시 이장할 수 있도록 허용하고 있었다. 따라서 공자는 아버지의 무덤이 가묘인지 아닌지를 확인하지 않고는 함부로 무덤에 손을 댈 수가 없었던 것이다. 따라서 이와 같은 중대사를 놓고 공자는 매우 신중하게 행동했을 것이다. 공자는 손수 노인들을 찾아다니며 아버지의 시신이 어떤 절차에 따라

부자동(夫子洞)
니구산에 위치한 동굴로 이곳에서 공자가 태어났다고 전한다.

장사지내졌는지 수소문하였고, 그 이후에 방산에 있는 어머니의 묘와 합장하려고 했을 것이다.

《단궁》의 해석을 바탕으로 추론하자면 공자의 어머니가 아버지의 무덤에 관한 언급을 회피할 하등의 이유가 없다. 게다가 공자가 정식으로 혼례를 치른 부모에게서 태어난 합법적인 적자(嫡子)라는 사실에 아무런 이의를 제기할 수 없게 된다. 사마천 이래로 대다수의 학자들이 '불지기부묘(不知其父墓)'를 해석하는 방법에서 조금씩 차이를 보였고, 그 차이로 인해 공자의 출생을 둘러싼 다양한 추론이 발생하게 되었다는 그럴듯한 결론에 이르게 되는 것이다. 하지만 이것은 어디까지나 추론일 뿐이다.

일각에서는 여전히 공자의 출생에 강한 의혹을 제기하고 있다. 설사 공자의 부모가 정식으로 혼례를 치른 부부 사이였다는 것을 인정한다 해도 여전히 '야합'의 의혹을 배제할 수 없다는 주장이 그것이다. 그 근거로서 일부 학자들은 공자의 부모인 숙량흘과 안정재가 혼인할 당시 두 사람의 나이 차이가 많았음을 지적하며, 그 때문에 '야합하여 공자를 낳을 수밖에 없었을 것'이라고 보는 것이다. 이러한 주장은 나름대로 설득력을 얻는다.《공자세가(孔子世家)》에는 숙량흘의 부

인이 여러 사람으로 기록되어 있기 때문이다. 숙량홀의 본부인은 노나라 시(施)씨였다. 숙량홀과 시씨는 모두 아홉 명의 아이를 낳았는데 전부 딸이었다. 숙량홀은 할 수 없이 두 번째 아내를 얻게 되고 겨우 맹피(孟皮)라는 사내아이를 낳게 되었지만, 공교롭게도 다리를 못 쓰는 불구였다. 낙담한 숙량홀은 다시 안(安)씨 가문에 매파를 보내 딸들 중의 하나를 자신에게 달라고 청한다. 청을 받은 안씨는 자신의 딸들 중에 가장 나이 어린 안정재를 숙량홀에게 시집보내게 된다. 후세 사람들이 '야합'이라는 곱지 않은 시선을 보내게 된 것도 이처럼 비교적 분명하게 남아 있는 기록 때문인 것이다.

당대의 사마정(司馬貞)은 공자의 출생을 '야합'으로 볼 수밖에 없는 이유를 《사기색은(史記索隱)》에서 자세히 기록하고 있다. 즉, 공자의 부모가 혼인할 당시

위에서 내려다본 공자 묘 성지
기원전 478년 전국시대에 축조된 것으로 전하는 공자의 묘로 산동성 곡부에 위치하고 있으며 공자를 기리고 있는 성지이다. 현존하는 주요 건축물은 명청(明淸)시대에 축조된 것으로 100여 채의 전(殿), 당(堂), 정(亭)이 있다. 황제가 아니면서도 황궁의 축조 방식을 따른 유일한 건축물로 북경의 고궁(古宮), 하북(河北)의 승덕(承德) 피서(避暑) 산장과 함께 중국 3대 고대 건축물에 포함된다.

숙량흘의 나이는 이미 고령의 노인이었으
나 어머니 안씨는 성년을 채 넘기지 못하였
다. 일반적인 부부의 결합으로 보기에는 두
사람의 나이 차이가 너무 컸기에 그들의 결
합을 '야합'으로 간주할 수밖에 없다고 본
것이다. 당시 풍속에 의하면 남자의 경우는
30세가 되어야 장년(壯年)이라고 보았고,
여자의 경우에는 15세가 넘어야 비로소 머
리를 올릴 수 있었다. 혼례를 치르기 위해
서는 적어도 성년이 되어야 했으므로 두 사
람의 결합은 그 출발부터 '야합'으로 의심
을 받을 수밖에 없는 처지였다는 것이다.

니산 서원 대성전(大聖殿)
곡부의 니산은 공자의 출생지로 알려지면서 유명
한 고적지가 되었다. 니산 서원은 니산의 공자 묘
내에 위치하고 있으며, 후주(后周) 현덕(顯德) 연간
에 축조되어 69채의 건축물이 보존되고 있다.

양공림(梁公林) 묘 군락
양공림은 공자 부모의 묘를 합장한 무덤으로 산동
곡부에 위치해 있다. 양공림 묘 군락은 1922년 산동
성 인민 정부에 의하여 중요문물보호구역으로 지
정되었다.

그러자 또 다른 반론이 제기되었다. 양옥
승(梁玉繩)은 《사기지의(史記志疑)》를 통해,
이미 역사적 기록인 《공자세가》가 안정재와
숙량흘을 양가의 합의 하에 혼례를 치렀다고 적고 있으므로 '야합'이라는 주장
은 대꾸할 가치도 없는 문제라고 일축한 것이다. 나아가 양승옥은 당시 공자의
아버지가 경제적인 사정으로 혼례의 절차를 다소 소홀히 여겼음을 지적하면서,
이에 불만을 품은 주위 사람들이 간소화된 혼인 과정을 구실 삼아 유언비어를 퍼
뜨렸을 가능성을 제기하였다. 또한, 그는 공자의 어머니 안정재가 아이를 갖기
위해 니산(尼山)에 들어가 천지신명에게 치성을 드린 사실을 거론하며 이를 역사
가 '야합'으로 기록했을 가능성이 있다고 주장하였다.

양옥승의 주장은 그 나름대로 의미를 갖는다. 유사한 예로 안록산(安祿山)의 어머니가 알훈산(軋薰山)에 들어가서 치성을 드린 후에 안록산을 낳았다는 기록이 남아 전해지기 때문이다. 춘추(春秋) 공양(公羊)의 학자들 또한 이른바 성인(聖人)이란 무릇 하늘을 감동시켜야 탄생하는 것이라 하였고 이것을 가리켜 '야합지생(野合之生)'이라고 기록하였다. 공자가 태어났을 당시 그의 머리 모양이 마치 니산의 모습과 흡사했다는 기록도 천지신명과의 야합설을 뒷받침한다. 지금까지도 니산에는 공자는 물론이거니와 숙량흘과 안정재를 비롯하여 공자의 아들 공리와 공자의 손자의 위패를 모신 사당이 위치하고 있음도 눈여겨볼 일이다.

최적(崔適) 역시 《사기탐원(史記探源)》에 '흘과 안씨는 니구(尼丘)에서 치성을 드렸고, 야합하여 공자를 낳았다'는 기록을 남겼다. 이와 같은 기록은 공자의 부모가 니구산에 들어가 하늘에 제사를 지내고 축원을 드린 끝에 공자를 낳았음이 틀림없는 사실임을 입증하고 있는 셈이다. 또한 이로 인하여 '야합(野合)'이라 불리게 되었음도 충분히 추리해볼 수 있는 대목이다. '야합'을 현대의 학자들은 고대의 혼인제도와 연관시켜 분석하고 있는데, 이는 공자가 살던 시대가 가부장적인 남성 중심의 사회였다고 보기 때문이다.

고대 성(性) 문화를 연구하는 학자들은 다른 해석을 내놓기도 한다. '야

공자 묘

공자 묘는 산동성 곡부 공림(孔林) 중부의 남쪽에 위치해 있는데 주수교(洙水橋) 북정전(北亭殿) 후원 안에 자리잡고 있다. 공림은 '지성림(至聖林)'이라고 불리는데 이는 공자 일가의 묘지를 말한다. 총 면적은 2평방미터에 달하며 담장의 높이는 7.25미터로 현존하는 중국 최대 규모의 묘소이다.

합' 현상이란 본래 고대로부터 이어지고 있는 혼인 방식의 일종이라는 게 그들의 주장이다. 당시에는 야합의 풍속이 허용되었으며, '야합'이란 고대의 인류(현대에서도 일부 지역에서는 이러한 풍속이 남아 있다고 함)에게 자연스러운 섭리였다고 보았다. 그래서 반문명적이고 퇴폐적 행위로 보는 오늘날의 관점과는 달리 다산(多産)과 풍요를 상징하는 상서로운 풍속으로 받아들였다고 보는 것이다. 따라서 그들은 공자의 부모가 '야합하여 공자를 낳았다'는 사실에 그리 놀랄 일이 아니라고 주장하기도 한다.

야합의 풍속은 비단 춘추시대에만 국한된 것이 아니라 사실상 전국시대에도 상당히 유행했음을 알 수 있다. 따라서 이런 현상은 한 시대의 혼인제도를 적극 반영하고 있는 것으로 보아도 무방한 것이다. 당사자인 공자는 이러한 풍습을 비문명적인 유행이라 여겨 매우 비판적인 태도를 보였으며, 솔선수범하여 좋지 않은 풍속을 타파하기 위해 노력을 기울인 것으로 보인다. 돌아가신 부모의 묘를 합장하기 위한 시도의 내면에는 일부일처제를 표방하기 위한 대외적인 명분 획득이 자리 잡고 있었던 것이다. 공자의 노력은 '예교'를 숭상하고 제창해왔던 평소의 문명적 사상과 맥락을 함께한다는 면에서 상호일치하고 있다.

그럼에도 불구하고 오늘날 공자의 출생을 둘러싼 의문은 여전히 수그러들 기세를 보이지 않고 있다. 중국 역사와 사상에서 공자가 차지하는 비중이 그만큼 높다는 것을 반증하는 대목이기도 할 것이다. 이러한 논란은 소모전에 그치지 않고 과거의 역사를 연구하는 하나의 기폭제가 되기도 한다. 공자의 출생이 과연 제자리를 찾게 될지 학자들의 연구 결과를 조금 더 지켜볼 일이다.

한비의 안타까운 죽음

이사와 한비는 한때 순자 밑에서 동문수학하던 친구 사이였다. 그러나 각기 다른 두 군주를 섬기면서 그들의 관계는 비극으로 치닫는다. 한비는 한나라 조정에 머물며 강력한 법치사상을 건의하였고, 이웃 나라 진시황은 그런 한비자를 초청하여 그의 이론을 전국 통일의 밑거름으로 받아들였다. 그러던 어느 날, 진시황은 돌연 한비자를 옥에 가둘 것을 명하는데……

전국시대 한(韓)나라의 사상가인 한비(韓非)는 중국 역사상 '권술(權術)'을 이론화시킨 최초의 인물로, 배 순경(輩荀卿)으로부터 전수받은 사상을 계승 발전시켜 법치주의를 완성한 것으로 유명하다. 또한 그는 법가의 선배인 이리(李悝), 오기(吳起) 등의 학설을 광범위하게 흡수하여 마침내 법가를 집대성하였다.

한비가 제창한 '법치사상'은 제왕으로서 갖추어야 할 실천적인 도구로 '법(法)', '술 (術)', '세(勢)' 등의 이론을 정립시킨 것으로 후세에 커다란 영향을 미쳤다. 당시 한나라는 주변국과의 분쟁 속에서 힘겹게 세력을 유지하고 있었다. 군웅할거와

한비 상
한비(기원전 280~233). 전국 말기 한나라 사람으로 법가 학설의 주요 인물이다.

패권 다툼이 어느 때보다 활발하던 시기였으며 이러한 혼란 속에서 한비가 내세운 '전제군주(專制君主)'의 이론은 당시 정세와 맞물려 제왕들의 필독서로 자리 잡았다.

《한비자》

　그러나 진(秦)나라 군주였던 진시황을 만나면서 한비의 말로는 비참해진다. 진시황은 한비의 이론을 전해 듣고 즉각 그를 초청하여 융숭하게 대접하며 자문을 구했다. 전국을 통일한 진시황에게는 넓은 나라를 다스릴 강력한 비책이 필요했기 때문이다. 한비가 내세운 강력한 법가사상은 진시황의 통치 철학과 일맥상통하는 것이었다. 그러나 진시황은 예상을 깨고 한비를 옥에 가둔다. 융숭한 대접을 받던 한비는 하루아침에 옥에 갇히는 신세가 되었으며 감옥에서 의문의 죽음을 맞는다. 한비의 죽음은 역사에 자살로 기록되었으며 여러 면에서 석연치 않은 죽음이었다.

　일설에는 한비의 억울한 죽음이 진나라의 재상인 이사(李斯)의 시기에서 비롯되었다는 주장도 있다. 왕충(王充)은《논형(論衡)》에서 '한비의 죽음은 그의 재주를 시기한 이사의 모함 때문이다'라고 기록하였다. 이 같은 통설은 이미 일반적인 정설로 굳어져왔으며 사마천의《사기》역시 유사한 견해를 남겼다. 그렇다면 이사와 한비는 어떤 관계였을까? 이사는 왜 한비를 미워했으며 그를 죽음에 이르도록 만들었을까?

　《효장신한열전(孝庄申韓列傳)》에 의하면 한비는 한나라의 왕족 출신으로 순자(荀子)의 사상에 큰 영향을 받았다고 한다. 후에 진나라의 재상이 된 이사와는 동문수학한 사이였다. 역시 한나라 재상이었던 한비는 한나라의 국력이 나날이 쇠락하자 변법자강을 수차례 상소하였고 한나라 왕은 이를 번번이 거절하였다. 심하게 말을 더듬었던 한비는 자신의 법치 이론을 10여만 자에 이르는 사상서로 정립하였다. 그러나 반응은 엉뚱한 곳에서 나타났다. 한비의 사상서는 진나라로 흘러들었고 그것을 접한 옛 친구 이사에 의해 진시황에게 전달되었다. 한비의 사상서를 접한 진시황은 그의 이론에 크게 감탄하여 "만약 한비라는 인물을 얻을 수만 있다면 죽어도 여한이 없다"고 소리쳤다. 급기야 진시황은 한비라는 인물을 얻기 위하여 한나라를 공격하기에 이른다.

나라가 누란의 위기에 처하자 한나라 왕은 스스로 한비를 불러 진나라로 가도록 명령했다. 명목상 한비의 진나라 방문은 파견이었고, 한비는 진나라에 닿자마자 곧장 진시황의 접견을 받았다. 본래 시황제는 인재를 중시하는 인물이었다. 한비의 체계화된 이론과 사상에 큰 감명을 받은 진시황은 한비가 말을 더듬어도 전혀 개의치 않았다. 진시황은 한비의 능력을 높이 샀으며 너무 늦게 만나게 된 것을 유감스럽게 여길 정도였다.

이렇게 되자 이사는 한비에게 극심한 열등감을 느끼게 되었다. 이사는 혹시 한비가 자신의 자리까지 넘보지 않을까 불안해졌고 진시황과 한비의 사이를 떼어 놓을 방법에 골몰했다. 그래서 기회가 있을 때마다 황제를 만나, "한비는 한나라의 재상인데 어찌 진심으로 폐하를 위하겠습니까? 한비를 위하는 길은 결국 한나라를 위하는 길이며 우리 진나라엔 아무런 도움이 되지 않습니다. 대왕께서 그를 오래 머물게 하거나

상감 기법으로 제조된 단장, 진
고대 단장은 권력의 상징이었다. 사진 속의 그림은 비둘기가 뒤를 돌아보는 모습으로 눈매가 매우 날카롭고 두 귀는 서 있는 형상이며 길고 넓은 꼬리가 특징이다. 배 부분은 타원형으로 안이 비어 있다. 몸통 전체를 상감 기법으로 처리한 매우 화려한 작품이다.

무사히 한나라에 돌려보낸다면 큰 화를 키우게 되는 일이니 적당히 이용하다가 잘못을 찾아내어 그를 죽여버리십시오"라고 속삭였다.

진시황은 본래 냉정한 인물이었다. 이사의 말을 듣고 난 진시황은 그의 말에 일리가 있다고 판단, 한비를 하옥시키고 그에 대한 조사를 명령했다. 이사는 진왕의 마음이 변하기 전에 한비를 제거하기 위해서 계략을 짜내었다. 그는 감옥에 갇힌 한비에게 독약을 내려 자살을 종용하였다. 한비 또한 자신의 운이 다했음을 알고 이사의 권유를 받아들였다. 한비는 억울하게도 차가운 감옥에서 자신의 사상을 제대로 펼쳐보지도 못한 채 숨을 거두었다.

뒤늦게 진시황은 자신이 과했음을 깨달았다. 사람을 보내 한비를 사면하고자 했지만 그는 이미 차가운 시체가 되어 있었다. 진시황은 누가 한비를 죽였는지 알아보게 했고 이사는 즉각 그의 죽음이 자살인 것처럼 꾸며서 보고하였다.

그러나 한편에서는 이런 주장에 대하여 의문을 제기한다. 만약 이사가 정말 질투에 눈이 먼 사람이라면 애초에 한비의 저서를 추천하지도 않았을

이사 상

이사 (?~기원전 208). 전국 말 초나라 상채(上蔡) 사람이다. 전국 말기에 진에 들어와 초기에는 진의 재상 여불위 밑에 있다가 랑(郎)에 올랐다. 6국과 연합하여 한나라를 공격한 공로로 진의 제후에 올랐다. 진시황 26년(기원전 221) 진의 전국 통일 이후에 승상이 되었다.

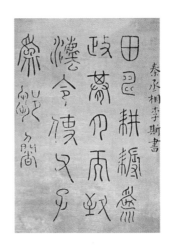

전경첩(田耕帖), 진, 이사

것이라는 게 그들의 주장이다. 게다가 당시 진시황은 귀빈의 자격으로 한비를 대접하였을 뿐, 관직에 등용시킨 것은 아니었다. 당시 한비의 등장은 최고 권력

십이자와당(十二字瓦當), 진
이 와당은 1953년 협서성(陝西省) 서안시(西安市)에서 출토된 것으로, 전서(篆書) 12자가 양각 기법으로 새겨져 있다. 영생불로를 염원하는 진시황의 사상이 담겨 있다.

자 위치에 있던 이사를 위협할 만한 상황은 아니었던 것이다. 따라서 이사에게는 한비를 제거하고자 할 결정적인 요인이 부족하다는 게 이사에 의한 독살설을 부정하는 학자들의 공통된 견해이다.

이사를 '간계하고 질투심이 많은 인물'이라고 기록한 판본과 상반되는 기록도 존재한다. 《전국책(全國策)》에 의하면 한비의 죽음은 스스로 자초한 것이라고 한다. 당시 초(楚), 오(吳), 연(燕), 대(代) 4개국은 진나라에 대항하기 위해서 연합하였고, 진나라는 요고(姚賈)를 사신으로 보내어 이들의 연합 계획을 와해시켰다. 진나라로 돌아간 요고는 진왕에게 큰 상을 받았는데, 한비는 요고가 나라의 재물을 함부로 남용하여 친분 관계를 맺은 것을 비난하면서 출신 성분을 트집 잡아 요고를 공격하였다. 요고는 자신이 4개국을 돌며 뇌물 공세를 한 것은 사실이나 그것은 진나라의 이익을 위한 것일 뿐 자신의 사리사욕을 위한 것이 아니었다고 반박하였다. 뿐만 아니라 만약 개인적인 교분을 쌓기 위한 것이었다면 진나라로 돌아오지 않았을 것이며, 비록 자신의 출신이 미천하지만 군주를 위한 충성심은 명문세가 못지않다고 강조하였다. 요고의 강한 변론은 진시황의 신임을 얻었고 뒤에서 그를 헐뜯은 한비에게는 진시황이 등을 돌리는 결과를 낳았다.

결론적으로 요고의 업적을 시기했던 한비는 스스로 자기 무덤을 판 격이 되었다. 한비의 죽음은 애초부터 진시황이 의도했던 일이며, 이사에게는 한비를 모함하고자 하는 뜻이 전혀 없었다는 것이 후세인의 견해이다. 그렇다면 진시황은 어째서 한비를 제거하고자 했을까?

기록에 의하면 진시황은 덕이 부족하고 의심이 많은 인물이었다고 한다. 그는 비록 인재를 알아보고 재주를 높이 평가했으나 끝없이 자신에 대한 충성을 의심하고 경계심을 풀지 않았다. 또한 진나라에 온 이후 한비는 군주의 집권을 위한 논의만 계속할 뿐 진시황의 궁극적인 목표인 천하통일에는 관심이 없었다. 따라서 진시황은 한비를 등용할 의사가 없었으며 그렇다고 진나라 내부 사정을 훤히 알게 된 한비를 순순히 돌려보낼 수도 없었다. 즉, 한비를 살려두자니 마음이 안 놓이고 죽이자니 명분이 없었다. 따라서 이사와 짜고 한비를 제거하고자 모의했을 가능성이 크다. 한비의 죽음은 이처럼 어떤 식으로든 이미 예정된 결말을 향해 치달았던 것이다.

《사기》에는 진시황이 한비의 죽음을 안타까워했다는 기록이 나온다. 하지만 한비의 죽음과 관련해 이사를 추궁하였다는 기록은 찾아볼 수 없다. 그 밖의 기록들 역시 이사를 포함한 진나라의 대신들이 한비의 죽음을 사주하였을 가능성을 제기하고 있으면서도 그것이 곧 한비의 죽음을 재촉한 결정적인 원인은 아니라는 데 공통적인 견해를 보이고 있다. 요즘 들어 학계에서는 한비의 죽음을 진나라와 한나라 사이의 정치적 분쟁의 희생양으로 보는 견해가 지배적이다.

전국시대의 여러 제후국들은 자국 보호에 적극적이었으며, 특히 강성해진 진나라에 대항하여 천하를 통

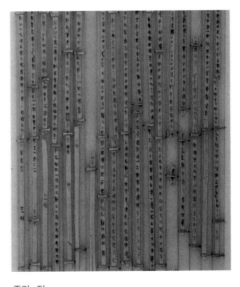

죽간, 진
이 죽간은 호북성 운몽수호지진묘(云夢睡虎地秦墓)에서 출토되었다. 당시 진나라가 어떤 방식으로 나라를 다스렸는가를 알려주는 율법이 기록되어 있다.

일하려는 의지를 공통적으로 가지고 있었다. 이러한 상황에서 이사와 한비는 각각 조국의 이익을 달리하고 있었기에 비록 동문수학한 사이이기는 하나 정치적 갈등을 피할 수 없었을 것이다. 한비는 한나라를 공격하려는 이사의 계획을 막아야 했고, 진나라 대신이었던 이사는 진시황을 도와 천하통일의 위업을 달성해야 했다. 《전국책》의 기록처럼 한비의 죽음은 결코 이사 한 사람의 시기 탓이 아니며 진과 한나라 간의 첨예한 정치적 투쟁의 결과가 빚어낸 비극이었던 것이다.

살펴본 바와 같이 현재까지도 한비의 억울한 죽음을 명확히 규명할 만한 근거는 없다. 다만 그가 남긴 법치주의 사상은 아직까지도 영원한 '제왕의 경전'으로 받들어지고 있다.

신필 왕희지는 어디에 묻혔을까

일반적으로 왕희지는 저나에서 죽은 것으로 알려져왔다. 그러나 최근 들어 학자들은 금정을 그가 말년을 보낸 유력한 고장으로 꼽고 있다. 왕희지는 평생을 이곳저곳 유랑하며 세월을 보냈는데, 유랑 이유 역시 명확히 밝혀진 것이 없다. 과연 왕희지가 말년을 보내고 뼈를 묻은 곳은 어디일까?

왕희지 상

왕희지(321~379 혹은 303~361). 자는 일소(逸少)이다. 지금의 절강 소흥 지방의 우군장군(右軍將軍) 회계내사의 관직에 올랐다. 따라서 사람들은 그를 '왕우군(王右軍)'이라고 불렀다. 중국 서도를 대표하는 인물로 '서성'이라고 일컬어졌다.

왕희지(王羲之)는 동진(東晉)시대 서법의 대가로서《난정집서(蘭亭集序)》를 남겼다.《난정집서》는 중국 서도 역사에 한 획을 그은 작품이라는 평가를 받고 있으며 사람들은 왕희지를 일컬어 '서성(書聖)'이라고 부르길 주저하지 않는다.

그러나 살아생전 왕희지는 그런 큰 영광을 누리지 못했다.《진서(晉書) 왕희지전(王羲之傳)》에 의하면, 동진(東晉) 영화(永和) 11년, 왕희지는 난정에서 집회를 가진 후 2년이 지나도 조정의 중용을 받지 못했다. 이때부터 왕희지는 전국을 방랑하기 시작했으며 그 이후의 행적은 세

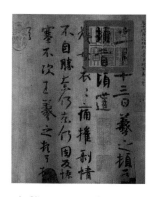

이모첩(姨母帖), 동진, 왕희지
요녕성 박물관에 소장된 것으로 만세
통천첩(万歲通天帖)의 일부분이다. 고
박하고 수려한 기풍이 있다.

간의 무성한 추측을 낳고 있다.

일반적으로 왕희지는 저나(苧蘿)에서 세상을 떠난 것으로 알려져 있다. 그렇게 추측할 수 있는 것은 송대(宋代)의 기록 때문이다. 송대에 쓰여진《가진회계지(嘉秦會稽志)》에는 '왕희지의 묘는 산족(山足: 저나)에 있으며 비문을 고증한 바에 따르면 손홍공(孫興公)의 문(文)이며, 왕자경(王子敬)의 서(書)였다' 라는 내용이 적혀 있다. 다른 기록인《진서손초전부작(晉書孫楚傳附綽)》에는 '온(溫), 왕(王), 치(郗) 유(庚) 등의 비문은 작(綽)이 지었고 그 후에 비석에 새겼다' 는 내용이 있으며, 여기서 '작' 이란 왕희지와 절친한 사이였던 손작(孫綽)을 말하는 것으로 그가 지은 비문의 내용은 정사의 기록과 일치한다.《가진회계지》는 남송의 유명한 대시인 육유(陸遊)가 맡아 편찬했으므로 역사상 매우 신빙성 있는 기록으로 평가받고 있다.

그러나 이러한 견해에 이의를 제기하는 학자들도 있다. 그들은 특히《진서》의 내용을 문제 삼으며 나열된 '왕' 씨를 왕희지라고 단정할 만한 아무런 근거가 없음을 지적하였다. 그들의 주장에 의하면, 기록 속의 '왕' 은 왕희지와 같은 연배인 왕광(王曠)이나 왕이(王異)일 수도 있고, 형제 뻘인 표지(彪之), 홍지(興之) 혹은 조카 뻘 되는 휘지(徽之), 월지(越之) 등 왕씨 일가의 대부분이 '왕' 의 표기에 해당된다는 것이다. 따라서 기록 속 '왕' 이 왕희지일 확률은 극히 희박하다는 결론을 내리고 있다.

한 걸음 더 나아가 연대기상의 의혹을 제기하는 학자들도 있다. 왕희지는 321년에 태어나 379년에 사망하였는데, 손작은 왕희지보다 9년이나 앞서 세상을 떠났다. 따라서 손작이 왕희지의 비문을 지었다는 일부의 주장은 억측이라는 게 그들의 견해다.

왕희지가 최후를 맞이한 곳 역시 의견이 분분하다. 최근 들어 저나가 아닌 산양(山陽)에서 죽었다는 의견 또한 비중 있게 나오고 있다. 산양은 지금의 절강 소흥 지방으로 당시 전국을 유랑하던 왕희지 일행이 정착하였다고 전해지는 곳이다. 소흥 지방 사람들은 호수를 잘 관리, 황무지를 옥토로 개간하여 농업을 발전시켰다. 왕희지는 산 좋고 물 맑은 산양의 자연풍광에 감탄하여 정착을 결심했고, '산양의 길을 걷고 있으면 마치 거울처럼 그 오묘함에 취하고 만다'는 명문을 남기기도 했다. 이후 그는 산양의 아름다운 산수에 도취되어 그곳에서 회계내사(會稽內史)를 맡으며 평화로운 말년을 보냈다고 한다.

이와 같은 추론을 뒷받침할 만한 기록으로는 《소흥현지(紹興縣志)》가 있다. 기록에 의하면, 수(隋) 초의 고승 지영(智永)은 왕희지의 제7대 후손으로 소흥 운문산(云門山)에 있는 조상 묘에 성묘를 드리기 위해 운문사(云門寺)에 머물렀으며 왕희지의 후예답게 그의 서법 역시 당시 대가의 칭호를 들었다고 전한다.《선화서보(宣和書譜)》17권 역시 '왕희지의 서법을 이어받아 거침없는 필력을 구사하였으며 해서와 초서를 두루 겸비하였으니 감히 우러러보지 않을 수 없다'면서 지영의 서법이 왕희지에게서 전수받은 것임을 확신하는

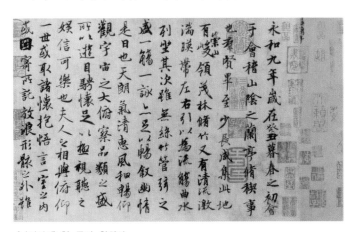

《난정집서》 첩, 동진, 왕희지
《난정집서》 첩은 천하의 제일이라고 하며 왕희지의 대표적인 작품이다.

소흥난정

난정은 지금의 절강 소흥시에 위치하고 있다.
동진 영화(永和) 9년, 왕희지와 손작 등 10여
인이 여기에 모여 집회를 가졌다. 취중 끝에
왕희지가 《난정집서》를 지었다고 한다.

기록을 남겼다.

일각에서는 왕희지의 산양 정착설을 근거 없는 것으로 치부한다. 유랑 세월을 보내던 왕희지가 빼어난 자연경관을 찬탄한 곳이 비단 산양 한 곳만은 아니기 때문이다. 승현(嶧縣), 신창(新昌) 등지 또한 왕희지가 극찬을 할 만큼 풍광이 수려한 곳이었다. 따라서 단지 산양의 자연경관에 도취되었다는 것만으로 '산양에서 생을 마쳤다'는 판단을 내린다는 것은 성급한 결론이라는 말이다. 나아가 학자들은 고승 지영이 왕희지의 제7대 손이라는 기록 역시 객관적인 고증을 거친 문헌은 아니므로 신중을 기해야 한다고 주장한다. 지영이 조상 묘에 제를 올린 것과 그가 말하는 '조상'에 왕희지가 포함되어 있는 것은 사실이나 성묘를 드린 조상이 곧 왕희지라는 증거는 없기 때문이다.

근래에는 왕희지가 승현 금정(金庭)에서 최후를 마쳤다는 주장이 차츰 유력하게 받아들여지고 있다. 이런 주장의 배경에는 고증을 거친 기록들이 존재하는데,

왕희지 묘

왕희지 묘는 지금의 절강 소흥시에 있다.

백거이는 《요주단기(沃洲禪記)》에 '고대의 유명한 인물인 허현도(許玄度), 손작, 왕희지 등 18인이 금정을 유람하였다'고 적었다. 또한 당대 배통(裴通)은 《금정관진우군서루묵지기(金庭觀晋右軍書樓墨池記)》에서 '왕희지는 말년에 거처를 서루묵지로 정하였다'고 기록하였다. 《절강통지명승(浙

江通志名勝)》은 '왕희지의 친구 허순(許詢: 허도)이 들은 바에 의하면 왕씨는 금정에 은거하고 있다고 했으며 소산(蕭山)을 떠나 승현으로 이주하였고 사후에 금정의 효가향(孝嘉鄉) 제경사(濟慶寺)에 안장되었다'고 전한다. 시인 이백 역시 '하염없이 이곳에 서서 섬(剡: 승현의 옛 이름)으로 들어간 왕과 허를 찾아 헤매인다'라는 시를 남겼다. 여기서 '왕'과 '허'는 각각 왕희지와 허순을 지칭한다.

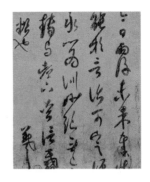
양후첩(兩后帖), 동진, 왕희지

왕희지가 승현 금정에서 말년을 보냈다는 기록은 그 밖에도 여러 곳에서 나타난다. 송나라 사람 고사손(高似孫)이 편찬한 《섬록(剡錄)》에는 '금정 동천(洞天: 신선이 사는 명승지)은 진우군(晉右軍) 왕희지가 기거했던 곳이다. 왕우군(王右軍)의 묘는 현의 동쪽 효가향 5리에 있다'고 기록되어 있다. 왕씨의 제47대 후손인 왕감호(王鑒晧)가 개정한 《금정왕씨족보(金庭王氏族

백도감애아도필통(百寶嵌愛鵝圖筆筒), 청

譜)》에 의하면 '왕희지가 세상을 떠난 시기는 361년이며, 금정의 경관을 사랑하였던 왕희지를 생각하여 생전에 그가 거처했던 곳 근처에 시신을 묻었다'는 내용의 기록이 남아 있다. 이를 증명이라도 하듯 오늘날 금정에는 많은 고대 유적이 발굴되고 있다. 지금의 신합향(新合鄉)에는 10여 개의 자연 군락이 분포해 있는데, 주민 중의 상당수가 왕씨 성을 가졌다고 하며 모두 왕희지의 후손으로 추정되고 있다.

이처럼 왕희지의 말년을 두고 의견이 분분한 이유는 그가 한곳에 정착하지 않았기 때문이다. 그렇다면 왕희지가 유랑 생활을 한 이유는 무엇일까? 학자들은

난정초서
왕희지는 난정에서 풍류를 즐겼는데, 이 초서는 절강 소흥시 남서쪽에 있다.

왕희지가 생존했던 연대가 마침 불교의 융성 시기라는 점에 주목하고 있다. 왕희지 역시 당시 사회적인 분위기에 영향을 받았을 가능성이 매우 높으며, 따라서 관직에 대한 미련을 접고 은둔 생활을 즐겼을 거라는 추정이 가능하다.

아울러 그는 당시 고승들과 매우 돈독한 관계를 유지하였다고 전한다. 왕희지가 기거하던 지역은 불교 수행자들이 수도하던 중심지였으며, 승현의 요주는 본래 승려 지둔(支遁)이 승려를 길러내기 위한 사원을 지은 곳으로 수행하는 승려의 수가 수백 명에 이르렀다고 한다. 또한 금정은 당시 도가(道家) 제72 동천(洞天)으로 불린 곳이기도 하다.

따라서 왕희지가 고승들과의 빈번한 교류를 목적으로 이곳에 은둔하였을 가능성은 크다. 하지만 이런 추측 역시 완전한 것은 아니다. 비록 많은 기록들이 왕희지의 말년 금정 정착설을 뒷받침하고 있으나 《왕씨족보》의 일부 기록은 여전히 모호한 부분이 적지 않기 때문이다.

육유와 당완의 쓸쓸한 사랑

육유는 75세의 나이에 다시 우적사를 찾아가 당완을 그리워하며 시를 읊는다. 당완이 세상을 떠난 지 40년이 지난 뒤였다. 시 속에 드러난 비통함과 애절함은 젊은 시절의 열정 못지않아서 세인들의 눈시울을 뜨겁게 했다.

'남송(南宋) 사대가(四大家)'로 유명한 육유(陸游)는 자유분방한 시풍을 바탕으로 새로운 형식의 시를 많이 지었다. 그중에서도 《시아(示兒)》는 우국의 정서를 열정적으로 표현한 시로서 많은 사람들의 찬사를 받았다. 육유의 시가 특히 사랑을 받은 이유는 영토 회복에 대한 열망이 담겨 있기 때문이다. 육유의 시 속에는 금(金)나라에 빼앗긴 중원을 되찾으려는 마음이 곳곳에 녹아 있었으며 그로 인해 그는 꾸준히 통치 집단의 박해를 받았다.

그러나 육유가 애국적인 시만을 즐겨 지은 것은 아니다. 다음 글은 육유의 《차두봉(釵斗鳳)》이라는

육유 상

육유(1125~1210). 자는 무관(務觀)이며, 호는 방옹(放翁)이다. 남송 월주(越州) 산음(山陰) 사람이다. 양만리(楊萬里), 범성대(范成大), 우무(尤袤)와 함께 남송의 사대가 중의 한 명이다.

시로, 초년 시절에 헤어진 아내 당완(唐琬)과의 이별을 담고 있다. 어린 육유와 당완 사이에는 도대체 무슨 일이 있었을까?

붉고 보드라운 손, 누런 황등주

성 가득히 만연한 봄날, 궁벽의 버드나무

짓궂은 동풍에 기쁜 마음은 어디론가 흩어져 사라지고

한 번 수심에 젖은 후 어언 몇 해나 떨어져 있었던가?

아, 잘못이어라 잘못이어라 잘못이어라

봄은 예나 같으나 사람만이 홀로 야위어

연지 바른 얼굴을 붉은 눈물로 적시네

도화꽃은 떨어지고 못가의 누각도 한가로운데

굳은 맹세 한다 한들 비단에 쓴 글 전하기 어려우니

아, 끝이로구나 끝이로구나 끝이로구나

소흥(紹興) 14년(1144), 스무 살의 나이로 부부의 연을 맺은 육유와 당완은 금슬이 좋기로 소문난 부부였다. 그러나 육유의 어머니는 처음부터 당완을 마음에 들어 하지 않았다. 급기야 두 사람 사이를 갈라놓기로 결심하고 새로운 며느리를 데리고 들어와 육유와 강제로 혼인시켰다. 친정으로 쫓겨 돌아간 당완은 후에 부모의 뜻에 따라 조사정(趙士程)이라는 남자와 혼인하였다.

그로부터 10년이라는 세월이 무심히 흘렀다. 객지를 떠돌다 고향에 들른 육유는 우적사(禹迹寺) 남쪽에 있는 심(沈)씨 일가의 화원에 놀러가게 되었다. 그러다가 공교롭게도 그곳에 나들이 나온 당완과 그녀의 남편을 만나게 되었다. 그날, 우연히 당완과 마주친 육유는 비통한 심정을 견디지 못하고 애절한 슬픔을 화원의 담장 벽에 적어나갔다. 그렇게 해서 탄생하게 된 시가 《차두봉》이었다.

집으로 돌아온 육유는 오래도록 상심에 잠겼고 당완 역시 큰 슬픔에 잠겼다. 그녀는 육유의 애절한 심정이 담긴 시에 화답하는 시 한 수를 짓고 시름시름 앓다가 죽어갔다. 그로부터 다시 수십 년 세월이 흘렀다. 육유는 말년에 다시 우적사의 누각에 올라 죽은 당완을 그리워하며 한 편의 시를 남겼다. 당완이 세상을 떠난 지 40년이 지났고 육유의 나이 또한 75세를 훌쩍 넘겼으나 시에 드러난 비통함과 애절함은 젊은 시절의 열정 못지않았다.

육유와 당완의 비극적인 이야기는 지금까지도 많은

《위남문집(渭南文集)》
육유는 시가와 산문에 능하였고, 사학(史學)에도 밝았다. 저서로는 《검남시고(劍南詩稿)》, 《위남문집(渭南文集)》, 《노학암필기(老學庵筆記)》 등이 있다.

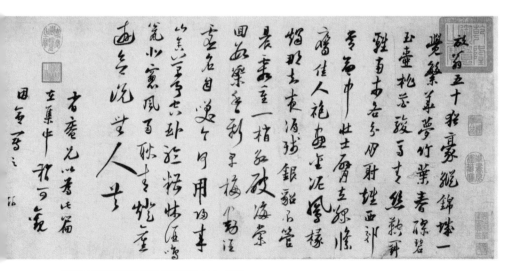

회성도십운시권첩(懷成都十韻詩卷帖), 남송, 육유
육유가 50세 되던 무렵, 사천에서 참의(參議)로 있을 당시를 쓴 회고 시집이다. 당시 사천의 제치사(制置史)로 있던 범성대와는 문우로 지냈다.

육유사

육유는 사천에서 생의 대부분을 보냈는데, 사천 숭주(崇州)에 위치한 이 절은 육유를 기리기 위해 지어졌다.

육유제각비정(陸游題刻碑亭)

이 비정은 강동성 진강시(鎭江市)에 위치하고 있다.

《자서시첩(自書詩帖)》, 남송, 육유

이들의 심금을 울리고 있다. 하지만 학자들은 최근 이들의 사랑 이야기에서 몇 가지 의문점을 발견했다. 기록을 자세히 검토해보면 쉽게 수긍할 수 없는 부분이 두어 곳 존재하기 때문이다. 전해오는 바에 의하면 두 사람은 천하에 둘도 없는 다정한 연인이자 금슬 좋은 부부였다. 그러나 육유의 어머니가 원만한 혼인 관계를 유지하고 있는 아들과 며느리를 굳이 갈라놓으려고 했다는 것은 요즘의 정서로도 쉽게 납득할 수 없는 이야기이다. 미루어 추측할 수 있는 것은 육유의 어머니와 당완 사이에 존재했을 어떤 갈등이다. 그러나 육유와 당완의 고사를 최초로 기록하고 있는 《기구속문(耆舊續聞)》은 애석하게도 육유의 어머니가 당완을 미워하게 된 구체적인 원인은 다루고 있지 않다.

류극장(劉克庄)은 《후촌시화(后村詩話)》에서 육유가 당완에게 정신이 팔려 학업을 등한시할 것을 염려한 육유의 부모가 당완을 쫓아냈을 가능성을 제기하였다. 하지만 이것은 단지 추측에 불과하며 구체적인 근거는 없다. 육유가 과거에 낙방한 것은 당완을 만나기 훨씬 전인 18세 때의 일이기 때문이다. 류극장의 견해대로 육유의 부모가 아들의 입신공명에 집착했다면, 나이도 어리고 과거에도 합격하기 전인 육유를 서둘러 당완과 맺어주었을 리도 없다.

게다가 육유가 과거에 낙방한 것은 성적이 좋지 않아서가 아니었다. 높은 성적을 거두었지만 최고의 세도를 누리던 권문세가 진회(秦檜)에게 잘못 보인 탓에 낙방하게 된 것이다. 따라서 육유의 미래를 걱정한 부모가 두 사람을 갈라놓았다는 견해는 설득력이 없다.

한편에서는 육유의 시 일부 문장에 '고악(姑惡)'이라고 표현한 부분을 들어 당완과 시어머니 사이에 고부간의 갈등이 있었을 것으로 추정하는 사람도 있다. 어떤 이들은 육유와 당완 사이에 아이가 없었기 때문에 손자를 바라던 육유의 부모가 주위의 유혹에 빠져 새 며느리를 들였다는 견해를 제기하기도 한다. 또 다른 학자들은 시집온 지 얼마 되지 않은 당완이 시댁의 가풍과 예절에 서툴렀는데 이에 불만을 품은 시어머니가 당완을 내쫓았다고 주장한다. 하지만 이런 주장들은 어디까지나 추론일 뿐이다.

일각에서는 제법 그럴싸한 주장을 내세워 세인들의 호응을 얻기도 했다. 육유는 과거에 실패하였고 육유의 아버지마저 금과의 항전을 주장하다가 진회의 노여움을 사서 세상을 떠나게 되었다. 이러한 상황에서 크게 상심한 육유의 어머니와는 달리 당완은 침착한 태도를 보였는데 이것이 시어머니

심원(沈園)

심원은 절강성 소흥시 우적사(禹迹寺) 남쪽에 위치하고 있다. 육유와 당완이 서로 헤어진 지 10년 만에 우연히 마주친 곳으로 육유는 애절한 심정을 이곳 담장 벽에 시로 남겼다.

의 오해를 사게 되었다는 것이다. 본래 밝고 명랑한 성격의 당완은 계속되는 집안의 불운에도 불구하고 평상시와 다름없이 침착한 태도를 유지하였다. 그러던 중, 육유의 어머니는 우연히 효성이 지극한 왕씨 집안의 처녀를 보고 감동하여 그녀를 새 며느리로 점찍게 된다. 집으로 돌아온 육유의 어머니는 '불효막심한 며느리'라는 죄목으로 당완을 내쫓고 왕씨의 딸을 아들과 혼인시켰다는 것이다.

그러나 이러한 추론 역시 새로운 모순을 낳고 있다. 왕씨와 재혼할 당시 육유의 나이는 불과 23, 4세에 불과했다. 더구나 육유의 부친이 세상을 떠난 것은 그 이후의 일이었다. 당완 역시 이미 육유의 집안에서 쫓겨난 상태였다.

육유와 당완의 비극적인 사랑을 두고 추론이 난무하고 있지만 한 가지 분명한 사실이 있다. 그것은 육유의 어머니가 어떤 식으로든 두 사람의 관계에 악영향을 끼쳤다는 점이다. 진정한 의미의 '효'와 무조건적인 복종을 크게 구분하지 않았던 시대에 육유의 어머니는 봉건주의적인 사고방식을 자식에게 강요하였는지도 모른다. 슬프고 애절한 그들의 비극은 봉건 사회의 혼인제도가 지닌 맹점과 비정함을 간직한 채 오늘도 역사의 한 페이지를 장식하고 있다.

정화가 서양 원정에 나선 진짜 이유

건문제를 몰아내고 황제가 된 주체는 돌연 정화에게 대규모 해외 원정을 지시한다. 명을 받은 정화는 자그마치 29년 동안 세계 각지를 원정하게 되는데, 이렇듯 건문제가 정화에게 내린 원정 명령을 두고 세간에는 의견이 분분하다. 주체의 숨은 의도는 과연 무엇이었을까?

정화(鄭和)의 명성은 중국은 물론이고 세계적으로도 널리 알려져 있다. 명나라 성조(成祖) 연간, 주체(朱棣)는 정화를 시켜 무려 일곱 차례에 달하는 서양 원정을 지시한다. 명을 받은 정화는 영락(永樂) 3년(1405)에서 선덕(宣德) 8년(1433)에 이르기까지 장장 29년이라는 긴 세월 동안 멀리는 아프리카의 동해안부터 아시아 대륙에 이르기까지 30여 개의 국가를 원정하고 돌아와 세상을 깜짝 놀라게 한다.

정화 상

정화(1371~1435), 본래는 마(馬)씨로 어린 시절의 이름은 삼보(三保)이다. 회족(回族) 출신이며 운남(云南) 곤양(昆陽) 사람이다. 명초에 관직에 오르며 정(鄭)이라는 성씨를 하사받았다. 영락 3년, 부사 왕이홍(王易弘) 등과 병사를 이끌고 서양 원정에 올랐다. 그후, 여러 차례의 항해를 통하여 30여 개국을 원정하고 돌아왔다. 마지막 항해를 마치고 병을 얻어 남경에서 사망하였다.

명대 나반(明代羅盤)
나침반은 항해에 필요한 중요한 기구로 고대 중국의 4대 발명품에 해당한다. 명대의 정화가 일곱 차례에 걸친 서양 원정길에 성공할 수 있었던 것도 이 나침반의 역할이 컸다고 볼 수 있다.

그렇다면 정화는 무엇을 위해 목숨을 걸고 항해에 나섰을까?

후세의 학자들은 주체가 정화에게 서양 원정을 명령하게 된 배경에 주목하며 그 이유를 밝히고자 연구를 진행시켜왔다. 서양 원정이라는 허울 좋은 명분 뒤에 숨겨진 주체의 본심이 따로 존재할 것으로 보았기 때문이다. 일단의 학자들은 왕위 찬탈을 단행한 주체가 갑자기 망망대해로 눈을 돌려 정화에게 서양 원정을 명한 이유를 건문제에게서 찾고 있다. 즉, 정화의 대규모 해외 원정이 사라진 건문제를 찾기 위한 조치였다는 것이다.

주체는 황제에 대한 모반을 꾀하여 건문제를 내몰고 스스로 황제의 자리에 오른 인물이다. 건문제 주윤문(朱允炆)은 황권을 공고히 다지기 위하여 군정의 대권을 쥐고 있는 주왕(周王), 제왕(齊王), 대왕(代王), 민왕(岷王) 등 주변 속국의 왕들을 차례로 제거하였다. 자신도 언젠가는 숙청될지 모른다는 불안감에 시달리던 연왕(燕王) 주체는 오래전부터 건문제를 제거할 기회만 엿보고 있었다. 따라서 내심 조카인 주윤문을 견제하였고 마침내 '조정에 바른 대신이 없고 왕실 내부에 간신만 들끓고 있다'는 구실을 만들어 군사를 일으켰다. 역사는 이를 '정난의 변(靖難之役)'이라고 부르고 있다. 4년간의 전쟁 끝에 결국 주체는 건문제를 몰아내고 황제의 자리에 등극한다. 황제 등극과 동시에 북경으로 천도한 주체는 스스로를 명 성조(成祖)라 칭하고 연호를 영락(永樂)으로 정했다.

그렇다면 황제였던 건문제는 언제 사라졌을까?

그가 홀연히 모습을 감춘 것은 주체의 군사가 남경성을 포위하고 맹공을 퍼부을 무렵이었다. 건문제가 보이지 않자 왕실과 조정은 건문제가 전쟁 중에 사망했다고 발표했다. 그러나 그의 시체는 끝내 발견되지 않았다. 주체는 민심을 수습하고 세력을 구축하기 위해서 건문제의 실종 사실을 숨겼다. 따라서 주체는 비록 왕위를 차지하였지만 행방이 묘연해진 건문제가 흩어진 세력을 회복하여 다시 쳐들어올 것이라는 염려로 늘 불안에 떨었다. 그런 연유로 주체는 사방으로 사람을 보내 건문제의 행방을 쫓았는데, 정화는 건문제를 찾기 위해 주체가 파견한 여러 신하 중의 하나였던 것이다.

이렇듯 정화의 서양 원정이 건문제와 관련이 있다는 의견이 대세를 잡아가는 가운데, 일각에서는 건문제의 행방을 찾는 일과는 별개로 군사상의 목적이 우선되었다고 보는 견해도 있다. 대표적인 기록은 《명사(明史) 정화전(鄭和傳)》으로, 기록에 의하면 정화는 '이역 땅까지 명조의 군사력을 과시하여 부강한 중국의 위상을 만방에 떨치고자 원정에 나섰다'고 하였다. 근대의 학자 양계초(梁啓超) 역시 주체가 정화에게 원정을 명령한 의도를 '주체는 세계의 만국과 동등하기를 원했고 그러한 자신의 명예욕을 채우고 국력을 과시하기 위한 일환으로 정화에게 멀리 서양 원정길에 오르도록 명하였다'고 보았다.

상월(尚鉞)의 《중국역사강요(中國歷史綱要)》의 기록에 의하면, 정화의 서양 원정은 인도 등의 국가와 긴밀한 연계를 맺고 이를 통해 명조의 안위를 보장받으려는 정치적 의도가 숨겨져 있었다고 한다. 당시 정화가 항해했던 범선의 규모를 고려해보면 분명 이와 같은 의도를 짐작케 한다. 15세기의 항해 기술을 고려해볼 때, 이처럼 대단위 규모의 범선과 병력을 갖춘 배는 매우 드물었다. 명 성조는 대규모의 원정을 통하

정화석비(鄭和石碑)
제5차 서양 원정을 앞둔 정화는 복건성(福建省) 천주시(泉州市) 오산(吳山)에 위치한 이슬람 성묘를 찾아 무사 귀환을 빌었다고 한다.

여 강대한 군사력을 이역의 민족에게 과시하고자 했던 것으로 보인다.

그 밖에 정치 군사상의 전략을 제외한 또 다른 목적을 들자면 역시 경제적 측면의 효과를 무시할 수 없다. 명 성조는 국가의 재원을 늘리고 전쟁으로 손실된 재정을 보충하기 위하여 대규모의 해외 원정을 단행했을 가능성이 매우 크다. 정화의 범선이 경유했던 지역과 현지 화교들의 무역 거래가 활발했던 사실을 놓고 본다면 이런 주장은 충분히 타당성이 있다. 명조의 정부는 대외무역을 통하여 광대한 시장을 개발하고자 했을 뿐만 아니라, 서양 대국과의 '조공무역'을 통하여 조정의 수익을 늘리고자 하였다. 게다가 명대의 중국은 이미 세계 무역시장 체계에 진입해 있었다. 아시아와 아프리카의 몇몇 국가와 무역을 하면서 명나라 정부뿐 아니라 주변 국가들, 나아가서는 인근 연해의 지방 관리, 현지 백성 할 것 없이 모두가 거대한 경제적 이익을 얻었다는 점에 주목할 필요가 있다.

이상의 분석에서 볼 수 있듯이, 정화의 대규모 해외 원정은 본래 목적과 관계

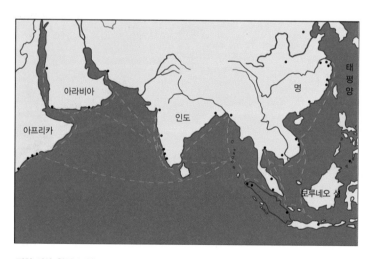

정화 서양 원정 노선도
영락 3년, 정화는 소주 류가항(劉家港)에서 출발하여 서양(중국 남해를 중심으로 서편에 해당함)을 향한 원정길에 올랐다. 정화는 지금의 월남 남부 지역과 태국, 말레이시아, 스리랑카 등의 30여 개국을 경유하였다.

없이 조정과 황실에 막대한 경제적 파급 효과를 가져
왔다. 또한 이와 같은 대규모 원정에서 배제될 수 없
는 것은 정치적 명분이다. 주체는 왕위 찬탈이라는 불
명예에서 탈피하여 군주로서의 위상을 세우고자 했
다. 따라서 정화를 서양에 보내어 명조의 막강한 기세
를 만방에 과시하고자 하였을 것이다. 주체는 자신이
이룩한 태평성세를 유지하고 반대파의 정치 세력을
와해시키려는 두 가지 의도에서 정화에게 해외 원정
을 지시했던 것이다.

삼보묘(三保廟)
인도네시아에는 정화의 서양 항해
를 기념하는 삼보묘가 세워져 있다.

　학자들은 사서의 기록을 근거로 정화가 동남아와
남아프리카 연해의 여러 국가를 세 차례나 항해하며 우호 관계를 수립하고 돌아
왔다고 밝혔다. 4차 원정 때에는 동남아의 서쪽에 위치한 미지의 대륙을 탐방하

여 새로운 항로를 개척
하는 성과를 거두고 돌
아왔다고 한다. 주체가
목적으로 했던 정치적
계산들이 정화의 잇단
항해 성공으로 인해 단
단히 입지를 굳히게 된
것이다.

　최근 들어 학자들은
정화의 항해를 단계적
으로 분석하였다.

정화 서양해선 복원도
정화의 범선은 최대 수용 인원이 천여 명에 달하는 대규모의 범선이었다. 이는 당
시 세계적으로 가장 큰 목선에 해당한다. 선진적인 설계공법에 따라 건조되어 안
전성도 확보된 정화의 범선은 천문과 나침반을 이용하여 원정에 성공하였다.

첫째, 해외로 도주했을 가능성이 큰 건문제를 찾기 위한 것이었다. 둘째, 해외에 거주하는 현지 화교들의 사기를 진작시키는 동시에 국가의 위엄을 과시하고자 했다는 점이다. 셋째, 광대한 해외 무역시장을 개발하고 남양(南洋)의 국가와 확실한 연계를 맺어 남해양의 평화를 유지하고자 했다는 점이다. 정화에 의해 주체의 목적은 훌륭히 달성되었고, 정화는 이에 만족하지 않고 새로운 세계를 탐험하기 위해 또다시 4차 항해를 떠난다.

그러나 안타깝게도 풍랑과 싸우며 세계 곳곳을 탐험했던 정화의 활약상을 지금으로선 확인할 방법이 없다. 병부(兵部) 시랑(侍郎) 류대하(劉大夏)가 당시 정화의 모든 항해 기록이 담긴 문헌을 불태워 없앴던 것이다. 그로 인해 중국 항해사상 유일무이한 기록이 담긴 정화의 항해 일지는 한 줌의 재가 되어버렸고 정화의 서양 원정은 소문만 무성한 채 영원히 역사의 수수께끼로 남게 되었다.

의문의 죽음을 맞이한 임칙서

외세의 침략에 맞서 아편 소각 사건을 주도하며 중국인들의 단결을 호소했던 신지식인 임칙서. 그러나 그는 부임 도중 의문의 죽음을 맞음으로써 세간의 의혹을 증폭시키고 있다. 대부분의 학자들이 임칙서의 죽음을 병사로 보고 있으나 일각에서는 임칙서가 임종 직전 비명을 질렀다는 이유로 독살설을 강하게 제기하고 있다. 가려진 역사의 진실은 무엇일까?

청조 말엽의 인물 임칙서(林則徐)는 호문(虎門)의 아편 소각 사건을 주도하여 외세의 침략에 신음하던 중화민족의 호기를 만방에 떨친 정치가로 유명하다. 그는 외세에 항거하는 조직을 결성하여 아편을 반대하는 운동을 펼치는 한편, 선진의 문물과 새로운 지식을 받아들일 것을 주장하였다. 낡은 중화사상에서 벗어나 '세계로 시야를 넓힐 것'을 중국인들에게 외친 최초의 지식인이라고 볼 수 있다.

그러나 임칙서는 1850년 청조 도광(道光) 30년, 흠차대신(欽差大臣)으로 임명되어 새로운

임칙서 상

임칙서(1785~1850). 자는 원무(元撫). 말년에는 사촌노인(竢村老人)으로 불렸다. 청 복건(福建) 후관(侯官) 사람이다. 《임칙서집(林則徐集)》, 《운좌산방문초(云左山房文鈔)》 등의 저서를 남겼다.

임칙서의 인장

수찰(手札), 청, 임칙서
임칙서의 서법은 당 구양순의 서체에 가까워 단정하면서도 안정된 필체를 구사하였다. 자신의 풍격을 유려하게 표현해놓았다.

부임지로 이동하던 중, 광동(廣東) 보녕현 홍양진에 도착한 후 11월 22일, 향년 66세의 나이로 돌연 숨을 거둔다. 임칙서의 갑작스런 죽음은 뭇사람들의 호기심을 자극하며 수많은 의혹을 낳았다. 사망 원인이 평소 그의 활동과 관련이 있는 게 아닌지 추측이 난무한 가운데 몇 가지 설이 세인의 입방아에 오르내렸다.

공식적으로 그의 죽음을 보는 견해는 부임 도중 얻은 병으로 인한 급사이다. 《청사고(淸史稿)》는 '임칙서는 조주(潮州)로 향하는 도중에 병으로 죽었다'고 기록하고 있다. 좀더 자세한 내용은 시홍보(施鴻保)의 《민잡기(閩雜記)》에서 찾아볼 수 있는데, 《민잡기》에는 임칙서가 사망하기 직전의 정황이 세세하게 기록되어 있다. '공은 오래도록 치질을 앓아 몸이 쇠약해져 있었는데 무리한 여정을 감행하여 11일, 조주에 도착하였다. 다시 병이 악화되어 공은 잠시 요양을 요청하였으나 거절당하였다. 다음 날 보녕 행관에서 죽었다.'

어떤 학자들은 임칙서의 사망을 누적된 피로로 인한 과로사로 간주한다. 임칙서가 보녕에 도착할 무렵 공교롭게도 지병이 악화되었고, 그것이 발단이 되어 결국 사망했을 가능성이 크다고 보았다. 임칙서는 40년이라는 긴 세월 동안 조정의 관원으로 재직하면서 전국 각지를 떠돌았다. 부임지가 바뀔 때마다 얻은 불규칙적이고 불안정한 생활 습관으로 건강은 차츰 악화되었다. 게다가 아편을 금지한 사건에 연루되어 이리(伊犁)로 파견된 이후, 코와 비장 질환을 심하게 앓았으며 탈장 증세까지 보였다고 한다.

도광 30년, 청 왕실은 홍수전이 이끄는 배상제회(拜上帝會)가 광서(廣西) 지역을 중심으로 들끓자 농민 봉기 세력을 탄압하기 위하여 임칙서에게 속히 북경으로 돌아오라고 명하였다. 임칙서는 병이 위중하였지만 차마 나라의 부름을 거절할 수 없었고 청조는 그를 무리하게 흠차대신으로 임명하였다. 국가의 명을 거역할 수 없었던 임칙서는 병마와 싸우면서도 광서의 군사를 감독하기 위해 서둘러 부임지로 향했고 와중에 병이 악화되었던 것이다.

광동 보녕현 홍양진에 도착했을 때 이미 임칙서의 병세는 돌이킬 수 없는 상황이 되어 있었다. 따라서 임칙서는 이동을 중지하고 현지의 '황도서원(黃都書院)'에서 요양했다. 의원 황개생(黃介生)은 당시 자신의 증조부가 임칙서를 진료하였던 과정을 회고하면서 이렇게 말했다. "임칙서는 16일 게양(揭陽)에 도착하였는데, 게읍(揭邑)의 현령은 후에 책임 소재를 추궁당할 것을 염려하여 명의로 소문난 황화진(黃華珍)을 보읍(普邑)으로 보낸 후, 임칙서를 그리로 보내어 진료하게하였다. 보녕에 도착할 당시 임칙서는 구토와 설사 증세를 보이고 있었다. 맥을 짚어보니 무리한 일정으로 인해 독감에 걸린 것으로 판단되었다. 병세가 위중하였으므로 속히 치료를 받지 않으면 안 되는 위급한 상황이었다. 황화진은 맥박과 증세에 따라 즉시 약을 처방하여 주었다. 그러나 임칙서를 수행하던 의관은 북방인 출신으로 약의 조제에 불만을 품고 임칙서가 약을 복용하도록 하지 않았다. 다음 날 재진료를 마친 황의원은 자신이 조제한 약을 먹지 않아 이제는 도저히살릴 방법이 없으며 지금은 약으로 고칠 수 있는 시기가 이미 지났다고 말했다."

임칙서가 사망한 후 황화진은 사인을 규명하기 위해 병을 진단하고 증세를 기록해 둔 자료를 조정에 보고하였다. 조정의 어의는 그의 조제와 진료가 적절한것이었는가를 심의한 후에 황의원에게 '행림춘만(杏林春滿)'이라는 현판을 친히 내렸다고 전한다.

약간 다른 기록도 있다. 임칙서의 《부문(訃文)》과 아들 임여주(林汝舟)가 지은 《치진자무서(致陳子茂書)》 등의 기록에 의하면 임칙서는 약도 먹지 않은 채 고된 일정을 감행하는 바람에 설사병을 앓았고 병세는 갈수록 악화되어 나중에는 결장 증세까지 보였다고 한다. 심폐 기능에도 이상이 생겨 원기가 많이 쇠해졌고 의원이 인삼과 계피를 혼동하여 조제를 잘못하는 바람에 병을 더욱 악화시켰다고 한다. 결국 임칙서는 치료 기회조차 갖지 못한 채 사망하고 말았던 것이다.

하지만 이런 기록만으로 임칙서의 죽음을 설명하기엔 뭔가 부족한 점이 있다. 병환 중임에도 임칙서가 조정의 부름을 받았다는 게 어딘지 아귀가 맞지 않아 보인다. 많은 사람들이 임칙서의 죽음을 두고 자연사가 아닌 살해의 가능성을 주장하는 배경은 바로 이런 점 때문이다. 가장 유력한 설은 임칙서가 서양 상인들의 사주로 살해되었다는 주장이다.

장유산(張幼珊)은 이런 의혹에 대해 《과암수모(果庵隨毛)》에 다음과 같이 기록하였다. '아편을 금지하는 운동을 일으키자, 임칙서에 대한 아편업자들의 원한은 극에 달했다. ……차후에 공이 재임해 올 것을 두려워한 나머지 그들은 요리사를 매수하여 독살할 계획을 세웠다. 조주(潮州: 보녕을 말함)의 요리사는 싸라기를 들여와 파두탕(巴豆湯)에 넣었다. 파두는 설사를 일으키는 음식으로 이를 복용한 임칙서는 원기가 쇠하여 결국 죽음에 이르렀다. 청 왕실의 사례를 들자면 독극물로 사망한 자는 반드시 부검하게 되어 있는데, 가족들의 반대로 그것마저 요청하지 않았다. 그 지방의 관리 또한 명성을 지키기 위해 일이 복잡해지는 것을 원하지 않았다.'

이런 정황을 뒷받침할 수 있는 근거는 얼마든지 또 있다. 광동의 《동완현지(東莞縣志) 일사여록(逸事余錄)》은 임칙서의 독살을 계획한 인물이 광동 13양행의 총

상인 오소영(伍紹榮)이라고 구체적으로 밝히고 있다. 오소영은 전에 임칙서가 아편을 조사한 것과 관련하여 원한을 품고 있었던 인물이다. 그러던 차에 마침 임칙서가 광서에 온다는 소식을 듣고 그를 살해하기 위해 계략을 꾸몄던 것이다.

그렇다면 이처럼 문헌상 다수의 기록이 공통적으로 '임칙서의 독살설'을 주장하는 이유는 무엇일까? 그 비밀은 임칙서가 죽는 순간과 깊은 관련이 있다. 임종 당시 임칙서가 외마디 비명을 지르며 죽어갔기 때문이다. 비명 소리는 자연사가 아님을 강력하게 뒷받침할 수 있는 근거가 되었던 것이다. 그렇다면 임칙서는 임종 직전 왜 비명을 질렀으며, 그는 무엇을 말하고자 했을까?

임칙서는 죽기 직전 큰 소리로 "성두남"이라고 외쳤다. 임칙서는 본래 복건 출신으로 복건성 방언인 '신두난(新豆欄)'은 '성두남(星斗南)'과 공교롭게도 발음이 일치한다. 또한 신두난은 광주 13행 부근의 거리를 의미하며 당시 서양 상인들이 밀집하였던 곳을 소위 '신두난'이라고 불렀다. 이를 두고 사람들은 임칙서가 죽기 직전 자신의 죽음과 연관된 암시를 주기 위하여 '성두남'을 외친 것으로 보고 있는 것이다. 즉, 임종 직전 마지막 외침을 통하여 13양행의 음모를 고발하고자 했던 것인지도 모른다.

호문에서 임칙서가 아편을 소각했던 장소

임칙서 묘

1850년 11월 5일, 흠차대신으로 임명된 임칙서는 광서로 부임하던 도중 11월 22일 사망하였다. 임칙서는 당시 향년 66세였으며 셋째 아들이 복건성 복시주(福州市) 마안산(馬鞍山)에 안장하였다.

　　그러나 후세의 학자들은 독살설을 사실무근으로 보고 있다. 당시 임칙서의 신분은 흠차대신으로 그를 따르는 수행원은 한둘이 아니었다. 그의 차남 역시 늘 부친을 보좌하며 그림자처럼 따라다녔다. 요리사 하나가 이처럼 삼엄한 경비를 뚫고 임칙서를 독살했을 가능성은 거의 없다고 보는 것이다. 또한 당시 청조의 규정에 의하면 임칙서와 같은 고관이 부임하게 되면 식사와 숙소는 행정 당국에서 제공하는 것이 관례이므로 개인적으로 별도의 요리사를 고용할 아무런 이유가 없다는 것이다. 게다가 서양 상인의 살해 동기 역시 설득력이 부족하다는 게 공통적인 견해이다. 당시 임칙서가 광서를 방문한 목적은 광동의 13양행과 아무런 관련이 없는 일이었으며 직접적인 이해관계의 충돌이 발생할 하등의 이유가 없었기 때문이다.

　　하지만 이런 주장 역시 명백한 근거를 제시하지는 못한다. 대부분의 의견이 그러하듯 추론에만 의지하고 있으며 무성한 추측 속에서 위대한 민족 영웅으로 추앙받는 임칙서의 죽음은 오늘도 수수께끼로 남아 역사의 한 장을 장식하고 있다.

서태후는 과연 광서제의 독살을 지시했을까

서른여덟 살의 나이로 갑작스럽게 급사한 청나라 광서제. 그러나 공교롭게도 그가 죽은 지 하루 만에 서태후가 세상을 떠남으로써 두 사람의 죽음은 의혹에 휩싸이게 된다. 지금으로부터 약 백 년 전인 1908년, 청나라 황실에서는 무슨 일이 있었나?

청 덕종(德宗) 광서제(光緒帝)는 함봉(咸丰)황제의 아우인 순친왕(醇親王)의 아들로 1875년 1월, 서태후에 의하여 황제의 자리에 올랐다. 역사상 청조가 중원에 들어온 이후에 수립한 제9대 황제였다. 그러나 광서 시기의 황권은 '수렴청정(垂簾聽政)'을 통하여 서태후의 수중에 있었다. 그녀는 광서의 모든 활동 범위를 제한하며 커다란 영향력을 행사하였다.

1908년 11월 14일 오후, 광서제는 함원전(涵元

광서제 상

청 덕종 광서제(1871~1875). 재위 기간은 1875~1908년이다. 광서는 그의 연호이다. 광서 13년에 이르러 친정(親政)을 시작하였고, 광서 24년 4월 13일 '명정국시(明定國是)'를 선포하여 변법을 일으켰다. 무술정변 후에 영대(瀛台)에 연금당하였다. 8개국의 연합군이 북경을 공격하자 서태후는 서안으로 도피하였다. 광서 34년, 북경에서 사망하였다.

殿)에서 겨우 서른여덟 살의 젊은 나이로 돌연 사망하였고 공교롭게도 다음 날 오후 서태후 역시 중남해의 난전(中南海儀鸞殿)에서 세상을 떠났다.

광서제 옥인

광서제의 죽음과 반세기에 걸쳐 전제 폭정을 일삼던 서태후의 연이은 죽음은 세간의 이목을 집중하며 수많은 의혹을 낳았다.

패관야사를 중심으로 민간에서는 광서제의 죽음이 자연사가 아닌 타살이라고 주장하고 있다. 민간 기록에 의하면 서태후는 자신의 병이 위중하여 회생할 가망이 없다는 것을 깨닫고 사람을 시켜 광서제를 독살했다고 한다. 한편에서는 광서제가 서태후의 사망 이후 원세개(袁世凱)를 독살한다는 계획을 수립했고, 이를 눈치 챈 서태후에 의해 먼저 독살되었다는 설도 제기되었다. 또한 원세개가 직접 광서제의 독살을 지시했다는 설도 분분했다. 서태후의 병이 위독해지면서 세력이 약화된 원세개가 서태후 사망 이후 자신의 입지에 대한 두려움으로 광서제의 음식에 독극물을 넣었을 가능성이 크다고 보았던 것이다.

그 모든 의혹 중에서도 민간에 가장 널리 퍼져나간 것은 서태후에 의한 독살설이었다. 가장 유력한 증거는 광서제의 병을 치료했던 궁궐 의원의 증언으로 그는 "광서의 병세는 본래 나날이 호전되고 있었는데, 어느 날 갑자기 증세가 악화되었다. 광서는 침상에서 뒹굴면서 비명을 질렀으며 두통과 복통을 호소하였다. 그 상태로 사흘을 고통에 시달리다가 몸 안의 양기가 모두 빠져나가 결국 사망했다"고 증언하였다. 의원의 증언을 따르자면 광서제의 병명은 약물 중독에 의한 사망이 분명한 것이다.

중국의 마지막 황제였던 부의(溥儀)는 《나의 인생》이라는 자서전을 통해 의원의 진료 기록을 인용하며 광서는 죽기 바로 전날까지도 전혀 죽음의 징후를 보이

영대(瀛台), 청
무술정변 후에 서태후는 광서제를 북경성 내
의 영대에 연금하였다.

황지남료채분(黃地藍料彩盆), 청

지 않았으나 약을 복용한 이후 갑자기 돌이킬 수 없이 나빠졌다고 적었다. 아무리 급성질환이라 해도 단기간에 사람을 죽음에 이르게 하는 질병은 흔치 않다. 따라서 광서제가 복용한 약은 중독성이 강한 독극물일 가능성이 매우 높은 것이다.

광서제의 독살을 지시한 배후 인물은 서태후와 그의 측근인 이연영 혹은 원세개, 세 사람 중의 하나일 가능성이 크다. 그들 중에서도 광서제의 존재를 가장 두려워했던 사람은 서태후였다. 비록 서태후가 광서제와는 혈연지간이며 그를 황제의 자리에 앉힌 일등공신이었다고는 해도, 두 사람은 결코 양립할 수 없는 팽팽한 긴장감 속에서 정치적 대립을 계속했다.

부국강병의 의지가 강했던 광서제는 밖으로는 열강의 침입에 저항하는 한편 안으로는 변법자강에 힘썼다. 이로 인해 광서제는 서태후를 비롯한 구관료와 첨예한 갈등을 겪고 있었다. 광서제는 "만약 태후가 왕권을 넘겨주지 않는다면, 나는 기꺼이 이 자리에서 물러날 수는 있으나 죽어도 망국의 군주는 되지 않겠다"고 말한 적이 있다. 따라서 광서제의 전폭적인 지지 아래 무술변법(戊戌變法)과 유신운동(維新運動)이 일어나게 되었던 것이다.

하지만 변법은 겨우 백여 일을 넘기지 못하고 서태후와 수구파에 의해 실패로 돌아갔으며 광서 역시 연금당하는 신세가 되었다. 서태후는 광서제를 연금시키는 데 성공했으나 훗날 세력을 회복한 광서제에 의해 보복당할 것을 몹시 두려워하였다. 따라서 서태후는 자신의 임종 직전 광서를 독살하여 자신이 죽은 후 혹시 발생할지도 모를 처절한 피의 복수를 모면하고자 했는지도 모를 일이다.

그러나 관료적 사관에 충실한 문헌들은 이와 전혀 다른 견해를 밝히고 있다. 또한 근래의 일부 학자들은 청 왕실의 의료 기록 장부를 근거로 다음과 같은 견해를 제시하였다. '광서제는 어릴 적부터 심각한 고질병을 앓아왔다. 결핵을 앓은 병력도 있으며 폐도 좋지 않았다. 피부병과 기타 장기들에도 심각한 증상이 있었다.' 광서의 친필 기록인 《기거록(起居錄)》에도 '허리의 극심한 통증으로 조금만 움직여도 아픔을 참을 수가 없다'는 내용이 남아 있다. 이로 인해 사람들은 광서의 죽음을 독살이 아닌 병사로 보게 된 것이다.

자희태후 유화상

자희태후(1835~1908). 나납(那拉)태후, 서태후로 유명하다. 함봉 2년(1852), 궁에 들어온 그녀는 의(懿)귀인으로 불렸다. 11년, 함봉황제가 서거한 후에 열하(熱河) 행궁에 들어왔다. 아들인 재순(載淳)이 즉위하자 효정황후와 황태후에 올랐다. 자희는 그녀의 휘호이다. 동치 13년(1874), 재순이 죽자 조카인 재첨(載湉)을 황제로 세우고 광서로 개원하였다. 이때부터 수렴청정이 시작되었다. 24년 무술정변이 발발하자 광서를 연금시켰다. 광서 26년(1900), 8개 연합군에게 북경이 포위당하자 광서를 이끌고 서안으로 도망쳤다. 34년 10월, 광서제가 죽자 자희 역시 죽음을 맞이하였다.

사실 광서는 심리적으로나 육체적으로 모두 불행한 삶을 살았다. 무술변법 이후 그의 건강은 나날이 악화되어 차츰 죽음의 징후가 나타나기 시작했다. 28세 때부터 병을 앓기 시작한 광서제는 점차 병세가 심해져서 33세가 되던 해에는 침상에서 일어나 앉지 못할 정도로 위중하였다고 한다. 숨이 끊어지기 직전의 진료 기록 역시 '황상의 맥박이 마치 실처럼 가늘어졌고, 손발과 사지가 차고 냉하여 기가 허해졌다. 두

숭릉(崇陵), 청
광서 34년(1908) 10월 21일 38세의 광서제는 사망한 이후에
하북 이현(易縣) 청서릉(淸西陵) 금룡욕(金龍峪) 숭릉(崇陵)에
안장되었다.

광서제 상

눈동자는 이미 풀려 의식마저 가물가물해졌다. 이를 악문 채 뒹굴기도 하였다. 완전히 기가 빠져나간 상태였다'며 당시의 정황을 이렇게 적고 있다.

따라서 광서의 죽음을 독살로 보는 일부의 주장은 신빙성이 적어 보인다. 광서와 서태후의 연이은 사망 역시 '우연의 일치'로 보는 견해가 지배적이다. 장기간 병마와 싸우고 있던 광서와 고령인 서태후의 죽음 사이에는 어떠한 물리적인 연관성도 발견할 수 없기 때문이다. 물론 한 가지 추측할 수 있는 것은 있다. 광서의 사망 소식을 들은 서태후가 그 충격으로 심장마비를 일으켰을 가능성이 그것이다.

그러나 병사임을 알리는 공식적인 발표에도 불구하고 의혹은 여전히 풀리지 않고 있다. 일부 학자들이 당시의 공식적인 기록을 신뢰하지 못하는 이유는 자료와 기록들이 대부분 서태후가 득세하고 있던 상황 아래 기술된 것이기 때문이다. 아울러 광서제의 입관 방식이 관례를 크게 벗어났던 점도 세간의 의혹을 증폭시켰다. 청 황실의 내무부 3석 대신이었던 증숭(增崇)의 아들 채존기(蔡存耆)는 당시를 다음과 같이 회상하고 있다.

"어느 날 오후 저녁을 일찍 먹고 나자 부친 앞으로 궁궐에서 보내온 전갈이 도착했다. 황제의 병이 매우 위중함을 알리는 전갈이었다. 내궁은 즉시 입궐할 것을 권함과 동시에 광서제의 후사를 어떻게 처리하면 좋을지에 관하여 물었다. 소식을 들은 사람들은 모두가 놀라지 않을 수 없었다. 아무도 광서제의 병이 심각하리라는 생각을 전혀 하지 못했기 때문이다. 전갈의 내용은 곧 사실임이 밝혀졌고, 모두들 광서의 죽음에 강한 의혹을 품게 되었다. 광서제의 시신을 운반하는 과정은 매우 은밀하게 진행되었는데, 청 황실은 '만년길상교(萬年吉祥轎)' 도 요청하지 않은 채 황제의 시신을 서둘러 처리하였다. 게다가 급히 달려온 내무부 대신은 부친에게 와서 황제의 입관은 이미 태감이 지켜보는 가운데 마쳤노라고 전하였다. 역대 왕실의 관례를 따르지 않고 이처럼 황급히 황제의 시신을 처리하는 일은 역사적으로 유례가 없는 일이었으며, 세간의 의심을 사기에 충분한 것이

순친왕부원지(醇親王府原址)
청 덕종 광서제 재첨은 북경 남성의 선무문(宣武門) 내 태군호동안(太軍湖東岸)의 순군왕부(醇郡王府)에서 태어났다.

었다."

광서제는 외세에 저항하고 민족의 진흥을 꿈꾸었던 청나라 황제였다. 광서제의 죽음은 그 사인이 타살인지 병사인지를 떠나 본인에게도 매우 불행한 일이었으며 중국 역사의 비극이기도 했다. 부국강병의 꿈이 하루아침에 사라져버렸기 때문이다.

비명횡사로 마감된 이연영의 최후

서태후를 방패 삼아 무소불위의 권력을 휘둘렀던 이연영. 그는 생전에 무고한 사람들을 수없이 죽여 많은 이들의 원한을 샀고 서태후가 죽은 뒤 정계를 은퇴하자 쓸쓸한 노년을 보내게 된다. 그런 그는 원한 맺힌 자들의 복수를 두려워하여 바깥 출입을 삼간 채 집 안에만 틀어박혀 지냈다고 한다.

대태감 이연영(李蓮英)은 청조 말기의 인물로 '서태후'의 권력에 버금가는 영향력을 행사했던 권력자였다. 이연영은 유년기에 매우 궁핍하고 불우한 시기를 보냈으며, 성장하여 서태후와 대신들 간의 정권 다툼에서 공로를 세우게 되었고 그로 인해 서태후의 신임을 얻고 승승장구, 대태감의 자리에까지 올랐다. 서태후의 총애를 받게 된 이연영은 동치(同治)

자희 구조(舊照)
만청의 유물로 자희를 관음(觀音)으로 분장시켰다.

와 광서(光緖) 양 대에 걸쳐 태감 대총관(大總管)을 맡는 등 엄청난 세도를 누렸다.

서태후를 등에 업고 높은 지위를 누렸던 이연영은 그러나 서태후가 죽자 몰락의 길을 걷기 시작했다. 조정에서의 입지도 좁아졌으며 말년에는 늙고 쇠약한 몸을 이끌고 궁궐을 나와 1911년 3월 4일, 64세의 나이로 세상을 떠났다. 이연영이 서태후의 후광을 업고 득세하던 시절, 그로 인하여 수없이 많은 사람들이 억울한 죽음을 당해야만 했다. 따라서 이연영의 초라한 죽음은 인과응보라고 보아도 무방하다.

하지만 이것만으로는 이연영의 죽음을 설명하기에 뭔가 부족하다.

전혀 상반된 기록이 존재하는데, 이연영의 말년에 관하여 《청패유초(淸稗類鈔) 엄사류(閹寺類)》는 '이연영은 효흠후(孝欽后: 서태후를 말함)가 죽은 후 뜻하지 않게 융유후(隆裕后)의 비호를 받게 되었는데 특히 융유후는 상금으로 은 2천 냥을 내렸다'는 기록을 남겼다. 이런 기록으로 미루어 이연영은 서태후가 죽고 난 후에도 융유태후의 총애를 받으며 세력을 유지했음을 알 수 있다. 이연영의 후손 역시 '나의 조부는 향년 64세로 편안한 임종을 맞았다. 조부는 급성 질환에 걸려 치료를 했지만 효과가 없었다. 결국 병이 원인이 되어 돌아가셨다. 조부가 병을 얻어 돌아가시기까지 겨우 4일이 걸렸다'는 기록을 남겼다. 《이연영묘장비문(李蓮英墓葬碑文)》의 기록을 통해서도 이연영이 병사하였음을 확인할 수 있다. 《이연

이연영 상

이연영(1848~1911), 자는 영걸(英杰), 원명은 영걸(靈杰)이다. 조상은 본래 절강 소흥에 적을 두었으나 청 말에 하간(河間)으로 이주하였다. 서태후의 총애를 받았지만 서태후가 죽은 후 오래지 않아 이연영 역시 사망하였다.

자희태후 상

청정동릉(淸定東陵)

하북성 존화현 마란욕에 위치하고 있으며, 함봉황제와 자안황후와 서태후를 모신 왕릉이다. 두 왕릉의 가운데로 마조구(馬槽溝)가 흐르고 있으며, 서태후가 죽은 후 이연영은 매일같이 이 동릉을 찾았다고 한다.

영묘장비문》에는 '이연영은 은퇴할 무렵 이미 노쇠하였다. 그의 공식적인 사망 시간은 선통(宣統) 3년 2월 초나흘이다' 라는 기록이 남아 있다.

그러나 후세인들은 이런 기록에 대하여 강한 의문을 제기한다. 한 발 더 나아가 후세의 학자들은 이연영의 최후를 밝혀내기 위해 그가 묻혔을 것으로 추정되는 무덤에 관한 고증과 장례 절차까지 연구하였다. 이연영이 안장되었을 가장 유력한 장소로 북경(北京) 해정구(海淀區) 은제장(恩濟庄)이 추정되고 있다. 이곳은 본래 청대 태감의 요지로 생전의 서태후가 이연영에게 하사하였다고 전해오는 곳이다. 한편 다른 학자들은 청동릉(淸東陵) 자희(姿禧) 묘 근처에 이연영의 시신이 묻혔을 것으로 추정하고 있기도 하다.

하지만 반론도 만만찮다. 청동릉이 예로부터 청대의 역대 황제와 그 황후들을 모신 왕릉이었기 때문이다. 아무리 이연영의 권세가 높다고 한들 왕들과 어깨를 나란히 하고 안장되었을 리가 만무하다. 영정문(永定門) 외곽의 대홍문(大紅門)

자희릉융은전내경(慈禧陵隆恩殿内景)
광서 30년(1904), 서태후 70세 생일에 자희는 스스로를 관음으로 분장하고, 이연영은 좌측에 동자로 분장하였다.

근처에 있는 이씨의 가족 묘지에 묻혔다는 설이 대두되었지만 증명할 방법은 없다. 갑론을박하기를 수십 년, 이연영의 말로를 추적하는 후세인들의 관심은 급기야 이연영 무덤 발굴 사건으로까지 번졌다.

1966년, 중국은 문화대혁명의 기치 아래 '4대 구악(舊惡)을 제거하자'는 개혁 운동을 대대적으로 전개했다. 교장과 서기, 교사 등은 '온갖 잡배와 악인'이라는 명분으로 노동개조에 편입되었는데, 문화혁명 주임이 하루는 홍위병을 이끌고 어느 학교 운동장 내의 오래된 묘지 하나를 파헤치기 시작했다. 명령에 따라 무덤을 파던 사람들은 뜻하지 않은 수확을 얻게 되었는데, 바로 '이연영의 무덤'이라는 표식이 새겨진 무덤의 발견이었다. 발굴된 무덤 안에는 희귀한 보물과 관이 수장되어 있었다. 파손되지 않은 관 속에는 오래된 시신의 흔적이 남아 있었는데 변발을 석 자나 늘어뜨리고 있었다. 그러나 이상하게도 유골의 흔적은 찾아볼 수 없었다. 이연영이 사망한 연도는 1911년이었다. 따라서 1966년에 발굴된 이연영의 시신이 유골조차 남지 않고 전부 부패되었다는 것은 도저히 납득할 수 없는 일이다. 무덤에서 나온 부장품 역시 이연영의 것이라는 명확한 증거가 발견되지 않았다.

이연영의 죽음을 두고 한때 민간에서는 '이연영이 하북 산동 부근에서 피살당했다'는 소문이 사실처럼 떠돌기도 했다. 이연영의 세도가 하늘을 찌를 당시 그는 스스로 "재물이 많으면 재앙도 많다"고 할 만큼 막대한 재력을 과시하였다. 따라서 그의 재물은 도적들의 표적이 되었고 급기야 재물을 노린 누군가에 의하여 피살당했다는 소문이 떠돌게 된 것이다. 구체적으로 산동 무체현으로 시집간 조카딸을 만나러 가던 이연영이 산동과 하북의 교계지에서 괴한에게 살해당했다는 설도 나돌았다. 당시 이연영을 보좌하던 두 명의 수행원은 갑작스런 괴한의 출현에 혼비백산했다가 선혈이 낭자한 머리만을 찾아 북경으로 돌아왔다고 한다.

그 밖에 자신이 살던 남화원(南花園) 근처의 거리를 배회하다 피살당했다는 설도 있다. 서태후가 죽은 후, 정계에서 은퇴한 이연영은 줄곧 남화원에서 지냈다고 한다. 그는 권력의 무상함을 느끼며 우울한 나날을 보내던 중 옛 주인에 대한 그리움으로 동릉(東陵)의 서태후 묘소를 찾았다가 돌아오는 길에 의문의 죽음을 당했다는 것이다.

살펴본 바와 같이 이연영의 죽음을 두고 자연사와 타살의 의견이 팽팽하게 맞서고 있다. 하지만 이연영의 죽음은 여러 가지 측면에서 분석해볼 때 타살일 가능성이 매우 크다. 그는 생전에 수없이 많은 악행을 저질렀으며 부정 축재를 일삼았던 인물이다. 따라서 그는 늘 많은 적을 가까이 두어야 했으며 서태후의 죽음과 동시에 권력의 방패막이 사라지자 적들은 호기를 놓치지 않고 이연영을 제거하였을 가능성이 높다.

효정황후 조복상(孝定皇后朝服像)
효정황후(1862~1913). 광서제의 황후이며 휘호는 융유(隆裕)이다. 이연영은 서태후가 죽은 후에도 여전히 융유태후의 비호를 받아 권력을 유지하였다.

어떤 사람들은 이연영이 소덕장(小德張)의 손에 피살되었다고 구체적으로 추정하기도 한다. 융유태후의 측근이기도 했던 소덕장은 늘 이연영을 조심하도록 융유태후에게 권유한 인물이었다. 소덕장이 자신을 싫어한다는 것을 잘 알고 있던 이연영은 원세개의 측근인 강조종(江朝宗)에게 중재를 요청하였고, 그의 주선 아래 잠시 위기를 모면한 일이 있었다. 소덕장은 이연영이 탐탁치 않았지만 강조종과의 친분 때문에 중재를 받아들일 수밖에 없었다고 한다. 강조종은 이연영을 밖으로 불러내 저녁 식사에 초대하였고, 흉흉한 민심에 좀처럼 문밖출입을 하지 않던 이연영은 보답하는 의미로 약속 장소로 향했다. 연회는 무사히 끝났지만 집으로 돌아가는 길에 그는 끝내 살해당한다.

이처럼, 사람들은 이연영의 말로가 비참했다는 데에 의견을 같이하고 있다. 그들은 모두 공통적으로 이연영의 비명횡사를 주장하고 있다. 세간에 떠도는 주장을 모두 증명할 방법은 없지만 이연영의 최후가 결코 편치 않았음은 확실해 보인다.